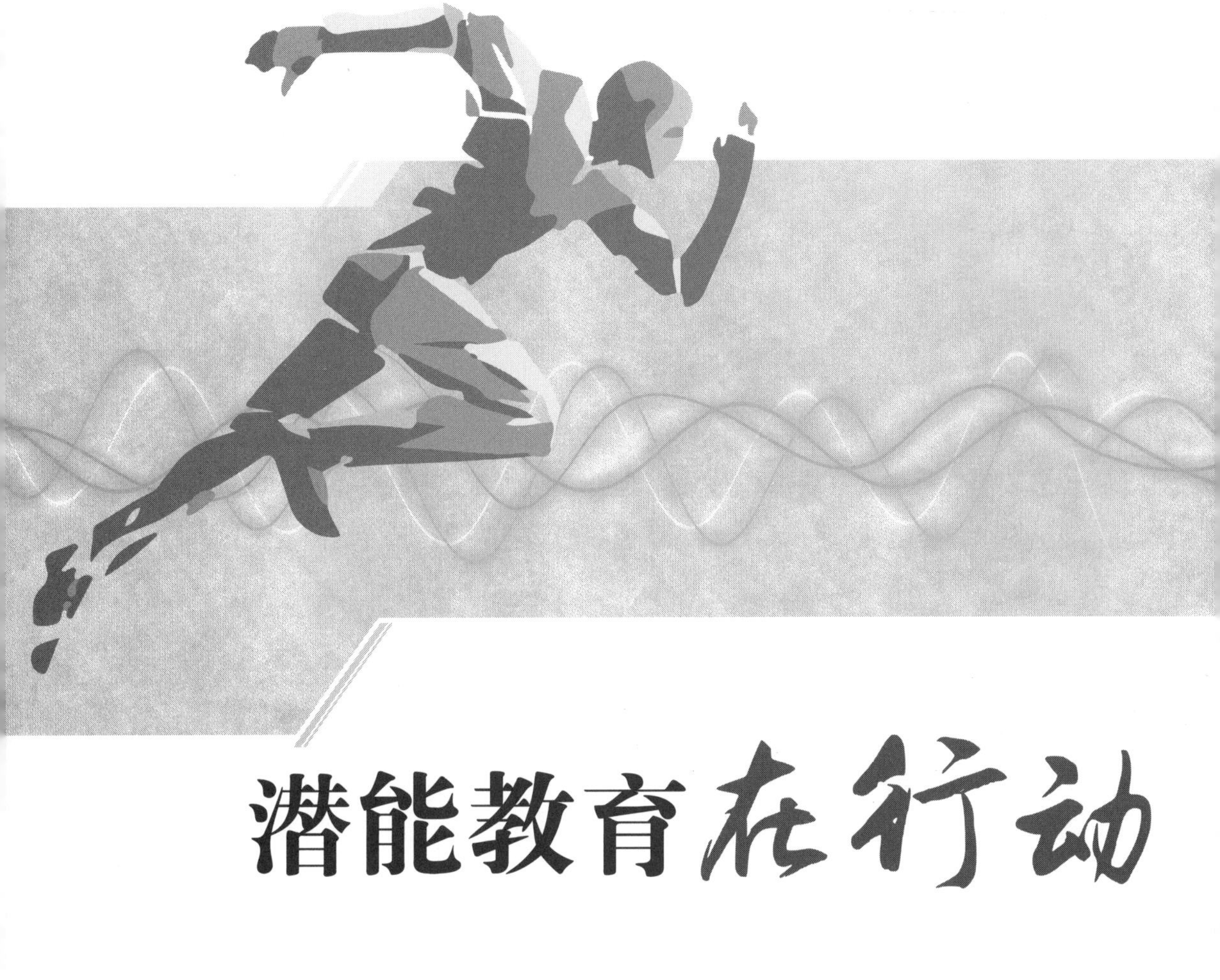

潜能教育在行动

林春辉　编著

上海教育出版社
SHANGHAI EDUCATIONAL
PUBLISHING HOUSE

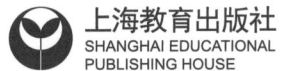

序一　遇见更好的自己

多年来,奉贤中学基于激发潜能的教育实践,经过系统总结提炼,上升到潜能教育的层面,是把实践智慧提升为教育思想的典型样本。《潜能教育在行动》挖掘了潜能教育的内在机理,遵循发现、唤醒、释放的理念,构建了潜能教育的课程体系和教育教学环节;探索了潜能教育的基本规律,强调以立德树人为根本,重视学生全面发展,尊重学生个性发展,引导学生主动发展;凸显了教育的本质特点,体现了潜能教育的全面性、多样性、主体性、系统性。

潜能教育在开展过程中有什么样的经验,把潜能教育的思想真正转化为教育的成功实践?又有哪些可借鉴的方面?从本书中可以感悟到如下方面:

第一,关注全面而富有个性的发展。我们要关注每个人的全面发展,同时也要关注他在个性方面的成长。我们要基于每个人的个性特点,激发他内在的潜能,促进他的全面发展。

第二,关注五育并举基础上的多元智能。马克思关于人的全面发展学说,是我们党教育方针的重要理论基础。同时,我们也强调因材施教,尤其是教育教学过程中有针对性的个别化教学,关注多元智能在每个人身上的体现。这两者之间需要更好地协调,需要更好地在现实中适应培养人才的要求。我们需要关注五育并举,需要在德、智、体、美、劳这五个方面给予特别的强调,同时对于每个人来讲,五育并举是不可分割的几个方面,而在这个过程中,每个人的优势潜能,每个人不同于其他人的多元智能的存在,恰恰是真正有效落实五育并举的重要基础。

第三,关注责任担当的自主发展。我们关注人的潜能的激发,让学生遇见更好的自己,但同时,更好的自主发展绝不仅仅强调个人的内在需求。在这个过程中,如何把人培养成教育方针中特别强调的社会主义建设者和接班人,如何把未来的这些人真正培养成具有责任和担当意识的人,这是在激发学生潜能过程中,需要给予特别关注的方面。

第四,关注面向未来的优势潜能激发。要激发学生各方面的潜能,首先要发现学生在哪些方面具有优势潜能,潜能教育是全面性的,这个全面性就包括所有的人都要有一个潜能激发过程,而且对所有人都要有全面激发的过程。但是在这个过程中,每个人是有个性差异的,每个人的优势潜能是各不相同的,所以只有更好地针对每个人有差异的潜能进行有针对性的激发,才能真正体现因材施教的思想。而且在激发过程中,我们关注的是面向未来,关注如何使学生各方面的素养真正地体现未来人才的要求、未来世界的要求、未来科技发展的要求。只有通过优势潜能的激发,只有基于面向未来的思想指导,我们培养的人才能适应未来的需要,才能引领未来的发展。

潜能教育的理论与实践,带给我们诸多启示,也带来进一步的思考:

第一,在推进潜能教育过程中,如何更好地处理自己与他人的关系。潜能的激发归根结底是自己的潜能的激发,也就是让自己能够遇见更好的自己。但在这个过程中,如何处理好自己与他人的关系就显得至关重要,这个他人,不仅仅是自己之外的其他个体,也包括群体、社会、国家、民族。我们要关注自我能力的激发,而这个自我能力也是多方面的,不仅仅是智力的、情感的,也包括责任、担当方面的能力,包括自己对世界的认同能力。现实中大量的心理健康问题,是自己不能更好地面对自己所导致的心与心不能和谐相处的状态。所以在激发自己多方面潜能过程中,要关注如何使自己与自己更好地相处,在此基础上更要关注自己与他人如何更加和谐共存。在这个方面,我们要避免培养越来越多的精致的利己主义者,避免出现自己走自己的路而让别人无路可走的状态。

第二,在推进潜能教育过程中,如何更好地处理教育与个体之间关系。个体的潜能包含诸多先天因素,个体的基因对于未来成长具有重要作用,但是基因并不能决定未来的所有方面,基因决定不了未来的一切。教育在推进人的潜能发展中又发挥什么作用?人生下来没有受过教育时,是一种无知的存在,后来为什么有些人会变得愚昧？这是教育造成的。教育可使一个人从没有知识的状态,变成一个不是正常的受过教育的样子。因而,作为教育者必须思考什么样的知识最有价值,而这恰恰是教育理论界多年来最为关注的一个问题。从我国古代的六艺,到西方的新六艺,这都是知识的选择。当然教育要回答什么知识最有价值,不仅仅教给学生什么样的知识,选择什么样的内容,教育除了关注知识之外,更关注情感、态度、价值观,关注理想信念、必备品格和关键能力。我们的教育如何在个体成长中发挥更大的作用,如何基于个体的差异,通过教育使他的潜能得到更高水平的发挥,这是我们需要共同思考的问题,这不仅是实践问题,也是理论问题。

第三,在推进潜能教育过程中,如何更好地处理学校与社会的关系。社会对于学校教育发展具有决定性的影响,对学校教育发展提出了要求与期待,学校教育要更加积极地面对社会发展的新情况、新问题,更主动地发挥社会各个方面对于教育的积极作用。教育成就的取得是社会各方面因素综合作用的结果,教育存在的问题也是社会各方面因素综合作用的结果,甚至可以说,教育的很多问题不是教育本身的问题,而是社会问题在教育中的体现。社会在不同发展阶段对教育的要求也是不同的,比如关于人的发展的核心素养,高收入地区与低收入地区对于素养的要求就不一样,高收入地区关注财经素养的培养,关注领导力的训练,而欠发达的区域在这方面就很少关注。

对于不同学段、不同发展阶段、不同目标定位的学校来讲,潜能教育的要求和期待也是不同的。在潜能教育过程中,要引领学生的成长,引领教师和校长的成长,引领学校和教育的共同成长。

教育部中学校长培训中心主任　代蕊华

2022年3月

序二　从激发潜能到潜能教育

潜能教育既是一个比较复杂的理论问题,又是一个相当棘手的实践问题。奉贤中学自2010年开展激发学生潜能的研究,至今已经有12个年头了,可以说,奉贤中学的持续进步、学生的卓越发展和潜能教育是相应相生的,也在很大程度上证明了潜能教育的理论价值和实践意义,具有认识论与实践论统一的特性。

一、潜能教育的认识论意义

教育哲学上的认识论是对学习者的发展过程及其规律做出科学论断的认识论。奉贤中学的潜能教育在对学生的发展过程及其规律性方面做出了有益的探索,对学生的潜能及其发展做出了较为科学的判断,具有很强的认识论意义。

首先,学校认识到每个人都客观存在着某种潜能,是认识论的起点。这个起点也是潜能教育的起点,林校长认为"潜能教育是教育者基于对潜能的理解和认识"。这种对客观事实的准确判断,为潜能教育的价值判断奠定了基础,也为潜能教育的决策奠定了认识论基础。

其次,设计"发现潜能、唤醒潜能、释放潜能"的潜能教育实践,是认识论的着眼点。这个着眼点也是潜能教育的着力点,林校长设计的学校潜能教育思路框架图,既是潜能教育的技术路线图,更是促进学生身心发展的规划图。框架图表明林校长已经将客观现实的感性认识转化为理性认识,形成了潜能教育的运作机制。

再次,在潜能教育的过程中,发挥教师和学生的主观能动性是认识论的根本点。这个根本点反映了潜能教育的主体意识。事实证明,只有发挥了主观能动性,释放了潜能,学生的发展才有真正的动力,才是真正的自主发展。这种认识彰显了林校长潜能教育思想的深度,是一种对教育终极目标——促进学生发展的深刻认识和领悟。

最后，潜能教育将教育置于学校、家庭和社会的大系统中，体现了认识论的事物相互联系的观点。这个相互联系的观点，使潜能教育的主体不再囿于校内，而是遵循教育与社会相联系的客观规律，主体外延组合，使学校、家庭和社会能够在共同目标的引领下，同心协力，构建潜能教育的共同体，主体一旦形成合力，就能产生更大的效能，促进学生更好地发展。

二、潜能教育的实践意义

实践是教育哲学中一个重要的基本范畴。潜能教育注重指向学生全面发展、个性发展的教育实践活动，具有很强的实践论意义。

教育实践与社会发展是紧密相关的。社会发展需要在校学生德智体美劳全面发展，以便能够一代又一代地促进社会的可持续发展。潜能教育以"立德树人"为先，引导学生坚持正确的政治方向，在现实生活中践行社会主义核心价值观，关注社会热点，关注社会民生问题。学校组织学生积极参政议政，向全国政协大会提交现实性很强的多项提案。这种实践性很强的操作，陶冶了学生的高尚品德和情操，提升了政治品质。学校在课程教学中注重个体综合素质与能力充分而全面发展的同时，激发学生的优势潜能，为社会服务，促进了学生的个性发展。这种始终与社会现实生活保持关联的教育实践，体现了潜能教育对学生、对社会及二者关系的实践论理解。

潜能教育中发现学生潜能、唤醒学生潜能、释放学生潜能这几个内在组成部分和有机环节，是教育理念与教育实践相互作用、互动统一的过程。发现、唤醒、释放三个环节中，用"人生导航项目"和"导师制"引导学生发现自身潜能；用"统整课程、变革教学"唤醒学生潜能；用"搭建平台，创设空间"释放学生潜能。三个环节的统一体立足于学生全面发展基础上的个性发展，创造了贴近学生实际的价值实践形式，保障了学生的平等权益，反映了学生的利益、愿望和发展的关系，是一种符合中国特色社会主义时代特征的教育实践形式。

三、从激发潜能到潜能教育

从"激发潜能"到"潜能教育"，奉贤中学对于潜能教育的探索发生了质的飞跃。

  首先,体现在激发学生潜能的认识升华。"激发学生潜能 促进自主发展"是我时任奉贤中学校长过程中提出的一个办学主张,并从激发学生的动力潜能、志趣潜能、学习潜能、创新潜能四个方面进行了一些探索。特别欣慰的是,学校在林春辉校长的引领下,继续沿着激发潜能的方向,大胆地提出并实践"潜能教育"的办学思想,林校长认为,"潜能教育是教育者基于对潜能的理解和认识,运用恰当的方法和路径,使自身蕴藏的潜能经历'发现—唤醒—释放'的过程,最终发展为学生现实能力或品格的一种教育"。所有的学校都可以提"激发潜能",但是提出"潜能教育"的学校唯有奉贤中学,因为奉贤中学不仅具有一系列的系统理论和一系列的实践路径,而且具有丰富的成功经验。

  其次,体现在引领学生发现自己的过程优化。学校从生涯认知和生涯实践两个方面设计生涯课程,在课程实施过程中注重的是引导学生自我发现和自我规划,而不是老师给出学生一个结论性的意见。从专职生涯导师到"专职老师+生涯导师",让更多的老师有更多的可能针对每位学生的个性特点,引导学生一起解读量表测试的结果,一起分享职业体验的过程,一起探讨未来发展的方向,一起选择与其个人生涯规划自洽的课程体系,每位学生都有适合自己能力、适合自己志向、适合自己兴趣的独特的课程链。

  再次,体现在育人方式发生了深刻的变化。普遍意义上的学校教育是"帮助"学生发展,而奉贤中学的潜能教育则是"唤醒"学生发展,深刻地体现了学生是教育的主体,更符合我们的教育目的。奉贤中学从优化课程环境和教学设计着手,努力唤醒学生发展的潜能。比如,他们形成了目的性和工具性相统一的课程设置,改善了以往课程工具性偏向的特征,做到内容标准、质量标准和核心素养标准的协同一致,努力实现从"育分"到"育人"的转变。再如从单课教学设计到单元教学设计,极大地丰富了学生的学习方式,实现了学生从被动接受到主动建构,从局部认知到整体认知的转变。特别是两万平方米的科技创新大楼的投入使用,为唤醒学生潜能提供了更加丰厚的实验设施和创新实践的条件。

  最后,体现在潜能教育的观念更加符合规律。"激发"体现在学校和老师为学生创造环境、创造机会,但"释放"强调的是学生主体体验,是由内向外和由心而发的,是指学生对教育环境和发展机会产生了认同和顺应,并有积极的心理暗示,学生潜能就会得到释放。另外,奉贤中学对学生的评价方式也发生了根本性变化,把基于高校招生的综合素质评价和基于学生发展的学分制评价有机统一,原本这两种评价目的并不一样,一个是为了高校的录取,一个是着眼于学生的发展。这些变化充分体现出奉贤中学校长和老师们激发潜能的高度文化自觉。

总之,潜能教育的设计很科学,实施有程序,效果有亮点。潜能教育除了让学生能够遇到更好的自己,奉贤中学教师专业发展潜能也得到充分的激发,奉贤中学培养了8位特级教师、9名正高级教师,在上海大部分高中极少见,这是奉贤中学师生的骄傲。从学校的教学质量来说,奉贤中学在郊区已经连续多年遥遥领先,各类竞赛中学生获奖情况在整个上海市也是可圈可点。因为潜能教育,奉贤中学的学生能遇见更好的自己,这是奉贤中学学生的幸福和骄傲。我们也希望能看到奉贤中学的潜能教育在实践中继续不断创新,与时俱进,日臻完善,在上海乃至中国的教育改革进程中发挥更大作用,使奉贤中学成为更好的奉贤中学。

季洪旭

2022年1月

目 录

第一章 绪论

第一节 潜能教育的缘起 /3
一、新时代发展的学校教育启示 /3
二、新一代学生自主发展的需要 /5
三、学校变革与发展的必然选择 /5

第二节 潜能教育的理论研究 /7
一、潜能教育的理论依据 /7
二、潜能教育的国内外研究 /11
三、潜能教育的实践 /13
四、潜能教育研究的思考 /16

第三节 潜能教育的新认知 /18
一、潜能教育的内涵 /18
二、潜能教育的设计框架 /19

第四节 潜能教育的价值追求 /21
一、重视学生全面发展 /22
二、尊重学生个性发展 /22
三、引导学生主动发展 /23
四、激发学生生命活力 /24

第二章 主体性德育行动,激发学生潜能

第一节 潜能教育"立德树人"的思想内涵 /27
一、潜能教育要立"什么德" /27
二、潜能教育要树"什么人" /28

三、"立德树人"导向的潜能教育 /28

第二节　潜能教育德育体系的架构 /29
一、潜能教育德育体系的哲学基础 /30
二、潜能教育德育体系的培养目标 /31
三、潜能教育德育体系的实现途径 /32

第三节　激发成长潜能的德育实践 /36
一、实施序列主题教育，护航学生健康成长 /36
二、彰显仪式教育功能，实现教育价值期待 /44
三、设计系统青马工程，分层分类培养骨干 /47
四、推进行规常态教育，内化价值信念认同 /52

第三章　科学测量与评价，发现学生潜能

第一节　科学制订量表，评估潜在能力 /59
一、科学选择测评量表，引导学生发现潜能 /59
二、有序组织测评实施，科学指导学会选择 /60

第二节　考察体验对话，自我发现潜能 /65
一、名校考察，放飞学生理想 /66
二、职业考察，提高社会认知 /69
三、对话名人，感受榜样力量 /72

第三节　导师家长协作，他人发现潜能 /74
一、"三全育人"，悉心导育发现潜能 /74
二、家校共育，扬长避短发现潜能 /78
三、同伴互助，促进发现潜能 /82

第四节　综合素质评价，数据发现潜能 /85
一、建立学分制度，提升学生综合素养 /86
二、科学制订指标，明确评价目标内容 /87
三、搭建信息平台，发挥评价引领作用 /88

第四章　发展性课程学习，唤醒学生潜能

第一节　统整潜能课程，唤醒学生多维潜能 /95
一、架构潜能教育课程图谱，提供多样化课程选择 /95
二、探索课程开发策略，激活学生个性潜能发展 /98
三、设计潜能教育时空，拓展自主学习课程场景 /108

第二节　优化教学方式，唤醒学生学习潜能 /112
一、基于问题的项目化学习，让深度学习真实发生 /114
二、指向单元整体的教学设计，让学习方式得以优化 /129

第五章　开放性课程活动，释放学生潜能

第一节　创意主题活动，释放志趣潜能 /139
一、创意科技平台，助力学生科技创新梦想 /139
二、搭建人文展示舞台，启迪学生艺术智慧生长 /142

第二节　实践拓展活动，释放领导力潜能 /147
一、重走红色之路，厚植家国情怀 /147
二、开展社会实践，担当强国责任 /150

第三节　搭建多样平台，释放优势潜能 /156
一、搭建演讲辩论平台，释放学生语言潜能 /156
二、搭建学科竞赛平台，释放学生思维潜能 /160
三、搭建科技竞赛平台，释放学生创新潜能 /165

第六章　完善支撑和保障，提升师生潜能

第一节　铸造优质师资队伍，提升潜能教育素养 /177
一、倡导教师自主发展，明确潜能教育素养目标 /177
二、构建研修课程体系，搭建潜能教育提升平台 /186
三、保障教师专业成长，完善潜能教育提升机制 /198

第二节　营造良好学习环境，保障潜能教育实施 /200
　　一、打造校园信息环境，提供教育基础保障 /201
　　二、建设三大特色中心，创建良好育人环境 /206
　　三、建章立制规范管理，建设安全文明校园 /214

第三节　运用卓越绩效理念，优化潜能教育管理 /217
　　一、确立关键绩效指标，引领整体布局发展 /218
　　二、加强过程管理保障，提高绩效管理质效 /219
　　三、形成卓越组织文化，打造潜能教育品牌 /222

第七章　潜能教育的成效及反思

第一节　潜能教育全面提升，促进学校整体发展 /225
　　一、树立育人育贤标杆，打造学校特色品牌 /225
　　二、建设潜能培养模式，促进学生个性发展 /229
　　三、加强教师队伍建设，提升教师专业品质 /231

第二节　区域联盟共享开放，发挥示范辐射作用 /237
　　一、打造"1+2+4"教育联盟，辐射联动区域发展 /238
　　二、承担全国交流培训，扩大潜能教育辐射 /245

第三节　反思提炼不断推进，促进潜能教育发展 /246
　　一、修炼内功不断提升，潜能教育再思考 /246
　　二、全面育人纵深发展，潜能教育后续研究 /248

参考文献 /251

后记 /253

第一章 绪论

教育,关系着每一个人的生存与发展,是民族振兴的基石,是创新进步的源泉。教育作为培养人的一种活动,理应关注人的身心全面发展,理应把对人内在沉睡潜能的唤醒作为主要任务。德国著名哲学家弗兰茨·恩斯特·爱德华·斯普朗格(Eduard Spranger)说过:"教育绝非单纯的文化传递。教育之为教育,正是在于它是一种人格心灵的'唤醒',这是教育的核心所在。"高中阶段是学生个性形成、自主发展的关键期,也是学生生理、心理逐步走向成熟的过渡期。这一时期的教育不仅肩负着育人、升学和指导学生生涯规划等多重使命,更在于顺应每位学生的天性。发现、唤醒、释放每位学生的潜能,能使他们不断认识自我,充分发展自我,早日找到人生的意义与价值所在,活出生命的意蕴,绽放生命的光彩,遇见更好的自己。

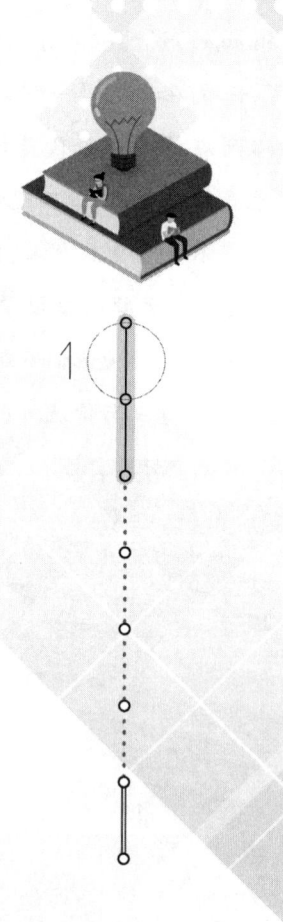

第一节 潜能教育的缘起

一、新时代发展的学校教育启示

当今世界正处于百年未有之大变局,国际政治经济形势的错综复杂、新冠肺炎疫情影响下国际社会环境的不稳定性等,都给我国未来发展带来了新的挑战和机遇。我国将进入新的发展阶段,在新的国际形势和新发展背景之下,需要紧扣"创新、协调、绿色、开放和共享"的新发展理念,继续把握好改革和发展的内在关系,深刻认识我国社会主要矛盾变化带来的新特征、新要求,深刻认识国际环境新挑战和全面深化改革的阶段性新特点、新任务,以突出问题为导向,提高改革的前瞻性、针对性,使改革对接发展所需、民心所向,促进改革和发展深度融合、高效联动,构建新发展格局。

面对史无前例的机遇和挑战,教育依然责高任重。新的阶段,中国教育需要继续全面贯彻党的教育方针,落实立德树人根本任务,深化教育改革,努力构建促进学生德智体美劳全面发展的教育体系。

继 2017 年正式提出中国学生核心素养后,全面落实立德树人的教育目标已经成为学校教育的根本任务。2018 年 1 月,教育部正式发布《普通高中课程方案和语文等学科课程标准(2017 年版)》,重新修订了语文等 14 门学科课程标准,且课程方案与高考综合改革衔接,着力发展学生的核心素养,提升综合素质。《普通高中课程方案和语文等学科课程标准(2017 年版)》强调要改变过去只注重学生对知识、技能掌握的局面,着力引导学科教学更关注育人,不仅要把握学科的关键能力,还要关注学生综合能力的提升,让学生在知识习得的过程中,发展批判性思维及创新、协作、沟通和交流等跨学科素养,要求学校教育要探索以学生为中心的教学新方法,要以学生为中心、学习为中心探索教学改革的新思路,使学生的核心素养得到发展。

2019年国务院办公厅印发的《关于新时代推进普通高中育人方式改革的指导意见》明确要求,到2022年,"普通高中新课程新教材全面实施,适应学生全面而有个性发展的教育教学改革深入推进",实现"为学生适应社会生活、接受高等教育和未来职业发展打好基础"的发展定位和着力培养学生核心素养的培养目标,同时需要在选课走班、学生发展指导、综合素质评价等方面有重点地进行突破。

2020年中共中央、国务院印发的《深化新时代教育评价改革总体方案》明确提出,"普通高中主要评价学生全面发展的培养情况","国家制定普通高中办学质量评价标准,突出实施学生综合素质评价、开展学生发展指导、优化教学资源配置、有序推进选课走班、规范招生办学行为等内容"。改革学生评价"要'破'以分数给学生贴标签的不科学做法,'立'德智体美劳全面发展的育人要求"。

面对新时期、新形势、新阶段、新的发展理念和发展格局,2020年奉贤教育围绕建设"自然、活力、和润"的南上海品质教育区和打响南上海教育品牌的战略目标,提出了"新时代新成长教育"理念。新理念强调,新时代的成长教育要坚持以人为本,遵循学生的成长规律,激发学生的成长活力和教师的专业活力,做到知行合一、整体育人,促进每一位学生的多元个性成长,培养新时代德智体美劳全面发展的社会主义建设者和接班人;要坚持每一位学生都具有成长潜在性、自我发展性、多元差异性的学生观;要大力倡导充满学习活力的新成长型课堂,要积极建设洋溢成长气息的新成长型班级,要着力推动以人为本的学校管理,让校园成为人文家园。

由此,学校教育的宗旨是:把握教育的真谛,关注对受教育者内在向善本性的激发和内在沉睡潜能的唤醒,激发每一位学生的优势潜能,让每一位学生成就更好的自己。新的教育宗旨尊重每一位学生的个体差异,关注对学生关键能力和必备品格的培养,重视每一位学生的多元个性发展,促进学生健康、全面、特色发展,很好地顺应了时代发展对人才培养的迫切需要。

二、新一代学生自主发展的需要

身处信息技术和人工智能不断发展的时代,学生对知识的获取越来越便捷。因此,学生的学习不再只是把外部世界的知识装进大脑,而更应该是在持续地自我发现问题和自主解决问题中探索世界、认知自我、发展理性。但当前的学校教育陷入了教育的功利化:过于关注学科、偏向知识教育,关注分数、偏向升学率,忽视对学生能够适应终身发展和社会发展需要的面向未来的必备品格和关键能力的培养,这导致目前的学校教育已经不能适应对新一代学生的培养。因此,发现、唤醒每一位学生的潜能,让每一位学生的潜能得到充分释放和发展,是每一位教育工作者当下需要认真思考与行动的方向。

三、学校变革与发展的必然选择

上海市奉贤中学创建于1914年,是一所地处南上海的百年老校。1956年,学校增设高中部,并于1960年被上海市定为市属重点中学,是20世纪八九十年代的上海老牌县重点中学。2004年,学校易地新建,成为大型寄宿制高中,实现了由传统老校向现代学校的历史跨越。2005年,学校通过上海市实验性示范性高中评审,完成了由规范办学向学校内涵发展的华丽转身。学校遵循"奉贤 至诚 明朗 力行"之校训,落实"敦本重学、奉文育贤、主动发展"之办学理念,奉行"超越自我,追求卓越"之学校精神,近十五年更是实施"求生存、谋发展、创品牌"的"三步走"发展战略,以求激发每一位学生的潜能。

(一)"求生存":奠定激发潜能基础

2005年,为了解决因学校扩建而造成的师资队伍稀释和学生生源质量下降的问题,学校以市级课题"城郊新建寄宿制高中'和谐发展'的教育资源优化的实践研究"为抓手,优化了包括课程资源、德育资源、教学资源、管理资源、文化资源等在内的教育资源,使教学质量有了明显提升,重新得到社会和同行的认可,解决了新建寄宿制高中的生存问题,为学校下一步发展奠定了资源基础。

(二)"谋发展":探索激发潜能之路

2010年,为了顺应教育发展的趋势,把握高中关键期,为学生终身发展创造良好的教育模式,有效破解制约学校优质特色发展的瓶颈,学校进行城郊高中激发学生发展潜能的实践研究,正式开启了奉贤中学激发学生潜能探索之路。通过制订学生生涯规划,提高学生自主发展能力;构建课程图谱,提供激发学生潜能的课程体系;探索"二二三四"导学制教学范式,促进学生智慧学习;创设温馨教室,营造激发学生潜能的学习环境等举措,学校教育质量得到显著提升,学生、教师和学校的发展正在从优质走向卓越。2014年,"激发潜能——一种人才培养的模式"课题研究成果获上海市级教学成果一等奖,其经验在区、市和国家多个层面上进行了推广和交流。

(三)"创品牌":创建潜能教育品牌

2016年起,学校面临的主要问题就是如何在高位创出品牌特色。学校多年来积极探索激发学生潜能之道,颇有成效,更需要凝练与提升。2018年,学校开始进行基于项目化学习深化潜能教育的行动研究,旨在进一步传承与创新学校办学特色,希望在前期激发潜能的基础上,不断提升对潜能教育的认识,系统挖掘潜能教育的内涵价值,促进学校品牌构建。学校以项目化学习为重要抓手,进一步改革课程、教学和保障体系,突破学校潜能教育的瓶颈,完善潜能教育的方法和途径,推进学校潜能教育高品质发展,总结和提炼纵向、横向辐射潜能教育品牌理念和操作方略,提升在区域、市内、全国乃至世界的品牌影响力。

第二节 潜能教育的理论研究

随着国内外教育改革浪潮的持续推进,每个孩子都拥有自己优势潜能的观念已深入人心。长期以来,重视激发学生优势潜能,关注学生成长,促进学生全面而有个性地发展,更好地适应未来社会,一直是国内外教育研究者关注的焦点之一。本节我们将通过对国内外相关研究成果的梳理,探讨潜能教育的理论基础和研究现状,为高中潜能教育的理论与实践探索明晰方向。

一、潜能教育的理论依据

(一)启发潜能教育理论

美国教育家威廉·柏奇(William Purkey)与贝蒂·西格尔(Betty Siegel)于1978年提出了启发潜能教育(invitational education)理论。该理论倡导以学生为中心,通过改变学习环境帮助学生学会感知周围事物,从而唤醒其内在潜能。[1] 它强调营造和保持一个能够充分激发人们潜能的学习环境,使人们的潜能得到最大化的实现。同时,该理论也倡导四个基本理念:尊重、信任、刻意性和乐观,认为教育是师生彼此相互合作、相互协作的一个过程,强调教师在教学过程中对学生尊重的重要性,这能够有效激发学生潜能。该理论也强调教师要相信每位学生都拥有不同的能力和不同的思维能力,培养学生不仅要注重知识能力的培养,更要关注对学生思维能力的培养。[2]

---

[1] 王志峰.启发潜能教育理论的实践探索——以长春吉大附中力旺实验中学为例[J].现代教育科学,2017(11):6.

[2] 孟娟,彭运石.人本主义心理学实践:启发潜能教育理论[J].教育研究与实验,2008(1):4.

(二) 多元智能理论

1983年,美国心理学家霍华德·加德纳(Howard Gardner)首次提出了多元智能理论。加德纳把智能定义为"在某种社会或文化环境的价值标准下,个体用以解决自己遇到的真正的难题或生产及创造出有效产品所需要的能力"。① 1998年,加德纳经过论证筛选,在原有七种智能的基础上,增加了第八种智能。这些智能包括:言语—语言智能、音乐—节奏智能、逻辑—数理智能、视觉—空间智能、身体—运动智能、自知—自省智能、交往—交流智能、自然观察智能。加德纳认为每个人的智能都是由多种智能组合而成的,这些智能彼此相互独立、互相紧密联系,相辅相成,并以多元方式存在。人的智能不仅是多元的,而且不同的智能组合也会表现出每个人在智能方面的优势与劣势,教育的任务就是找出他们的优势智能是什么,并使这些优势智能得到最大限度的发挥。因此,他倡导教育者要对学生持有积极的学生观,了解每位学生智能及智能组合优势、劣势的先天差异,选取恰当的教学方法,因材施教,让每一位学生的智能水平发挥到极致。②

(三) 建构主义学习理论

瑞士著名心理学家让·皮亚杰(Jean Piaget)最早提出了建构主义学习理论的概念。他认为,认知是主体与外部环境相互作用的结果,并不是人类大脑对外界事物的被动的反映。他强调,知识不是被动吸收的,而是由认知主体主动建构的,学习是立足于原有的知识经验进行主动建构的过程。③教学中,教师不应只是将知识传输给学生,学生也不应只是被动地接受知识。教师应以学生为主体,主动创造机会,鼓励学生参与到教学当中,引导学生通过已有知识经验对新的知识进行有意义的建构。教师也应改变传统认知观念,在教学过程中充分发挥学生的主观能动性和创造性,使学生进行最有效的学习。

---

① 霍华德·加德纳.多元智能[M].沈致隆,译.北京:新华出版社,1999.
② 郑晓凤.多元智能对应用技术型独立学院教学改革的启示[J].中国成人教育,2015(12):3.
③ 杨列瑞.建构主义学习理论在高中英语阅读教学中的应用[D].武汉:华中师范大学,2018.

(四) 最近发展区理论

苏联著名心理学家列夫·维果茨基(Lev Vygotsky)于20世纪30年代初创造性地提出了"最近发展区"理论,创造性地阐述了教学与发展之间的关系。"最近发展区"是指"实际发展水平与潜在发展水平之间的距离",即"学生能够独立解决问题的现有发展水平与在成人指导下或与能力更强的同伴合作解决问题的潜在发展水平之间的差距"。①维果茨基认为,教育能够对儿童的发展起到主导和促进作用,但儿童的发展在任何时候都不是仅由已成熟的部分决定的,需要通过确定两种不同发展水平来确定儿童的发展程度。第一种发展水平是儿童现有的发展水平,也就是说,儿童不需要他人的帮助就能独立完成任务的水平。第二种发展水平是儿童潜在的发展水平,也就是说儿童需要在成人的帮助和引导下或是和能力更强的同伴学习之后,所能达到的独立解决问题的能力。这两种发展水平之间存在着本质区别,两者所构成的差异区间就是儿童的"最近发展区"。所以,在维果茨基看来,教学活动的目的是促进儿童发展,帮助儿童形成其尚未形成的心理机能。因此,教学活动不能仅停留在儿童现有发展水平,教学应重视儿童的"最近发展区",走在儿童发展的前面,将儿童的"最近发展区"不断创造性地转化为儿童现有发展水平。

(五) 个性发展理论

对于个性发展理论,卡尔·马克思(Karl Marx)从哲学层面进行了论述。他认为,"社会本质不是一种同单个人相对立的抽象的一般力量,而是每一个单个人的本质","个性是与共性相对应的一个范畴,是以事物有别于其他事物的个别的、特殊的规定性"。人是一个特殊的个体,并且正是他的特殊性使他成为一个个体,成为一个现实的、单个的社会存在物。②可见,在马克思看来,人的个性是独特的,是可以被认识和改变的,它能够在社会和自我的发展变化中实现突破和发展。而个

---

① 维果茨基.维果茨基教育论著选[M].余震球,选译.北京:人民教育出版社,2005.
② 马克思,恩格斯.马克思恩格斯全集:第3卷[M].中共中央马克思恩格斯列宁斯大林著作编译局,译.北京:人民出版社,2002.

性发展本质上是一种差异化发展,受遗传因素和心理因素差异的影响很大。这些遗传因素会使个体在智力和行为方式等方面表现出显著的倾向差异,个体在兴趣、能力、气质等方面表现出的迥然差异构成了个体间的心理差异。正是以上因素导致的个体差异的存在,使得个体的发展也呈现不同。个性发展实际上也是一种强化个人优势的发展,每个个体都试图突破平庸,展现自己与众不同的独特之处。①

学校教育在培养学生个性方面起着重要作用。学生的个性会在不同主题的学习和不同的综合发展活动中得到充分的发展,并逐渐走向成熟和稳定。因此,学校教育只有尊重学生的个性发展,充分发挥学生的优势,使他们以符合社会发展需要的方式成长,才能充分激发每位学生的潜力。

(六) 脑科学相关研究

现代脑科学研究发现,人类大脑中蕴藏着巨大的潜能。著名的苏联学者、作家伊凡·叶夫雷莫夫(Evan Yefremov)指出,人类平常只发挥了极小部分的大脑功能,若迫使大脑开足一半马力,那人类将轻易地"学会四十种语言,把苏联百科全书从头到尾背下来,完成几十所大学的必修课程"。② "人脑大约有亿万个神经元,每个神经元可与多达几千个神经元建立突触联系。据此有人认为,它的信息容量可达 10^{14} 数量级比特,但人们已利用的大脑信息容量是很小的,一般人只用了其中的 5%,其余的 95% 是一种尚未被利用的潜在的能力。"③这种研究发现对我们理解和研究学生潜能的可行性提供了很大帮助。④ 脑的研究与潜能开发关系密切,基于脑的学习,科学家开始寻求适于脑的开发的学习方式和教育方法,从而更有助于发掘人的潜能。

---

① 崔益虎.马克思个性发展理论视角下的一流大学创新人才个性化培养[J].河海大学学报(哲学社会科学版),2016,18(6):5.
② 陈佑清.浅议人的潜能开发与教育——兼论当前教育的现实任务[J].湖北大学学报(哲学社会科学版),1988(4).
③ 奥图ＨＡ.人的潜能[M].刘君业,译.台北:世界图书出版公司,1988.
④ 杨鑫辉.人脑的结构·潜能·开发[J].河北师范大学学报(教育科学版),2001,3(1):6.

二、潜能教育的国内外研究

（一）潜能

"潜能"一词起源于哲学范畴,古希腊亚里士多德认为"潜能"是指可能性的存在,他认为"潜能"只是能力的可能性,之所以没有出现,是因为"可能性"没有变成现实。吉奥乔·阿甘本(Giorgio Agamben)利用亚里士多德的专著来证明他的观点,他同意"一切潜能同时也是相反方面的潜能。凡是能够不存在的东西,就不能以任何方式存在,而所有能够存在的东西却允许不实现"。①② 在阿甘本看来,在这里不能把非潜能理解成一种潜能的缺失,按照亚里士多德的解释,"缺失是不具有,或者是自然应有的却不具有,或者总的来说没有,或者自然该有的时候没有,或者以某种方式没有"。所以,阿甘本认为"缺失就是没有能力,但非潜能并非没有能力,而是有某种能力却不去实现",或者更深一步,"非潜能意味着不付诸行动的潜能、被动的潜能或者更纯粹的潜能"。他更进一步解释为,"潜能或非潜能作为整体就包含着实现和不实现这两种可能性,实现的可能性如果代表肯定,则不实现的可能性就代表否定"。按照阿甘本的说法,"一个事物,当其潜能在活动中被实现,我们就说它是有潜能的",其中就没有什么非潜能。③

美国著名心理学家、哲学家威廉·詹姆斯(William James)最早提出和研究人的潜能。他认为,人们的潜能只被自己利用了很小一部分,大部分潜能依然处于沉睡状态。"我们只运用了自己头脑中的极小部分(大约10%)"。④ 美国心理学家本杰明·布鲁姆(Benjamin Bloom)也曾指出,"很多学生在研究中没有取得理想的优异成绩,主要原因不是智力不足,而是在研究中缺乏良好的教育支持和合理的帮助。"如果教师运用合理的教学工具进行教学,对学生的学习给予适当的

---

① AGAMBEN G. Potentialities:Collected Essays in Philosophy [M]. Daniel Heller-Roazen, trans. California:Stanford University Press,2000.
② AGAMBEN G. The Coming Community [M]. Michael Hardt, trans. Minneapolis:University of Minnesota Press,1993.
③ 文晗.潜能存在论——论阿甘本政治哲学的存在论根源[J].马克思主义与现实,2018(2):7.
④ 崔景贵.开发你的心理潜能[J].心理世界,2000(2):1.

支持和指导,努力发掘学生的优秀潜能,他相信大多数学生都能取得满意的成绩。这也体现了发展潜能教育的重要性和必要性。

美国心理学家马斯洛(Maslow)和罗杰斯(C.Rogers)认为实现人本性的方法是对人潜能的开发,它强调人的尊严、价值、创造力和自我实现。以其为代表的人本主义心理学支持对人的价值和潜能发展的研究。马斯洛在其需要层次论中提出,依据人的追求目标和满足的不同可以把人的不同需求按照从低到高的次序排列在一个层次序列系统中。他进一步强调,人不仅需要满足生理、安全、归属与爱、尊重的需要,还需要满足更高层次的需要,即自我实现的需要。也就是说,人们有一种"自我实现"的自然动机,倾向于实现自己潜力的最大值。罗杰斯认为人与生俱来的动力是"自我实现",这是理解人的发展和进步的驱动力。他们相信人性是善良的,人们需要认识到自己有巨大的心理潜能,只要有合适的环境和教育,人们就会提高自己,充分发挥自己的创造潜能,实现一些积极的社会目标。

(二) 潜能教育

目前,国内外鲜有学者对潜能教育进行科学、系统的界定,也鲜有专家或教育工作者正式提出"潜能教育"的概念,仅有的研究对潜能教育的界定也往往过于狭隘,缺乏全面性和系统性。例如,有研究者认为"潜能教育"是将创造性理论方法、哲学、现代心理学、教育学、方法学、思维科学等最新成果应用于教育教学实践的现代教育,旨在培养学生的创造力,培养创新人才。也有研究者认为,潜能教育是在充分分析和了解每位学生实际情况的基础上,通过系统、全面地培养和开发学生的学习潜能、行动潜能和工作潜能,提高学生各种技能的一种教育方法,以增强学生的自信心,激发学生的创造力和活力,全面提高学生的综合素质。更有研究者提出,潜能教育即教育者根据受教育者的个体特点挖掘其潜在的能力,借助这种"可能性的存在"使受教育者得到充分发展或某一方面能力得到突出显现。

列夫·维果茨基的"最近发展区"理论指出,"只有走在发展前面的教学才是好的教学"。教学要创造最近发展区,通过教学使学生由现实发展水平向潜在发展水平迈进。这也指出了潜能教育的可能性与必要性，以及教学对促进学生潜在能力实现的重要作用。

赞可夫在其教育与发展实验中指出，教学工作最重要的任务就是以最大的效率促进学生的一般发展，包括智力、情感、意志、性格等心理特征的全面和谐发展，使学生的能力得到最大限度的发展和展现。在教学过程中要充分挖掘学生潜能，最大限度地发挥和优化学生的能力。巴班斯基的"学习可能性"的最优化实验提出，通过最有效的教学组织形式和教学方法，在一定条件下，教学能产生最佳效果，使每位学生的学习潜能最大化。①

可见，目前教育界对潜能和潜能教育的概念众说纷纭。已有的理论研究更多停留在对潜能的理论思辨，并没有对潜能教育的概念与内涵进行科学、系统地界定。

综上分析，我们可以看出个体的潜能有外显潜能和内隐潜能两种表现形式。外显潜能是一种容易通过个体的行为等外部表现易于判断、识别的一种潜能；而内隐潜能是以内隐的形式存在于个体内部的隐性能力，需要适当的外界刺激和有效的引导才能逐步显示出来。教育最重要的任务就是帮助个体发展外显潜能，识别、发现个体未知的内隐潜能，并通过适当的外部刺激将内隐潜能唤醒，在唤醒的过程中将其转化为外显潜能，再通过适当的引导释放个体的外显潜能。

三、潜能教育的实践

进入21世纪，西方教育改革目标强调，发挥每一位学生的潜能，改进科学和数学，提高学生学术研究能力和独立分析解决问题的实践能力，促进学生潜能的激发。美国蓝带学校率先做了很多有益探索，在课程设置上体现了多样性、可选择性。如加利福尼亚州的圣加布里埃尔中学，其课程呈现为一个具有挑战性的学术课程体系，基础课程包括宗教、语言艺术和阅读、数学、科学/健康、社会研究和西班牙语，同时补充了艺术、音乐和体育等选修课程。在整个课程体系中，重点强调

---

① 易莎.学生潜能开发与基础教育改革[D].武汉:华中师范大学,2011.

课程设置的灵活性。技术课程是学校自主开发的特色课程,制订了涉及不同技术领域的350多个学习目标。这些技术素养的目标构建了技术项目的框架,以确保学生们能够顺利进入更高年级学习。同时,多样的课程选择也满足了不同学生个性潜能发展的需求。

在我国,很多教育工作者和决策者也通过不断的实践,践行对潜能教育的探索。朱永新与约翰·库奇(John Couch)在关于未来教育与学习升级的对话中,从"用技术解锁学习""用网络升级学习""用改革重塑学习"和"用动机激发学习"四个方面探讨了如何运用技术解锁未来教育与学习,释放学习者潜能,并指出尽管中美两国文化政策制度有差异,但是两国教育关注的焦点正从"教"转向"学","未来教育将共同向教育生态系统升级、校内外教育资源整合、构建多元学习中心等目标发展"。[1] 易莎在其学位论文《学生潜能开发与基础教育改革》中,论述了学生潜能开发的意义和学生潜能开发存在的问题及原因,并从制订适于潜能开发的教育规划、形成适于潜能开发的个体学习方式、探索适于潜能开发的教学风格、优化适于潜能开发的教学环境等方面提出了基础教育改革建议。[2]

长春吉林大学附中力旺实验中学在启发潜能教育理论"5P"(人物、地方、政策、活动和流程)原则的指导下,从多个方面进行实践探索:营造良好的外部学习环境;开设多门选修课程,实现民主化决策;组织多样化活动;建设民主、开放、协作的关系等,以启发学生的潜在能力。[3]

重庆市巴蜀中学"挖掘潜能,张扬个性"的育人模式,以挖掘学生潜能、张扬学生个性为价值追求,因材施教,实施适应学生潜能、个性发展的现代教育。该育人模式将人作为教育的立足点和根本点,坚持学生的主体地位。同时,有机整合教学资源与学校教育活动,整体谋划、协同推进普通高中教育综合改革,力求全面发展学生的潜能和个性,全面落实立德树人根本任务。

---

[1] 朱永新,约翰·库奇.技术如何释放终身学习者的潜能?——朱永新与约翰·库奇关于未来教育与学习升级的对话[J].华东师范大学学报(教育科学版),2020,38(3):15.
[2] 易莎.学生潜能开发与基础教育改革[D].武汉:华中师范大学,2011.
[3] 王志峰.启发潜能教育理论的实践探索——以长春吉大附中力旺实验中学为例[J].现代教育科学,2017(11):6.

武汉市江岸区长春街小学为了"唤醒每位学生的无限潜能",从确立潜能教育观开始,通过营造潜能教育环境,历练潜能教育团队,探索了潜能教育方式。在潜能德育实践中,他们在校、班两级分别开展了"礼仪教育雅行实践"和"'3+1'自主班级管理"教育活动。在潜能课堂实践中,形成了基于"情境—体验—创造"的潜能课堂教学范式。在多年的探索与实践中,有效释放了学生的无限潜能。

天津市第七中学于2013年启动"发展潜能教育"特色高中建设项目,多年来始终坚持"发展潜能教育"的办学特色。为了满足学生潜能发展的需要,学校为学生开发了可供学生选择的多样化、个性化课程。课程学习方式主要为项目研究式,①指导教师以清华大学、中国医学科学院、天津直升机研发中心等高校和科研院所的教授为主,同时与相关院校联合创办了"天津七中联合创新实验室""天津七中直升机联合创新实验室""天津七中生物研究室""天津七中化学研究室"等,以激发、唤醒、鼓舞、引领学生的自我探索,促进自我发现,并在自我实现的过程中促进潜能的发展。②

上海市奉贤中学于2010年开始,以激发学生潜能的市课题"城郊高中激发学生发展潜能的实践研究""大数据背景下激发高中生潜能的学习环境建设的行动研究"为引领,从课程整体架构、教学方式变革、学习环境建设等方面对激发学生潜能的教育进行深入探索,以促使学生的潜能被充分激发。在第一轮激发学生潜能的教育探索与研究中,初步形成了对潜能教育的理论认识和实践经验。在第二轮探索与研究中,学校在大数据背景下探索了激发学生潜能的学习环境建设,拓展了学习时空。目前,学校正着力以项目化学习为抓手,通过课堂教学方式的变革、长短课时制的推行、综合实践活动的项目化实施等策略,探索潜能教育新路径。③

学校已有的实践研究和在课程、学科、教学、环境建设等方面开展的实践探

---

① 天津市第七中学.发展潜能教育　建设悦慧校园[J].天津教育,2019(5):封2.
② 天津市第七中学.新高考的主动出击——发展潜能,做更好的自己[J].天津教育,2019(6):封4.
③ 林春辉.潜能教育,让生命蓬勃发展[J].教育家,2020(30):3.

索,都比较注重开发学生潜能的具体方式方法,通过帮助学生建立良好的自我效能感、搭建成长平台、肯定学生优势特长等方式方法达到激发学生潜能的教育目标。

四、潜能教育研究的思考

潜能教育是一个不断发现、唤醒和释放学生潜能的教育过程,具有全面性、多样性、主动性和系统性。潜能教育需要面向全体学生,正视学生个体差异,激发学生发展的主动性,同时潜能教育又是一个系统工程,需要家庭、学校、社会等的共同合作参与。

(一) 面向全体学生,注重学生的全面发展

潜能教育不是面向少数有特长的学生的教育,而是面向全体学生的教育,是关注全体学生优势潜能的发现、唤醒和释放的教育过程,它不是仅指向学生优势潜能的发展而忽视学生其他方面的发展。潜能教育的全面性不仅指向学生智力潜能的发展,也注重学生潜在的心理能力的培养、道德情感的激发,注重发展学生个性特长,促进学生的全面发展。因此,学校教育不仅要关注对学生科技素养的培养,也要关注学生心理健康和人文素养的发展。学校教育可以通过课堂教学、德育教育、综合实践活动等途径,在不断发现、唤醒、释放学生潜能的过程中满足学生全面发展的需要。

(二) 正视个体差异,满足学生多样化需求

依据多元智能理论,每个人都在不同程度上拥有八种基本智能,各种智能之间的不同组合表现出个体间的差异,世界上不存在智能组合完全相同的两个人。这就揭示了个体差异存在的普遍性。因此,在新高考、新课标、新教材背景下,教师的课堂教学就不能仅仅是为了完成新课标任务,而应通过采用多种教学方法去关注、发现、唤醒和释放学生的潜能,实现为学生潜能而教的目的。高中潜能教育要正视学生个体差异,树立多元人才发展观,要在尊重学生潜能发展差异的前提

下,满足学生多样化的发展需要,使每位学生的优势潜能得到最大限度的释放。

(三) 尊重主体地位,引导学生主动发展

潜能的开发离不开学生的主动参与,需要学生养成积极主动的学习态度。潜能教育的目标需要指向学生积极主动的学习,培养学生核心素养,使学生能够更好地适应未来生活的需要。这就需要教师在课堂教学、综合实践活动、班级管理等过程中尊重学生的主体地位,把学习的主动权交还给学生,引导学生在学习、活动、自主管理中通过亲身体验来建立自信、享受成功的欢愉,从而实现自我管理,促进自我发展。当然,这也需要学校为学生创造能够主动发展的条件,让学生有思考、自主选择的时间和空间,这样才能更好地促进学生的主动发展,释放学生的潜能。

(四) 一体化设计,体现教育系统性

人的潜能属先天素质,是蕴藏于人体内部的。它如深藏在地下的丰富的矿产资源一样,如果没有得到合理有力的开发、利用,就无法实现其价值。只有把它们诱发出来,将它们转变成某方面现实的能力,它们才有意义。也就是说,"潜能"需要通过"诱因"作用才能转化为"能力"。这种"诱因"可以是及时、恰当、充分的教育训练和个体的自主活动。高中潜能教育是一项系统性的教育活动。这种系统性不仅体现在潜能教育个体参与活动过程时主体性的发挥程度上,也体现在学校课程、校风班风、管理水平、教育教学方法、教师素质等各要素相互联系的整体实施中,还体现在高中不同年级、不同学科、不同学生群体、不同家庭背景等构成的若干纵向贯通、横向联系的子系统里。学校各子系统也均在潜能教育中发挥不同作用。因此,高中教育需要整合校内外资源,融合学校管理、德育教育、课程教学等方面的教育联动,形成"家校社共育"模式,针对高中学段特点(年级、班级、学生群体、家庭背景等差异),分层、分类、分群地系统化设计潜能教育一体化培养模式,全方位、多视角、宽领域地发现、唤醒、释放每一位学生的潜能。

第三节 潜能教育的新认知

成功学大师安东尼·罗宾(Anthony·Robbins)曾说过:"每个人身上都蕴藏着一份特殊的才能。那份才能犹如一位熟睡的巨人,等待着我们去唤醒他。"①显然,"这份特殊的才能""巨人"就是我们所说的"潜能"。那么,如何去唤醒这位巨人?这位巨人被唤醒后将会发生哪些变化?对周围的影响如何?带着一连串的追问,我们在实践中探索,以求其解。

一、潜能教育的内涵

针对"潜能"的界定,学术界并没有完全统一的认识。著名教育哲学家伊斯雷尔·谢弗勒(Israel Scheffler)认为,"我们所指的潜能并非是人既有的或显然具备的能力、技能或已经具备的其他方面的特征,而是指未来这种特征学习或发展或形成的可能性。"②心理学将"潜能"解释为个人在将来有机会学习时可能在行为上表现出的能力,是一种潜在的、指向将来的能力倾向,具有很大的可塑性。

我们见证了奉贤中学从激发学生潜能到开展潜能教育的发展历程和教学质量的飞跃,见证了无数学子的潜能在奉贤中学这片沃土上得到发现、唤醒和释放,让他们成为更好的自己。在我们看来,潜能是个体自身蕴藏着的有可能转化为现实的某种能力,这种可能性的发展与实现需要借助一定的外部条件或干预手段,它是一种潜在的、指向将来的能力倾向,具有很大的可塑性。个体的潜能很大程

---

① 安东尼·罗宾.唤醒心中的巨人[M].王平,译.北京:光明日报出版社,2015.
② 伊斯雷尔·谢弗勒.人类的潜能——一项教育哲学的研究[M].石中英,涂元玲,译.上海:华东师范大学出版社,2006.

度上会受到遗传因素的影响,存在显著的个体差异性,所有个体均具有不同程度的多种相对独立的潜能,如语言潜能、人际潜能、运动潜能、艺术潜能、逻辑—数理潜能等。不同的个体也会有不同的潜能组合。

当然,个体的潜能可以有外显和内隐两种表现形式。外显潜能是一种易于通过个体的行为等外部表现形式,判断、识别的一种潜能。相对于外显潜能,内隐潜能则是以内隐的形式存在于个体内部的隐性能力,需要长时间的适当的外界刺激和有效的引导才能逐步显现出来。如果没有外部适度的干预,内隐潜能就会沦落为"非潜能",无法被实现。

而教育最重要的任务就是要帮助受教育者发展外显潜能,识别、发现受教育者未知的内隐潜能,并通过适宜的教育手段将其唤醒,使其转化为主客体易于识别、判断的外显潜能,再通过教育者适度的引导,释放受教育者的潜能,最终将潜能转化成一种现实的能力。

基于以上对潜能的思考,我们认为:潜能教育是教育者基于对潜能的理解和认识,运用恰当教育方法和途径,使学生自身蕴藏的潜能经历"发现—唤醒—释放"的过程,最终发展为学生现实能力或品格的一种教育方式,它具有全面性、多样性、主体性和系统性等特征。

二、潜能教育的设计框架

我们相信,每一位高中学生都蕴含着丰富的潜能。高中潜能教育就是要让高中学生的各种潜在能力显性化,它们是高中学生得到全面发展,包括身体和精神、生理和心理得到充分自由发展的重要方面。

美国心理学家布鲁姆曾强调人的潜能是无限的,并指出"许多学生在学习中未能取得优异成绩,主要问题不是学生智慧能力欠缺,而是由于未得到适当的教学条件和合理的帮助造成的,如果提供适当的学习条件,大多数学生在学习能力、学习速度、进一步学习动机等多方面就会变得十分相似"。[1]在这里,"适当的教学

---

[1] 段美玲.浅谈大学公共英语分级教学的利弊和改进措施[J].才智,2012(32):1.

条件和合理的帮助"实际上就是指教育者在教育教学活动中需要根据每位学生的个体差异选择最适宜的教育干预手段,通过合理引导,发现、唤醒每位学生的潜能。这样,大多数学生才能在学习中充分释放自身潜能。

鉴于高中生身心发展特点和高中阶段教育的特殊性,这种"教育干预"本质上是通过"发现—唤醒—释放"的教育过程,发展学生潜能。由此,我们形成了潜能教育的设计框架。

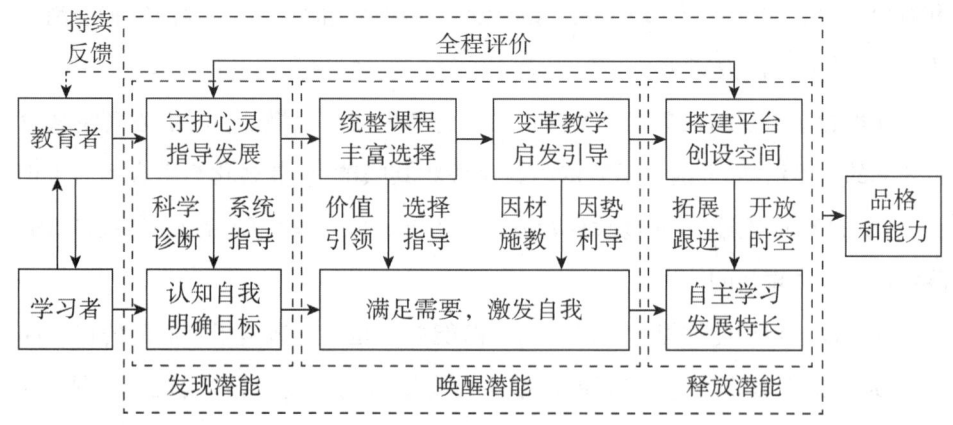

图 1-1 潜能教育设计框架

对于学校教育而言,潜能教育是一个复杂的教育系统,它的主、客体分别是教育者和学习者。这两者在学校教育系统中相互作用、相互影响,经历"发现潜能—唤醒潜能—释放潜能"三个过程。

在"发现潜能"过程中,教育者可以通过观察外显行为、运用成熟测评工具等途径,对学习者的潜能作出科学诊断;通过推出诸如生涯探索项目、导师指导机制、学生评价机制等措施,守护学习者心灵,对学习者进行系统化指导,引导学习者正确认知自我,明确理想目标。学习者在这一过程中通过潜移默化的引导,更好地发现自身潜能。

在"唤醒潜能"过程中,教育者可以通过统整课程,优化课程结构,着力构建能够满足不同学生潜能发展需要的多样化课程,丰富学生选择,并对学习者进行正确的价值引领和有效的选课指导;通过创新课堂生态,探索项目式、体验式等教学模式,提升自身潜能教育素养等途径,"变革教学,启发引导",并针对学生的个体差异,"因材施教、因势利导",突出学生学习的主体性,满足学生自主发展的需要,激发学生自我实现的强烈动机。学生潜能在这一过程中得到唤醒。

在"释放潜能"过程中,教育者可以通过实践拓展活动、研究性学习活动、各类竞赛活动等途径,为学习者搭建潜能释放的平台;通过信息技术的应用、个性化学习环境的营造等举措,为学习者潜能的释放开放时空,从而满足学习者自主学习的需要,充分发挥学习者的优势特长。这一过程能充分体现潜能教育的主体性、多样性和全面性。

在"潜能教育"的全程中,评价始终渗透在每个教育环节,评价的结果会持续反馈给教育者与学习者,他们接受反馈,改进教与学,再进入"发现潜能—唤醒潜能—释放潜能"的教育过程。学习者就在这样一个不断循环的系统中,通过持续"发现潜能—唤醒潜能—释放潜能"的教育过程,将自身蕴藏着的有可能实现的能力转化成现实的能力或品格。

当然,潜能的"发现—唤醒—释放"过程,实际上也不是有严格的顺序性,对不同个体及同一个体不同潜能的激发,这个过程又是交织在一起的。

第四节 潜能教育的价值追求

开发学生的潜能,是教育理应担负的责任。联合国教科文组织指出:教育的价值就在于"帮助一个人以一切可能的形式去实现他自己,使他成为发展与变化的主体、民主主义的促进者、世界的公民、实现他自己潜能的主人"。[①] 高中潜能教育的实践与探索,能转变教师陈旧的教学观念,摈弃"唯分数论"的不良倾向,确立

---

① 联合国教科文组织国际教育发展委员会.学会生存:教育世界的今天和明天[M].北京:教育科学出版社,1996.

基于学生潜能发展的教学理念,探索学生最大化发挥个体潜能优势的教学策略,促进教学活动中对学生潜能的开发,从而真正实现"因材施教"和学生全面发展的目标。同时,高中潜能教育的开发与实践,更有益于学生重新认识自己的发展性,坚定自我发展的信念,发掘自己潜在的能力,有助于他们产生积极乐观的心态和坚强的品质,使他们在困难和挫折中勇于担当、勇往直前,在学习尝试中获得成功的快乐,从而实现自身的人生发展,也使得教育真正实现"培养人""发展人"的目标。

一、重视学生全面发展

可能会有人认为潜能教育会因过于注重学生优势潜能的发展而忽视学生的全面发展。全面发展的本质并不是所有人千人一面的共同发展,它是个体综合素质与能力的充分、全面的发展。全面发展体现个体发展的完整性与整体性。当个体在德智体美劳等方面获得充分发展,达到基本要求后,全面发展就演变成了一种共性发展。当共性发展满足个体生存所需的基本条件后,个体就需要进一步超越发展,这种超越发展便体现了发展的差异性。依据多元智能理论和个性发展理论,这种差异性就体现在个体智能组合的差别化和个性的独特性。因此,全面发展是潜能教育的基础,潜能教育是个体在全面发展基础上的一种自我超越,一种个体特有的选择性发展。个体的潜能如果没有得到充分发展,会导致个体缺失学习的主动性和自信心,制约全面发展。因此,潜能教育只有不忽视学生的全面发展,才能使学生获得全面而有个性的发展。

二、尊重学生个性发展

个性发展是个体在生理、心理、智力因素和非智力因素等方面由量变到质变,由不成熟逐步走向成熟,不断自我完善的过程。① 依据马克思的个性发展理论,

---

① 钟启泉.个性发展与教学改革[J].教育理论与实践,1996(2):23-26.

人的个性不是独一无二的,是可以被认识和改变的,是在自我和社会的双重形塑中实现突破与发展的。①学生的个性发展会因遗传所构成的心理差异和由气质、兴趣、能力、态度等构成的心理差异,在本质上呈现出一种差异化的发展,这种发展也在潜移默化地强化个人优势的发展,这种优势主要体现在个人潜能是否被唤醒和释放。被唤醒的潜能反向促进了学生个性的充分发展。因此,学校教育在学生个性发展中发挥着关键作用,潜能教育只有尊重学生的个性发展,才能充分激发每位学生的优势潜能,强化优势,使其成为符合社会发展需要的各类人才。

三、引导学生主动发展

可能会有人认为与传统教育模式相比,针对高中阶段的知识学习,潜能教育是一种低效的教育。当一位学生的潜能被关注、被发现、被唤醒,并得到极大的释放,我想这给这位学生带来的影响要远大于他坐在教室里每日刷题让试卷多几分更有意义和价值。首先,两者对待学习的态度就有很大差异,前者因潜能的唤醒和释放,会对学习充满自信和热情,表现出强烈的学习主动性与自觉性;后者对学习的态度则是被动的、厌倦的,甚至是失望的。其次,前者也会因潜能的唤醒和释放而有更强的自我发展意识、更清晰的自我认识和更强的自我规划的能力,拥有更远大的理想和抱负;后者则难以企及。

当然,潜能教育是一个大的教育系统,家庭、学校、社会共同构成了它的育人子系统。因此,就学校而言,潜能教育需渗透学校整个育人系统,这不仅体现在家校社的合作共育中,也体现在学生的综合实践活动、研究性学习活动中,更体现在学科核心知识的学习中。多元化的课程设置,师生间教学相长的课堂教学互动,都能为发现、唤醒学生潜能提供良好契机。精心设计、满足差异化需求的学科任务等也能很好地释放学生潜能。因此,潜能教育是促进学生主动发展的系统化教育,是改变当前高考制度下"教师死教书、学生读死书、教与学低效"的良策。

---

① 崔益虎.马克思个性发展理论视角下的一流大学创新人才个性化培养[J].河海大学学报(哲学社会科学版),2016(6):22-26.

四、激发学生生命活力

法国教育家卢梭（Jean-Jacques Rousseau）认为，"教育必须顺其自然，也就是顺其天性而为，否则必然产生本性断伤的结果。"学生的成长是一个自然的过程，教育唯有遵循教育规律，顺应学生的自然天性，方能充分激发每位学生最根本的生命活力。生命活力是学生学习和成长过程中最重要的动力，对学生的影响也最为重大。学校教育的终极目的不是传授给学生已知的知识，而是要把学生的生命活力诱导出来，将学生的生命感、价值感和意义感唤醒，提高他们的精神境界。潜能教育不应是培养死读书、读死书的书呆子，而是要培养懂思考、会学习、能实践、敢动手的新型活力人才。当然，顺其天性，并不是说对其成长放任自流。学生是成长的主体，其在成长过程中需要家庭、社会和学校的正确引导。因此，潜能教育在顺应学生天性的同时，需要在学生个性发展的过程中给予合适的教育引导，从根本上调动学生学习的积极性和主动性，这样才能营造灵活且有激情的校园教育生态，激发学生生命活力，促进学生健康、快乐成长。

第二章 主体性德育行动,激发学生潜能

培养什么人、怎样培养人、为谁培养人,历来是我们党和国家教育的根本问题。高中教育不仅肩负着传授学生知识技能、培养学生关键能力的职责,也承担着培养学生良好的思想道德修养、为党和国家培养合格建设者和接班人的重任。要实现这一根本任务,学校教育必须尊重学生的个性和注重学生潜能的发展。

奉贤中学积极探索潜能教育,将立德树人的教育任务作为学校教育的核心目标,并将其融入学校教育的全过程。由此,我们积极开展主体性德育行动,通过构建德育特色课程体系,完善德育实施战略,创新主题教育课、仪式教育活动、青马工程、行规教育等路径,陶冶学生高尚的品德和情操,提高学生道德修养,有效唤醒了他们生命成长的价值,让学生成为生机勃勃的、具有鲜明个性的、全面发展的主体,真正成为社会的主人、国家的栋梁。

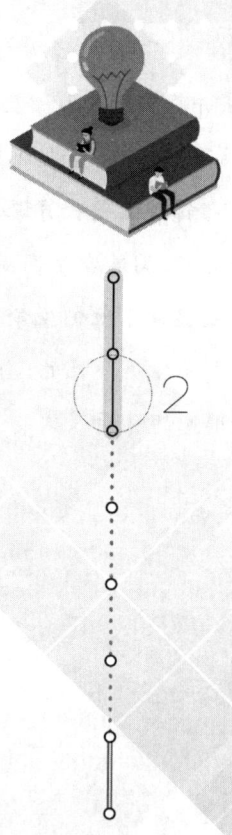

2

第一节 潜能教育"立德树人"的思想内涵

党的十八大报告明确提出,"把立德树人作为教育的根本任务,培养德智体美全面发展的社会主义建设者和接班人"。党的十九大报告再次强调,"要全面贯彻党的教育方针,落实立德树人根本任务,发展素质教育,推进教育公平,培养德智体美全面发展的社会主义建设者和接班人"。可见,立德树人已成为新时期高中教育的重要先行培养目标。同样,"立德树人"也是新时代高中潜能教育的先行和立身之本。"成才"先"成人"必然成为潜能教育的重要前提和基础。在教育的实践中坚持立德树人,就要明确所立之德是何种道德,所树之人是何种人才。

一、潜能教育要立"什么德"

国无德不兴,人无德不立。德是国之魂,人之本。立德,即树立德业,就是要坚持德育为先,入心为要,通过正面教育来引导人、感化人、激励人。潜能教育要立的"德"为社会主义大德,即通过潜能教育系统引导学生树立并坚定马克思主义信仰,自觉传承中华民族传统美德,大力弘扬社会主义核心价值观,自觉做到"明大德、守公德、严私德"。[①] 习近平总书记指出,"一个人只有明大德、守公德、严私德,其才方能用得其所"。社会主义核心价值观就是一种德,既是个人的德,也是上升到国家和社会层面的一种大德。因此,德育工作是潜能教育落实对人的培养,完成立德树人根本任务的重要环节。学校潜能教育要充分重视德育在发现、唤醒、释放学生潜能过程中的突出作用,要把社会公德、职业道德、家庭美德、个人品德建设作为德育工作的着力点,将社会主义核心价值观、中华传统美德以及社

---

① 冯刚,陈飞.新时代高校立德树人的治理架构与实施路径[J].思想教育研究,2020(7):99-104.

会主义道德观、共产主义信念、马克思主义理想等道德思想内核贯穿高中生德育工作的全过程,引导高中学生将其内化于心,外化于行。

二、潜能教育要树"什么人"

潜能教育要树"什么人"是对国家层面要培养什么人这一根本问题的现实表达。潜能教育要树人就是要坚持以人为本,通过正确的引导和教育来塑造人、改变人和发展人。"树人"的成败关系国家命运和民族的兴衰。因此,要树"什么人"是高中阶段实施潜能教育必须首先要明确和解决的关键问题。在新的教育时代背景下,高中教育承担着培养担当民族复兴大任、德智体美劳全面发展的新时代社会主义接班人和建设者的历史使命。习近平总书记曾指出:"我国是中国共产党领导的社会主义国家,这就决定了我们的教育必须把培养社会主义建设者和接班人作为根本任务,培养一代又一代拥护中国共产党领导和我国社会主义制度、立志为中国特色社会主义奋斗终生的有用人才。""要全面贯彻党的教育方针,落实立德树人根本任务,厚植爱党、爱国、爱人民、爱社会主义的情感,努力培养德智体美劳全面发展的社会主义建设者和接班人。"[①]

因此,高中实施潜能教育首先必须要深入贯彻党的教育方针,坚持立德树人根本任务,要始终把为党和国家培养德才兼备的有用之人作为首要任务,用习近平新时代中国特色社会主义思想教育、引导广大中学生坚定理想信念,坚定正确政治方向,听党话、感党恩、跟党走,为实现中华民族伟大复兴而努力学习。

三、"立德树人"导向的潜能教育

在把握潜能教育立"什么德"、树"什么人"的基础之上,只有进一步厘清潜能教育与"立德树人"的内在关系,才能更深入地把握潜能教育"'立德树人'为先"

---

① 中共中央宣传部.习近平新时代中国特色社会主义思想学习纲要[M].北京:学习出版社,2019.

思想内涵的精准要义。"人无德不立,育人的根本任务在于立德。"学校落实"立德树人"的根本任务,必须尊重学生的个性和潜能发展,着眼于学生全面发展,关注学生的内心世界,为每位学生提供适合的教育和接受公平教育的机会,满足每位学生的学习需要,促使每位学生主动地、生动活泼地发展。高中潜能教育的教育价值追求就是通过发现、唤醒、释放学生的优势潜能,满足不同背景、不同层次学生个性发展的需要,培养学生未来能够更好地适应社会所需要的必备品格和关键能力。这种"必备品格"更强调学生的"德行",学生只有拥有好的"德行",才能真正成为满足未来社会发展需要的合格"人才"。因此,"立德树人"是潜能教育充分发挥其教育价值的前提和基础,潜能教育不仅是落实"立德树人"根本任务的重要载体,也是其目的和归宿。潜能教育重在对学生优势潜能的发现、唤醒与释放,同时也是促进和实现"立德树人"的根本教育任务。因此,高中潜能教育需要准确把握新时代立德树人的德育工作,正确了解和认识高中学生这一群体的特性,牢固树立育人为本、德育为先的人才培养观,引导学生坚守社会主义的政治道德、社会公德、思想品德和价值正德。

第二节 潜能教育德育体系的架构

"整体规划学校德育体系"是《中共中央关于进一步加强和改进学校德育工作的若干意见》中提出的一个重要方针。贯彻这一方针,对于促进德育工作的科学化、推动学校德育工作的整体改革、增强德育工作的实效性有着十分重要的意义。学校德育是一个系统,我们立足学校潜能教育追求,落实立德树人、发展学生核心素养的教育要求,把对学生思想品德培养的工作贯穿学校教育教学的全过程,重视对学生道德认知、道德情感、道德意识和道德行为的培养,促使德育目标、德育内容、德育途径、德育管理等要素的横向贯通、环环相扣,形成了教育合力,从而实现全程育人、全方位育人，促进学生全面而有个性的发展，滋养学生健康成长，为开展潜能教育提供思想支撑和价值保障。

一、潜能教育德育体系的哲学基础

德国教育家赫尔巴特说过："教育的最高目的是道德的完善。"潜能教育是在"立德树人"核心价值引领下的学校实践，学生只有具有了正确的价值观念，形成了完善的道德素养，才能确保个性潜能的发现和唤醒，而不至于成长偏航。

（一）在德育中体验生活

教育家陶行知先生曾提出"生活教育"理论，即"教育即生活，社会即课堂"。他指出教育要通过生活才能发出力量从而成为真正的教育，而德育同样也需要且必须通过体验生活来发出力量从而成为真正的德育。德育绝不只是空洞机械的说教，也不是偶尔为之的装点。德育源于学生自然的生存、生活和生长，是学校教育的根本。只有将德育融入学校真实的生活情境之中，才能唤醒学生的内在自主参与感和主观能动性，引导学生自觉地形成道德意识，主动接受道德教育，培养道德选择力。因此，我们在德育体系建设的过程中，主张"潜移默化"的教育，即在正向价值观念的引领下，让学生亲身体验各种人际交往情境、道德判断情境和活动实践情境等，从中获得积极正向的道德启发和思想暗示，从而孕育真切的情感体验。

（二）在德育中助推成长

德育工作最终培养的是具有健全人格的学生个体。实现真正有效的德育教育既需要遵循教育规律，提供给学生正确的价值观念和道德标准，引导学生在面对社会和自身道德冲突时学会判断和选择；更需要孕育学生自我主动发展的内在渴望，激发学生成为"更好的自己"的稳定动力，从而使学生主动、积极地参与到德育活动和自身思想道德建设之中。因此，我们确定"敦本重学，奉文育贤，主动发展"的办学理念，以德润人和的校园文化环境为载体，从健全学生人格出发，引导学生自主参与实践活动,调动学生道德元认知和发展原动力,从而实现如斯宾塞所说的"现代教育的目标不是培养专制制度下恭顺的臣民,而是培养一个独立、快乐、幸福的个体"。

(三) 在德育中寓于和谐

德育的终极目标在于培养适合社会生活的有温度的人。正如马克思所说"人是一切社会关系的总和",个体在参与社会的过程中,通过与他人的交往逐渐形成自己的道德观念。而对于学校而言,实现这一目标需要形成健全、和谐的师生交往氛围。师生的和谐交往,不单单是教育情境中的互动交流,更是思想观念与生命价值的"交互碰撞"与"默契融合"。因此,我们对德育工作者提出如下要求:平等与尊重——把学生视作平等的生命体,尊重学生的认知特点和成长需求,学会在倾听中理解,在理解中对话;陪伴与沟通——做学生坚定的陪伴者,从学习指导到心灵沟通,从生活指导到生涯规划,密切关注学生的情绪感知变化,以心换心,以爱生爱;引导与激发——成为学生思想的引领者与学生自主道德认知形成的激发者,从教育引导到自然生长,教师自身对于道德教育的科学理解是学校和谐德育的必备保障。

二、潜能教育德育体系的培养目标

学校根据高中学生道德养成规律和新时期学生德育特点,围绕学校"育贤工程"目标,更新德育理念,优化德育目标,充实德育教育内容,创新德育实施载体,完善德育管理制度和评价体系,形成了独具特色的校本德育体系——"奉文育贤"德育体系。

(一) 潜能教育德育体系的总目标

学校继承"敬奉贤人 见贤思齐"的优良办学传统,深化"以人为本,和谐发展"的办学思想,凝练并落实"敦本重学,奉文育贤,主动发展"的办学理念,使之成为全校师生共同的价值取向和行为准则。

敦本重学：即一切以学生发展为本，关注学生生命价值，敦厚学生知识之本、能力之本。以学生为主体，以学定教，因材施教，不教而教，促使每位学生学有所爱、学有所思、学有所长、学有所成。

奉文育贤：继承"敬奉贤人、争做贤者、培养贤才"的传统，倡导人文引领、文化育人，培育学生求真、至善、尚美的人文情怀，使学生成为具有"崇高国格、高尚品格、优秀性格、强健体格"的现代贤者。

主动发展：创设激发每位学生主动发展潜能的环境和机会，使学生具有良好的自我意识、较高的成才抱负、较强的成就动机、浓厚的学习兴趣、坚韧的学习意志等心理品质，具备较强的自学能力、主动探究能力、创造能力、实践能力、评价能力等主动发展能力，实现自觉、自信和自强发展。

（二）潜能教育德育体系的分年级目标

表 2-1 "奉文育贤"德育目标

德育目标及主题		高一年级	高二年级	高三年级
		明贤成人 明现代贤人之内涵	立贤成才 立现代贤人之信仰	践贤成功 践现代贤人之德行
爱国	目标	修身与立德	责任与使命	民生与民族
	主题	修身养性　立人立德	立志成才　报效祖国	关注民生　关注民族
敬业	目标	理想与立志	沟通与合作	勤奋与奉献
	主题	美好理想　立志服务	善于沟通　学会合作	勤奋努力　乐于奉献
诚信	目标	诚实与良心	真诚与求是	信用与信任
	主题	保持真我　拥有良心	真诚待人　实事求是	恪守诺言　珍惜信任
友善	目标	平等与尊重	感恩与宽容	自律与利他
	主题	地位平等　互相尊重	学会感恩　相互包容	严于律己　心有他人

三、潜能教育德育体系的实现途径

培养人，培养什么样的人？这是学校开展教育活动都应当紧密围绕的主题，其根本在于个体的道德品质培养。潜能教育的实施前提正是保障学生思想的积极向上,知世事而不世故,明道理而不冷漠。这就需要结合学生特点、学校办学理念和社会发展需要,设计系列德育教育活动。

奉文育贤,是学校育人理念的重要组成部分,即继承"敬奉贤人、争做贤者、培养贤才"的传统,倡导人文引领、文化育人,培育学生求真、至善、尚美的人文情怀,使学生成为具有"崇高国格、高尚品格、优秀性格、强健体格"的现代贤者。"奉文育贤"德育课程正是在此目标引领下形成的系统道德培养体系。

(一) 分层分类,满足各阶段成长需求

奉文育贤德育课程具体包括"明贤课程""立贤课程""践贤课程"三大类,紧密结合学生不同阶段的成长需求,开展德育教育活动。

明贤课程包括主题教育课程、学校文化认同课程、育贤通识课程、生活规程教育等,主要针对高一年级刚跨入高中学校学习的学生进行思想教育和行规教育,引导高一学生从入学起就建立远大的人生理想,形成学习的内在动力。

立贤课程包括人生导航课程和学生领导力课程等,一方面通过量表测试全面、立体地指导学生认识自我,另一方面引导学生在走出学校、关注社会的过程中不断尝试和感悟与他人、社会、自然建立联系的生命意义,有效激活自身潜在的优势和能力。

践贤课程具体包括校园活动课程和社会实践课程等。学校搭建各类活动平台和实践课程,让学生在参与丰富多彩的德育活动过程中不断发现、唤醒和释放潜能,进一步明确自身发展目标,健全自身的价值观念。

表2-2 "奉文育贤"德育课程

明贤课程			立贤课程		践贤课程		
学校文化认同	主题班团教育	仪式教育	人生导航	学生领导力	社会实践活动	校园活动	综合实践活动
生活规程 学校文化 校史教育	明贤成人 立贤成才 践贤成功	升旗仪式 成人仪式 各类典礼	生涯规划 思维导图 训练	模拟政协 领导力大赛 创新素养活动 拓展实践活动	国防教育 农村实践 志愿服务 劳动课程	四大节庆	春美樱花 夏实枇杷 秋日丹桂 冬日梅花

(二) 上下贯通,确保各层面实施成效

在具体课程实施过程中,学校建立了由上到下、由下至上的贯通式德育实施机制:校长室牵头,学生发展中心联合德研室进行顶层设计,课程教学中心进行协调,年级部组织落实,班主任、学科教师具体实施,在实施过程中学生发展中心强化检查并及时反馈和优化。

表 2-3 "奉文育贤"德育课程实施途径

实施途径	实施情况
进入必修课表	生涯导航课程进入课表,在高一年级阶段安排每周两节课,由心理辅导老师承担; 主题班团课,每周一节,由班主任承担; 校园文化类中,校史教育、学校文化认同教育,进入历史课、语文课,在高一年级阶段各安排四节课,由相应学科老师承担
进入班会课表	生活规程学习、育贤通识讲座、"贤润"主题学习等,通过班会课进行学习与分享,由班主任、专家教授承担
进入社团、微型课	国学经典与戏剧表演、领导素质培养、模拟政协活动等,结合社团课、微型课来实施,由相应学科老师承担
进入实践活动课	四大节庆活动、职业体验、领导力素质拓展培训等,通过学生发展中心,依托年级部,组织学生开展校园生活、军旅活动、农村劳动实践、领导力素质拓展、社会志愿服务等实践活动,促进学生在实践体验中成长

(三) 完善制度,落实各阶段全面保障

1. 保障有效时空,丰富课程设置

学校创造性地提供有效的时间和空间保障,并建立"学校—级部—班级"一体化的管理模式,为课程实施保驾护航。一方面,利用节假日组织学生参与领导力课程、社会实践研究课程、劳动体验课程等;另一方面,依托周五班会课,进行主题

教育和通识讲座。同时,调整课务安排,提供专门时间开展校园节庆活动,如主题运动会开幕式、传统文化节闭幕式等。在此基础上,在课表中明确规定将周一至周四的每天下午5:40—6:20确定为学生自主活动时间,依托此段时间,提供各类德育课程活动内容,张扬学生个性,激活学生潜能。

2. 细化评价体系,规范课程实施

学校将德育课程的学习内容纳入公民素养评价体系之中,按照具体要求赋予每门课程相应的学分,并通过换算成学分绩点的方式全面、全过程评价学生。德育课程学习评价采用自评与他评相结合的方式,实现评价方法和评价主体的多元化,同时将评价结果及时反馈给学生,并将其纳入各项评优之中,激励和促进学生发展。

表2-4 学生公民素养评价之"德育课程学习"

限定必修课程		课时	评价主体	评价节点	等级划定
主题教育课程		18课时	班主任	每学期末	以人数百分比,给定A、B、C、D四档
育贤通识课程		每一次讲座折算成3课时	班主任	课程结束	
志愿公益服务		1天折算成8课时	班主任	每学期末	
学军学农学工	军政训练活动	5天折算成40课时	班主任	活动结束	
	国防教育活动	5天折算成40课时	班主任	活动结束	
	农村社会实践	5天折算成40课时	班主任	活动结束	
	职业体验活动	2天折算成16课时	班主任	活动结束	
节庆活动课程	科艺节	1天折算成8课时	班主任	活动结束	
	感恩节	1天折算成8课时	班主任	活动结束	
	体育节	1天折算成8课时	班主任	活动结束	
	传统文化节	2天折算成16课时	班主任	活动结束	
生涯规划课程		18课时	心理老师	课程结束	
党、团校课程		每一次授课折算成2课时	团委老师	课程结束	
文化认同课程		9课时	语文老师	课程结束	

第三节 激发成长潜能的德育实践

德国哲学家卡尔·雅斯贝斯(Karl Jaspers)曾说过:"教育的本质就是一棵树摇动另一棵树,一朵云推动另一朵云,一个灵魂唤醒另一个灵魂。"德育从来不是一蹴而就的结果,它需要持续、反复地进行,是一个促进学生知情意行的过程,是学生道德水平逐渐提高的过程。在设计德育实践活动时,我们紧密结合《中小学德育工作指南》对高中学生德育目标的要求,即教育和引导学生热爱中国共产党、热爱祖国、热爱人民,拥护中国特色社会主义道路,弘扬民族精神,增强民族自尊心、自信心和自豪感,增强公民意识、社会责任感和民主法治观念,学习运用马克思主义基本观点和方法去观察问题、分析问题和解决问题,学会正确选择人生发展道路的相关知识,具备自主、自立、自强的态度和能力,初步形成正确的世界观、人生观和价值观。在此指导下,我们充分利用德育主题教育课这一主要育德阵地和仪式教育这一公开平台进行全体层面的思想教育,利用青马工程这一机制进行有针对性的重点培养,将行规教育作为常态保障,从群体到个体,从基础到高度,实现完整的思想引领教育。

一、实施序列主题教育,护航学生健康成长

主题教育课是班主任进行班级管理、播撒教育理念的主阵地,是班会教育中最重要的一种形式。主题教育课,因其教育中心明确、内容集中、策划具有目的性,更能达到提高学生自我认识能力和自我教育能力、加强班集体建设的作用,是学校德育教育的一种主要方式。

但我们也发现,目前主题教育课在实施过程中尚且存在许多问题,如主题的

"随意化"、内容的"空洞化"、形式的"模式化"、课程的"零散性"等,而且学生也经常处于被动的局面,参与互动性不强。针对这些问题,班主任要上好主题教育课,应该从主题入手,改变原来以学习内容为主的说教形式,转变为从理想信念教育、社会主义核心价值观教育、中华传统优秀文化教育、生态文明教育、心理健康教育等方面出发的体验教育、情境教育等,让主题教育课成为学生想说、能说、敢想、敢做、反思、明理、获取信息、敢于创新的实践大平台,使学生通过主题教育课看到更加广阔的世界,体验更加真实、全面的情感,从而完善道德修养,尽可能地充分发展兴趣爱好和性格,为激发自身潜能奠定基础。

(一) 坚持立德树人,明晰教育主题

苏霍姆林斯基说过,道德教育成功的"秘诀"在于:当一个人还在少年时代的时候,就应该在宏伟的社会生活背景上给他展示整个世界、个人生活的前景。因此,学校强化了主题教育课的顶层设计,尤其是对教育内容进行明确与统一。学校每月设计统一的主题,如社会主义核心价值观培养、中华优秀传统文化学习、班级共性问题分析、时事热点解读等。班主任围绕教育内容进行主题教育课方案设计,学校选择优秀案例进行统一整理和推送,确保主题教育课成为班主任育德的主阵地。

表 2-5 2020 学年德育主题教育课主题示例

学期	时间	主题
第一学期	9月	克勤于邦,克行于我——文明生活从我做起
	10月	人际关系之尊重与包容
	11月	追光者——以新中国史上的杰出人物为例,探讨如何确定和实现人生价值
第二学期	3月	生命教育——每一个我都很重要
	4月	爱国教育与劳动教育
	5月	家长如是说——高一:我也是第一次做父母;高二:父母的少年梦想

令人可喜的是,在主题教育课的系列化推动过程中,班主任的育德能力和课

堂设计能力也不断提升,"温馨高三系列化主题教育课设计"等相关课题在区级德育课题评比中收获好评,在课题研究中形成了一整套高三主题教育课设计方案和优秀案例。

表 2-6　主题教育课课题成果展示

心理篇			
序号	分类	名称	教育目标
1	同伴关系	风的联想之风满贤城	理解校风、班风的重要性,共同绘制理想的班级蓝图
2		礼仪为表 修身为里	认识礼仪的背后是良好的自身修养
3		我们不一样	认识彼此不同的合理存在,学会包容与悦纳
4		真正的个性	理解个性的真正意义,有个性不等于不同与尖锐
5		朋友	全面认识真正朋友的内涵,更好地处理彼此的关系
1	亲子关系	懂你	理解父母的爱与不同的表达方式,促进亲子和谐沟通
2		一路上有你	明确高三旅途中不可缺少的力量,与爱同行
1	学业压力	这一周,你好吗	针对学习过程中存在的疲累状态,及时提醒学生保持活力
2		"失败"的意义	借助举行运动会的契机,进行挫折教育
3		精气神儿	唤醒学生内在的精神动力
4		十字架	理解"压力"存在的必要性
5		你需要的几句话	借名人名言帮助学生纾解焦虑与苦闷
6		考试后学生类型分析	培养理性、客观的考试心态
理想篇			
序号	分类	名称	教育目标
1	树立清晰的理想目标	路在脚下	初步确立高考目标与人生规划
2		我们的理想时间	在忙碌中短暂地静下来,提醒自己勿忘初心
3		人为什么要努力	认识大学的意义,认识挑战的意义

（续表）

理想篇			
序号	分类	名称	教育目标
1	具备坚定的成功意志	毛竹的故事	正视学习中的高原反应，不放弃、不妥协
2		微光——我的高三精神	明确高三学习过程中需要的坚定意志
3		世间哪有那么多天才	认识到成功的必要前提是坚持不懈的努力
4		时光会告诉我们	平心静气，不急不躁，平稳度过高三的每一个关键期
5		我们在路上	阶段性提醒，鼓励学生不停下努力的脚步
6		DO YOUR BEST	激发学生潜能，为最后阶段冲刺奋力一搏
7		书写我们的历史	坚定目标与行动
1	必须承担的社会责任	这与我有关	认识到个体对于社会的重要意义，培养集体意识和大我情怀

（二）基于学生成长需求，发展多元活力

主题确定后，如何结合学生、班级实际，上好每一节主题教育课？这需要班主任结合自己班级的情况进行设计和实施，才能达到预期的教育效果。于是，学校确定班级主题教育实施原则，确保各班级的主题教育课实施达到比较一致的成效。

1. 主题选择依据实际学情

开展主题教育课就如同写一篇议论文。选题、立意、布局等均需要深入思考。首先，需要明确的是教育主题，根据人的发展需要、学生年龄特点，遵循教育规律，有目的、有计划、有步骤地进行选择，体现教育的及时性和针对性。因此，主题教育课的确定应当依据学生的实际情况，一方面采用书面调查，通过设计专题问卷收集学情；另一方面访问本班学科教师、家长，多方面了解情况。通过多方面的真实情况收集，准确分析班级问题存在的冲突点，并透过学生行为表现分析产生问题的真实原因。只有这样，主题教育课才能避免主题不明、内

容泛化的现状,更能有针对性地结合班情解决本班问题,体现主题教育课的教育功能。

2. 课程设计聚焦真实问题

主题教育课应当聚焦学生学习、生活中的真实问题,不能脱离学生实际泛泛而谈,否则起不到有效的教育作用。我们强调教师应该依据学生在日常学习、生活中存在的具体问题,贴合学生阶段性成长需求,精心选择题材、明晰教育目标、设计教育环节、创新教育形式、研究新课题,以分析问题实质为主线,在学生真正认识问题的基础上传递价值观念,循序渐进,上接天线,下接地气,达成班级思想共识,使学生在集体教育中得到成长。

3. 课堂设计突出学习主体

学生是学习的主体,课堂设计突出学生的教育主体作用,但这并不意味着否认教师的教育主导作用。我们倡导,一方面教师课堂教学的内容、方式应当充分考虑学生的知识基础和接受能力;另一方面,在实施教学过程中,应当充分关注学生真实的体验,依据学生年龄段特点,选择恰当的教学策略和教育路径,强调活动之外可以有倾听、静思等多种方式,重视学生的反馈并不断调整。同时,课堂教学中呈现的观点重在思考辨析,激发学生的思考能力。课后,后续要根据班情开展班级活动,将课堂上的内容落实到具体的安排之中。

4. 教育实施体现教师主导

在主题教育课实施中,班主任要担当起"三主"的重任,即做好主持、主讲、主导工作。所谓主持,即班主任是主题教育课的主持人。作为主持,要眼观六路,耳听八方——学生细小的反应,如皱眉、撇嘴、嘀咕、会心一笑等,都应该引起班主任的关注和思考。所谓主讲,即在主题教育课中班主任要"扛大梁"。班主任要精心设计,广泛选材,合理取舍,科学构架全课。所谓主导,即班主任要加强学习,研究班情,直面学生的学习生活,关注学生的困惑,走近学生,抓住学生的主要问题或思而不解的问题,给予积极的引导。如面对早恋、网瘾、心理存在障碍等难题,班主任要动之以情,晓之以理,导之以法,真正解决学生的实际问题,使学生有所触动,有所感悟,有所进步,进而内化为自己的行动,收到实效。"主导"并不等于"我说你就要听",而重在"引导",以理服人,以语言魅力打动学生,以人格魅力感动学生。主题教育课要走进学生心里,体现师生互动,让学生参与讨论,让学生的思想火花迸发、碰撞、升华。

如在劳动主题教育设计与实施中,各班班主任结合本班实际,恰当运用身边教育资源,采用辩论、座谈、思考等方式,引导学生认识劳动的意义和价值,教育学生尊重劳动人民,弘扬劳动精神。以下是部分劳动主题教育课摘录:

沈老师围绕"劳动"主题设计"喜看稻菽千重浪",利用部编版语文教材"劳动"单元的相关文本,引导学生深度认识劳动者身上具备的高贵品质。同时将课程内容与日常学习生活相结合,以"假如没有值日生"环节引发学生思考劳动在日常生活中的意义,培养对于他人劳动的敬畏之心。

吴老师通过让学生对社会上热点问题进行讨论,引导学生辩证看待劳动,正确认识劳动的意义,理解劳动的必要性。

季老师以"人工智能时代,体力劳动还有必要吗?"为辩题,通过学生小组辩论,引导学生在科技发展和产业变革的时代背景下,树立正确的劳动观。

马老师以社会中"劳动观念的变形"为议题,通过对卓别林电影的内涵理解和当今社会现象的剖析,引导学生尊重劳动,弘扬劳动精神。

干老师分别从理论和学生实际入手让学生深刻认识劳动对人类社会发展和国家富强的意义,以及劳动对个人的价值。

金老师以"学生阶段,是劳动重要还是学习重要"为辩题,帮助学生正确认识劳动的价值。

云老师通过"劳动创造人类""劳动铸就文明""劳动创造美好生活""劳动成就精彩人生"四个板块,帮助学生树立正确的劳动观。

同样,在爱国主义主题教育课设计与实施过程中,各位班主任用不同的设计思想和实施路径,获得同样的教育精彩,达到异曲同工的教育效果。以下是部分班级爱国主题教育课摘录:

朱老师由新疆棉事件导入,以学生感兴趣的影视作品作为切入点,带领学生体验新时代背景下"爱国主义"的深刻内涵。同时,利用《谁是最可爱的人》《光明与黑暗》等文学作品,用独特视角诠释家国情怀,使学生深受感动。

姚老师以我国科技发展为线索,带领学生了解科技突飞猛进的发展。同时也让学生认识到,目前我国在科技领域仍存在一些瓶颈之处,从而启发学生树立远大志向,立志为国家建设贡献自己的一份力量。

李老师以"一张船票,穿越百年"为线索,带领学生回顾百年党史,围绕《启航》《歌唱祖国的春天》《井冈山会师》三幅精彩画作,用独特的艺术角度引导学生学党史,强信念,明责任。

方老师主题教育课堂素材均来自于家乡是新疆的同学的切身感受,通过"你为什么千里迢迢来上海求学?""你怎么看待新疆棉事件?""你为什么立志当老师?"等问题,由浅入深,由表及里,在交流和分析中提升学生的爱国情怀。

汪老师设计了别具一格的主题活动,引导学生通过头脑风暴分享小组讨论结果,图说父辈爱国情怀,激发游子心情。在这过程中,自我规划与爱国理由互相交融、浑然一体。同时提出期望,为学生美好志向留下发展空间。

任老师以1901与2021两个辛丑年的两场谈判作为切入点,激发学生的爱国热情。教学中又通过展示中外年轻人在新冠肺炎疫情中的不同表现,引发学生思考"高中生能为祖国做什么",鼓励学生从小事做起,为国家作出贡献。

熊老师以新疆棉事件、钓鱼岛事件为抓手,层层追问,运用演讲视频,让学生反思中国强与少年强的辩证关系,激发学生的爱国热情。

(三) 规范教育内容,编制校本德育课程

在实践研究的基础上,学校开发校本德育活动课程"贤润",围绕"爱国、敬业、诚信、友善"四个维度和"明贤、立贤、践贤"三个层次,通过12个主题构建了校本德育课程。2017年,在区教育局指导下,学校开发了区本贤文化教育读本高中版《i 奉贤 贤文化》。开发的两个活动课程,用新时代"贤人"的价值观引导人和塑造人,成为主题班团教育的有力抓手。

学校依托"贤润""i 奉贤 贤文化"活动课程,每月选择一个主题,通过主题教育、班会活动、实践体验等,让贤文化教育进入课堂。多名教师的公开展示课在

市、区级比赛获奖,体现了"贤文化"教育的生动性、成长性。班主任的主题教育课设计和实施能力得到明显提高,多人在班主任基本功大赛中获奖。在主题教育课的序列化推进过程中,学生的价值观逐渐得以塑造,涌现出一大批世贤学子、最美中学生、美德少年等。

校本德育课程在设计过程中体现出了四个特点:①课程既借鉴课程设计经验主义(Empiricism)理论从学生的兴趣出发,又吸取课程设计社会主义(Socialism)理论强化学生对当代社会的了解,使课程理论取向定位于个人与社会的有机结合;②课程既大力弘扬中华优秀传统文化之精华,又紧密融合现代国际社会教育文化之精髓,使课程内容的传统文化与现代文明无缝衔接;③课程既重视和挖掘生活世界的人文因素,又关注和探索科学世界的科技因素,使课程内容的人文情怀与科技素养相融相合;④课程既重视和体现国家课程和地方课程对学生的核心素养要求,又重视和体现奉贤区本土文化对学生的基本素养要求,较好实现了国家课程和地方课程的校本化。

校本德育课程试图将全球意识、上海城市精神、生命意识、环境意识、诚信意识、职业意识、合作意识落实在课程目标、课程内容、课程实施、课程评价之中,将各种学习方式有机结合,形成"内化于心,外化于行"的学习过程。为达此目的,在课程活动设计中,学校改变课程实施过于强调接受式学习、死记硬背、机械训练的现状,引导学生主动参与、乐于探究、勤于动手,培养学生搜集和处理信息的能力、获取新知识的能力、分析和解决问题的能力以及交流与合作的能力。同时,突出对学生元认知能力的培养:一是关注学生自主学习的主体性和能动性,让学生为了提升自己的综合素养而积极主动地学习和成长;二是关注学生探究学习的主动性和创新性,让学生在学习的过程中萌发创新意识并提高动手实践能力;三是关注学生合作学习的多元性和互补性,让学生在学习过程中充分发挥长处,努力克服缺点,做到知识互补、思维互启、志趣互激、能力互助,利用集体的智慧共同成长、共同发展。

表 2-7 "贤润"校本德育课程单元主题

第一单元	修身养性　立人立德	第七单元	真诚待人　实事求是
第二单元	美好理想　立志服务	第八单元	学会感恩　相互包容
第三单元	保持真我　拥有良心	第九单元	关注民生　关注民族
第四单元	地位平等　互相尊重	第十单元	勤奋努力　乐于奉献
第五单元	立志成才　报效祖国	第十一单元	恪守诺言　珍惜信任
第六单元	善于沟通　学会合作	第十二单元	严于律己　心有他人

二、彰显仪式教育功能，实现教育价值期待

真正的教育是一种基于教育目标与价值的唤醒、引导和建构。而教育的价值期待，需要在学校的教育活动中以各种适合的方式来表达与实现。仪式的存在"使某一时刻与其他时刻不同"，仪式教育是对教育价值的一种富有张力、直入人心的隆重表达，是对学生成长的一种有力牵引与乐观期待。在仪式环境中，它能够积极有效地刺激学生的主体意识，潜移默化地作用于学生的情感，进而强化学生思想道德的认知，促进道德养成和道德实践，自觉树立和践行社会主义核心价值观，带头倡导社会良好风气；它能够推动优秀传统文化的传承与发展，促进对中华文脉时代价值的开掘，增强文化自信与前进动力；它能够促进个体的社会化发展，引导关注社会现实的发展与重要事件，了解、明晰社会规范和公民的义务与责任；它能够增强团队的凝聚力，通过共同经历与互相协同，明确团队的共同发展方向与发展目标。

（一）顶层设计目标体系和内容

仪式教育的目标旨在培养"人"，全面提升学生的道德品格，培养社会责任感，让社会主义核心价值观落地。仪式教育需要形式与内容并重，一方面重"礼仪"，构建统一的仪式教育系统，统一并保持对应标准，进而教育引导学生认识仪式，知晓仪式的意义，生成与仪式匹配的言行；另一方面重"内化"，在以马克思主义思想为主导地位的前提下，借助形式与活动，多层次、多范畴地开展思想政治教育，让

学生学会自主思考,获得感悟和成长,进而优化思想品质和道德行为。

学校的仪式教育以升旗仪式和成人仪式为主。升旗仪式一般依托重要节日、纪念日以及校园节庆等开展;成人仪式则以过"成人门"、颁发《中华人民共和国宪法》、重走红色之路三部分为主。这些仪式依托丰富的主题,营造特殊的教育氛围,激发学生积极向上的精神状态;彰显内隐的教育主题和观念,产生深刻、持久、潜移默化的感染效应。

(二) 发挥仪式教育的育人功能

根据高中阶段的德育指导方针和高中学生发展的阶段性需求,我们将一些特定阶段的仪式固定下来,并不断充实优化,在校级层面形成序列化。如高中入学典礼、五四青年节、成人仪式等,渗透在成才、成人过程中应该具备的思想品德、基本公民素养、家国情怀等,完善学生的主体意识。

在升旗仪式的主题选择上,我们注重引导学生关注个人、民生、国家三重维度的教育,开展有针对性和时代性的主题教育活动,旨在使教育活动与时俱进,深入人心。以2020学年为例,36个主题中包含"这就是中国""筑梦名校,力行远行""聚焦两会,彰显青年使命担当""珍爱生命,'疫'起成长"等,八个实验班承办"仁义礼智信、温良恭俭让"的中华传统美德主题升旗仪式。

在横向拓宽主题的同时,我们努力达成主题的纵向推进,借此丰富与深化学生的主题认知,激发更多的思考与感悟。近几年,我们举办了多次爱国教育主题升旗仪式,每一次都是在传承中创新,并各具仪式教育的魅力:"传承老兵精神 发扬家国情怀"互动采访环节,学生们从抗美援朝老兵的声音中,感悟艰辛岁月的忘我精神;"寻访红色足迹 心存家国情怀"活动中,一次次红色建筑与历史的"重逢",是学生们亲自走过后发掘的点点滴滴;"我的青春 我的国"情景剧使"让青春为祖国绽放"达到高潮;"清澈的爱 只为中国"活动中,学生们用自创的歌曲歌颂对祖国富强的希冀;上海市第504例造血干细胞捐赠者——2013届毕业生许晓函回到母校讲述自己的故事,将人道、博爱、奉献的精神深深植入学生的心中。

(三) 培养仪式教育的支持性人才

传统升旗仪式中出旗升旗、领导讲话、学生发言的"三环节"流程模式并不能凸显学生的主体地位,无法激发学生的参与热情。因此,我们打破原有模式,采取班级轮流承办的方式,发挥集体创造力,让学生从中体验集体荣誉及个人价值获得带来的精神愉悦。指导教师或班主任在明确单期主题后,参与师生共同策划环节,督导筹办过程,把控内容品质;其余则由承办班级的学生分工安排,具体推进。这种筹办方式从主动报名之初,就能够调动学生参与的热情,激发他们的创造潜力。升旗仪式虽然只有短短30分钟,但是如何通过不同的内容形式凸显主题,如何组织实施各板块内容和流程,如何达成主题效果,等等,大到总策划,小至PPT制作,对于组织者、参与者而言,都是不同能力的锻炼和考验。在整场活动中,学校收获的是一期主题鲜明的升旗仪式,班级收获的是一份无形的凝聚力和品牌效应,学生收获的则是相关能力的试炼和成长过程的历练。

每周仪式教育除班级承办外,学校也将仪式教育活动作为对学生干部锻炼能力、培养素养的重要平台。团委、学生会、年级自管会中学生干部群体是这类教育活动的主力军。指导教师会根据学生的意愿和能力特长,安排布置对应工作,或组织,或策划,或表演,或演讲,或制作等。通过一支固定班底如技术支持、策划、表演发言等,促使学生在一次又一次具有挑战性的任务中,不断精进自己的潜在能力,提升个人的综合素养。发展一批,成熟一批。再如成人仪式往往安排在高考之后一周左右,高三学生有时间做充分的准备,能根据自己的经历、经验、需要和设想来设计相应的活动。当然,师长在物质和技术方面的必要支持是不可或缺的。

(四) 创新仪式教育的活动形式

仪式教育是形式与内容并重的教育活动,形式的特殊内涵自然地包含了教育功能。而对礼仪形式的认知,对礼仪形式的遵守,反映了个体的思想道德水平、文化修养等。

在我们的成人仪式中,为了使学生真正感受到成人世界的不同与责任的到来,学校设计了颁发《中华人民共和国宪法》、学生成人宣誓、迈过成人门三大环节。各班班长给每位同学颁发《中华人民共和国宪法》后,同学们右手握拳,神色凝重与严肃,庄严宣誓,感悟成人的责任和成长的使命:《中华人民共和国宪法》虽薄,合格的社会公民的责任甚重。随后,全体同学依次走过成人门,并在成人门前合影留念。爬满了美丽鲜花、装扮着各色气球的成人门,象征着青春的绚烂、青春的朝气、青春的活力以及关于青春的各种想象与联想。而近几年新增的游览"红船精神"发源地嘉兴南湖,更直观且形象地给予学生以先辈精神的指引与感召,追忆峥嵘岁月:吾辈青年当不忘来路,珍惜既有,砥砺前行。

与此同时,我们的仪式教育也在积极思考对仪式形式的革新。在升旗仪式这样一个严肃的、富有仪式感的场合,我们希望不仅仅只是按部就班地按常规流程进行,更要用学生喜闻乐见的方式方法来呈现对主题的诠释与演绎,但绝不是追求"娱乐化"的形式。如在"仁义"的主题升旗仪式中,希望通过对"仁义"的解读,进一步增强仪式感背后的互动性和有效性。因此,我们"引经据典",通过学生都熟悉的经典文学内容引发知识共振;在小故事讲解中,学生倾尽生动的言语表达,结合精彩的表演,在不违背升旗仪式"仪式感"的大前提下,把道理转换成一个个实例,增加了升旗仪式的生动性;在现实意义解读上,由学生代表的演讲抛砖引玉,采用贴近学生学习生活的表达和例子,展现对仁义现实意义的见解,以此引发更多学生的深层思考。通过以上的形式革新,我们使"仁义"深厚的历史文化渊源和儒家道德信念、规则在学生心中深深扎根。

我们希望能够通过一次次的升旗仪式,首先把中华传统美德传承下去,让历史的经典成为力促我们知行合一的动力,让传统文化精髓在现代生活中熠熠生辉,同时也把百年学府的特色文化纳入仪式教育内容,深深根植在这块土壤之中,并一代一代传承下去。其次要充分发挥学生的主体作用,提供给学生自主选择的权利,激发其内在积极性和创造性,从而获得仪式教育的成就感。

三、设计系统青马工程,分层分类培养骨干

"青马工程"是青年马克思主义者培养工程的简称。2007年,团中央启动实施"青马工程",旨在为党培养信仰坚定、能力突出、素质优良、作风过硬的青年政治

骨干。

团的十八大以来,"青马工程"作为履行根本任务和政治责任的重要载体,明确以科学化培养"忠诚的政治品格、浓厚的家国情怀、扎实的理论功底、突出的能力素质,忠恕任事、人品服众"青年政治骨干的培养目标,突出培训与培养并重,着力提质扩面,改革创新工作机制,以更好发挥为党育人的政治功能。

高中阶段是青年学生政治观形成的重要时期,是对青年学生进行政治引领的关键阶段。高中阶段青马班的设置是激发青年学生的政治热情,引领青年学生的政治选择,树立青年学生的政治理想,不断强化青年学生对党的政治认同、思想认同、情感认同,培养德智体美劳全面发展的社会主义建设者和接班人的重要途径和方式。作为推优一体化工作的基础和源头,我们以巩固和扩大党执政的青年群众基础为政治责任,遵循青年政治观形成规律和青年政治引领工作规律,以情感认同为起点,以思想认同为基础,以政治认同为目标,以知识传授、能力培养、价值引领为路径,从理想信念、爱国情怀、责任担当、奋斗精神四个维度一体化设计培养内容和课程体系,引导青年学生确立组织观念,初步端正入党动机,树立听党话、跟党走的人生追求。

长期以来,学校高度重视青年学生的政治引领工作。在党总支的直接领导下,学校青年学生政治工作经历了以下三个时期:

早在20世纪90年代,学校团委在课程内开设了党的基础知识学习班,并坚持在每年暑期举办,通常以讲座、知识竞赛和参观考察等形式展开,形成了以邓小平理论和"三个代表"重要思想为主要学习内容,以优秀团员、学生干部为主要学习对象的政治理论学习机制,开展中国特色社会主义信念教育。每学年有60多名优秀团员接受中国共产党的基础理论教育。十余年间,共推荐48名毕业班优秀团员为上海市优秀高中毕业生入党积极分子,每年有十名左右学生团员递交入党申请书。

迁入新校址后,在学校党总支的支持下,学生党校于2005年1月正式成立。作为党组织联系共青团的有效形式,学生党校立足于宣传党的基本理论知识,进行知党、信党和爱党教育,激励和提高更多青年学生的思想觉悟和政治素质,逐步发展壮大学生政治骨干队伍,为党组织输送新鲜血液,做好思想上、组织上的准备。学生党校建立了健全的管理教育体系,受校党总支直接领导,党总支书记任学生党校校长,团委书记任学生党校教育室主任,负责具体组织、管理工作。学生党校的师资队伍中有奉贤区委党校老师、学校领导、模范共产党员、多年党龄的老教师、优秀青年党员等,他们都具备较高党性觉悟和一定理论修养,并具备教学实践经验。同时,由优秀青年党员担任学生党校辅导员。

2020年,校团委在团市委《关于加强高中阶段"青马工程"三级培养的实施方案(试行)》的基础上,制订《奉贤中学青马工程两级培养方案》,在原有学生党校的基础上建立两级培养机制(即校级党章学习小组、班级团支部政治学习),通过课程引领,实现阶梯式、常态化培养。

(一) 课程引领,植根先进思想

校级党章学习小组课程主要分为理论教育、情感认同和社会实践三大块。

理论教育:开展党的基本知识教育、党史教育,引导党校学员认真学习马克思列宁主义、毛泽东思想、邓小平理论、"三个代表"重要思想、科学发展观、习近平新时代中国特色社会主义思想;开设"永铸辉煌——中国共产党的历史""党的性质""党的指导思想""党的组织原则""正确认识中国共产党"等基础理论课和讲座,作为党的知识启蒙教育;开展国内外政治、经济等有关形势教育,提高学员的政治理论水平,坚定共产主义信仰,为使优秀学员成为共产主义者奠定基础。

情感认同:开展爱国主义、集体主义和社会主义教育,引导学员树立正确的世界观、价值观、人生观,不断提高政治素质和思想觉悟;通过优秀共产党员、模范人物的事迹报告、视频等,增加学员对党优良传统的感性认识和理解。

社会实践:开展社会实践调查,深入社会、了解社会,增强社会责任感,激发学习动力,立志报效祖国,为党组织培养输送后备力量。在寒暑假,学员走出校门,积极开展各类社会实践拓展活动。如走访校友、教工,通过口述历史了解学校发展;走访抗美援朝老兵,进行爱国主义教育;走访贵州、南京等地,进行革命传统教育;参观外企、上海律师协会,邀请优秀律师开展论坛,让学员走进生活,体验不同职业，理解依法治国的重要意义；以模拟政协和全国领导力大赛为切入口，动员学生以提案和项目的形式深入社会，积极调研，培养青年学生的社会责任感，主动承担社会责任。

（二）常态化培养，夯实理想信念

基于时间、空间和人数的限制，班级团支部的政治学习以集中培养和自主学习相结合的方式开展。集中培养主要以学生党校开班仪式、专家讲座、重走红色之路和结业仪式的方式展开；自主学习主要依托班级团支部展开。

结合学校班级主题教育课、政治课、班级活动，在"三会两制一课"的保障下，定期开展团支部组织生活会、时政分享、班团活动、讨论交流和知识竞赛等活动，做好党团教育衔接工作，积极引导同学们形成组织意识。

在学校团委的指导下，以班级团支部为单位，每月开展主题团日活动，以重要的时间节点、奉贤本土红色资源等为切入点，抓住教育契机，提升同学们的政治认同感，如开展"改革开放30周年""五四运动一百周年""我与祖国共奋进""i奉贤贤文化"等主题团日活动。2020年初，在新冠肺炎疫情期间，政治学习也做到了"停课不停学"。各班团支书利用班级群，当起了线上小主播，开展了"致敬抗疫英雄""学习习近平总书记给北京大学援鄂医疗队全体'90后'党员的回信"等主题团日活动，创新的学习方式激发了同学们的创新意识，纷纷以诗歌、绘画等方式表达了学习体会。

以"青年大学习"为载体，在团支部书记的组织发动下，动员同学们周末利用碎片化时间学习，组织开展青年大学习活动。校团委组建了"青年大学习"学习指导团，各年级团总支书记担任本年级的指导教师，定期将学习内容推送至各班团支书，由各班团支书组织开展各班的青年大学习，做到了人人学、周周学，形成了良好的学习氛围。

（三）借力校园活动，延伸培养时空

除既定的课程外，学生党校积极拓展活动阵地，丰富学习形式和学习内容。结合重大节日（纪念日）开展或参与形式多样的论坛、辩论会、育贤通识讲座，邀请

学校老领导、资深人士作讲座,坚持理论联系实际,利用素质教育基地,带领党校学员学习、观摩,与社会各阶层人士多接触、多交流,让青年学生切身感受党的改革开放政策所取得的丰硕成果,感受党员在社会生产、生活中的先锋模范作用,从而潜移默化地增强他们的党员意识和党性观念。

例如,在中华人民共和国成立七十周年到来之际,校团委主动联系老干部局,利用暑假组织学员以学习小组为单位,让学生在与老一辈的交谈中感知今日之中国来之不易;结合校园节庆活动,组织开展 CYA 之星、"知党史·讲党史"、"向上的力量"、"致敬奋斗者"等主题演讲活动,让学生在理论学习和感性认识的基础上,将自己的所学以讲故事的方式再次演绎,为同学们搭建了展现个性的舞台,激发了同学们的爱国情和报国志。

学生党校成立至今,已举办过二十三期学习班,并推荐学生党校优秀学员参加区级共产主义学校进行进一步的学习,提升理论素养。第二十一期优秀学员2019届管奕恒同学参加了2019年"青马工程"上海高中阶段优秀毕业生夏训营;第二十二期优秀学员裴乐怡等6位同学参加了2020年"青马工程"上海高中阶段优秀毕业生夏训营。"奉贤中学学生小党校"被评为"上海市十佳学生理论学习社团"及"上海市大中学生理论学习先进集体""上海市优秀社团"。

在学生党校的培育下,同学们坚定理想信念,主动承担社会责任。在市级模拟政协活动比赛中,我们连续5年获奖;"关于加快完善城市环卫工人权益的建议""城市保安队伍管理"的议题,均获得全国一等奖。其中"关于进一步加快落实环卫工人权益的提案",由全国政协委员提交至2017年全国人民政协会议。

党校培训不但使党校学员的精神风貌、道德素质有了较大的改观与提高,也带动和辐射周围的一大批同学,极大地促进了班风、学风、校风建设,也有力地提高了学校德育工作效能和教学质量,使学校为高等院校输送了一大批品学兼优的优秀学生和入党积极分子。学生党校学员在升入高校后仍表现优良,学生党校结业的学员有60%左右在大学里担任学生干部,50%左右在大学入党,大部分学员在大学期间分别被评为积极分子、优秀学生干部、优秀毕业生、优秀党员。

四、推进行规常态教育，内化价值信念认同

行规教育是德育工作的重要内容,是塑造人的奠基工程。行规教育渗透在日常学习生活中,一般与学校各项活动、班集体建设相结合,最终以良好的班风、学风为呈现形态。加强日常行为规范的教育和训练,旨在逐步把学生培养成具有良好道德素养、行为举止规范有礼的时代新人。

作为一个生理、心理正在快速成熟的过渡期人群,高中生尚不成熟的自主意识和尚未定型的"三观"在可塑期需要得到正确的引导和指导。而渗透性极强的行规教育是通过规范学生行为,使之最终内化为对规范背后的价值、信念的高度认同。

以班主任为主的教师团队是实施行规教育的主力军,他们需要加强自身的思想建设,学习先进的教育理念和经验,使教育活动具有鲜明的时代性、积极性、创造性。另外,学校与班级、课内与课外、学校与家庭、重点与常规四方面的联动机制,形成了多维度、多方面的共育模式,依托年级自管会、学校值周班以及个人综合素养评价,进行由点及面的考察反馈,保障了行规教育对个体与班级管培的有效性与全面性。

（一）明细校行规要求,让学生行有规范

作为一所全寄宿制学校,学生24小时身处其间,更需要有与之对应的行规要求来加以自我遵守与管理,并以此配合学校各方面教育教学工作的正常开展。我们历来将行规教育作为德育教育的重中之重,并为之制订了一系列详细周全的管理和评价方案。《奉贤中学学生生活规程》让学生行有所依;班级常规、宿舍常规、安全教育、重大活动等管理制度让学生行有分寸;公民素养评价和各项评优方案让学生行有所获。学校除了明细行规要求外,在管理上也体现细致有序。从年级部自管会到校值周班监督,以及晚自修值班管理、走班管理等诸多横纵交错的管理模式,在时空上保障学生无"真空的放飞状态",让学生时刻用恰当且得体的言行举止开展学习和生活。

（二）凝聚集体向心力，让学生行有磁场

班集体是学生在校求学过程中一个重要的活动群体，它给予学生一定的存在感与归属感，并对学生发展给予全方位支持。我们提倡温馨、向上的班集体文化，以常规管理和学习管理为两大抓手，以活动为重要载体，激活每位学生的成长动力和发展潜力，让他们全方位地提升自我。

班级工作的有序开展离不开班委干部，而得力的班干队伍则需要培养。如公布班级的岗位，招贤纳士，让有能之士承担班级管理小岗位，形成人人有事做、事事有人做的班级氛围。班级的各项工作由各部门负责承包，从班级学习、卫生、纪律、活动、安保等各个方面落实到位。同时召开"我的班级我做主"的主题教育活动，组织学生集体讨论"我为班级做些什么事情"，丰富和完善岗位职责，激发学生的责任意识，形成心往一处想、劲往一处使的班集体氛围，人人都为班级添光彩。这样，一个优秀的班集体才会诞生。

在学习管理上，我们倡导团队互助，在班级和宿舍管理中积极创建学习互助小组。与班级管理团队的组建不同，班级各学习互助小组有着不同的组建原则：有的秉持学科均衡的原则，有的依据选科共同的原则，有的则实行点对点帮扶。学习互助小组是除教师外的学科支持力量，为学生提供了另一个自我表现、提升能力的契机。宿舍学习团队则更多地采用"看起点，比进步"的标准，在保障寝室学习纪律的前提下，凝聚另一个维度的宿舍向心力。

（三）倡导民主化管理，让学生行有主张

班集体是学生的，也是老师的。教育管理的目的不是把学生管"死"，而是引领和促进学生相对自由且自主地发展。因此，在班级管理中，老师要尊重学生的意见，给学生自主管理的权力。在班级制度的形成上，班主任是引导者、支持者，放手让学生调动集体的智慧共同完成。这一集体创造的过程，既强化了学生的参与感和认同感，又使潜能拥有了被激发的可能。

如值日班长制度的细则由班级民主化商定，真正触及日常班级管理的方方面面。在这一过程中，学生各抒己见，一些平时默默无闻的学生尝试打破自己的束

缚,勇敢发言;一些没有班干部经历的学生开始跃跃欲试,参与班级建设;一些本身具有一定领导才能的学生主动站出来引导、组织讨论,崭露头角。再如年级部自管会的建立,本身就是将学生视为具有责任意识和管理意识的人去信任与培养,让学生积极参与到年级部各项活动的组织、管理中,提升主人翁意识。

(四) 培养自主管理意识,让学生行有自律

新手班主任对学生的行规教育往往停留于"说教"层面:告知学生年级部规定的"五条高压线",应该做什么,不应该做什么。但这种一味灌输式的教育意义并不大,学生对于行为规范的认识只是停留于"表面",并未真正深入内心,因此自律品质的养成重在个体对行规意义的认同和价值的重视。

如面对学生总要在危险的边缘试探的行为,逆向思维便有可能开辟新的思路。顺着那些"投机取巧"者的思路,让他们仔细研读规定,寻找是否有空子可钻,学生的兴趣立刻被调动了起来;通过学生小组讨论和提出合理的"补漏"建议,一方面学生在不断地完成自我规约,另一方面他们也在尺度的把控上体现出对行规要求的具体认识,如能产生以集体荣誉为先的班集体意识,摒弃对个人便利的执念等。

当然,自主学习也是自律品质的最佳显现。学校通过主题班会、周末优加、升旗仪式等各种平台进行意识培养、方法指导、品质提升等各层面的宣传引导。另外,学校也通过外部的监管机制进行辅助式协同管理,如自修课纪律管理、家校联动等,提升自主学习的质效。

(五) 搭建各类活动平台,让学生行有活力

活动既可以显示一个班级的凝聚力,也能考验学生和干部的相应能力。学校的重大活动很多,如体育节、传统文化节、科艺节、感恩节四大节庆活动,都为学生的志趣和能力搭建了良好的平台。这些活动不仅可以激发学生的志趣潜能,还可以锻炼学生多方面的能力,激发学生的领导才能,同时也可以看出班级同学的参与程度。在班集体的大型活动中,年级部会指导班级进行活动方案制订、各方面人员配置,调动班级尽可能多的学生参与其中。

所有的活动,除了要求班委各司其职外,我们还倡导自主报名承担,一方面将有能力的学生培养起来,另一方面也将有意愿的学生锻炼起来。后备军未必能担大任,但是后备军的自我试炼和尝试突破本身,就是一种最好的潜能激励。如在新生到校之初,年级部会统一进行学生特长信息录入,为拥有相同才艺和技艺的学生提供汇聚的可能,也为年级部今后开展工作做好人才储备。各项活动推进前,年级部通过张贴"征集令"、发"英雄帖"等方式招募一批有意愿的学生为大型活动穿针引线、保驾护航。

(六)实施公正多元评价,让学生行有榜样

每位学生都是一个与众不同的个体,一定具有有待挖掘和肯定的亮点。以公民素养评价为主的多元评价机制通过对学生在任一方面的突出表现或成绩给予了肯定和激励,使尽可能多的学生尝试成功,找到自信,进一步坚定自我发展的道路。比如,除了学习上的表彰外,学校还引导老师、同学关注学生日常的全方位表现,以公民素养评价为载体,对学生综合发展作出相对公正客观的评价。另一方面,鼓励班主任聚焦学生更广阔的学习生活内容,抓取各种彰显学生品质、能力的亮点,进行个性化奖项设置,如金点子奖、勤劳奖、爱心奖等;学校层面还有"文明寝室""最佳互助团队"以及依托社团等途径的各种奖项,让学生获得成功、快乐的体验,让每一位学生的"闪光之处"都可以呈现,从而激发学生的个体潜能。

第三章 科学测量与评价，发现学生潜能

美国现代成人教育之父戴尔·卡耐基（Dale Carnegie）说："多数人都拥有自己不了解的能力和机会，都有可能做到未曾梦想的事情，因为人有着惊人的潜力。"学生身心发展不仅包含已表现出来的、可继续发展的部分，还涉及尚未发现和挖掘的、可发展的潜能部分。

潜能是一种可能性的存在，如果不去实现，就会沦落为"非潜能"，成为无法转变成现实的一种能力。"实现"就意味着潜能需要被有意识地关注，被主动地发现，这样才有可能将"可能性的存在"转变为现实的能力。而这就需要教育者通过适度的教育干预帮助受教育者主动发现自身潜能，让受教育者对自身能力倾向有清晰的感知。潜能的发展对于学生而言，是一个从认识评价自我、形成发展志向、选择发展兴趣、提升发展能力、实现自主发展的循序渐进过程。因此，为了帮助学生准确认识自我，树立正确理想信念，明确理想目标，学校通过科学评估、平台搭建等，引导学生自我发现潜能，并通过导师、同伴、家长等帮助学生发现潜能。

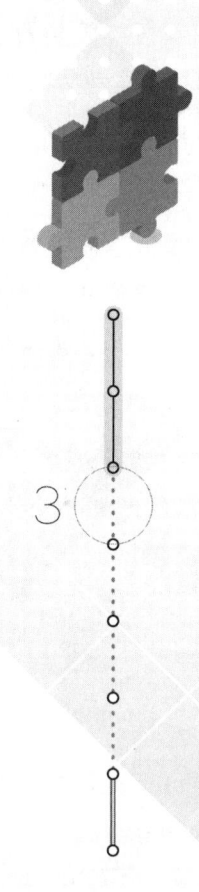

第一节　科学制订量表，评估潜在能力

正确判断每位学生智力才能的不同特征及其发展潜质，是教育智慧中极为重要的部分。高中阶段既是学生人生观、价值观的形成时期，也是学生个性自主发展的关键时期，更是学生生涯发展探索的重要时期。认识自己是生涯发展探索的第一步，但是高中生对自我的认知分析还不全面，他们看不到自己隐性的能力，这就需要借助一系列科学的测评量表对他们的职业兴趣、职业性格、个人能力等方面进行标准化测量。科学的测评结果能引导学生发现自己的潜能，让学生对潜在的自我树立更大的信心，为学生的选科决策、专业选择、职业定位提供科学参考依据。

一、科学选择测评量表，引导学生发现潜能

生涯测评量表包括三个基本要素：测评题目、测评标准和测评报告。测评题目是指将测评内容细化成一个个条目；测评标准是描述测评题目之间的程度差异与状态水平的度量；测评报告是通过书面文字的形式呈现测评的结果，描述学生的典型特征和行为倾向。

在生涯专家的指导下，奉贤中学参考相关理论，通过调查、试测、分析和对比，与专家团队共同研发出一套适合奉贤中学学生的生涯测评系统。该系统以心理测量学为依据，由国际知名的霍兰德职业兴趣测评量表、MBTI 职业性格测评量表和多元智能测评量表组成。

（一）霍兰德职业兴趣测评量表

1959 年，美国心理学教授约翰·霍兰德（John Holland）提出职业兴趣理论，他

认为人的性格类型、兴趣与职业密切相关，凡是感兴趣的职业可以提高个体的积极性，促使个体积极并愉快地从事该职业。学校引进外部机构资源，在霍兰德职业兴趣测评量表的基础上，结合我国本土国情与职业分类特征，以上海市高中生群体为常模，开发了更加符合我校高中生职业兴趣特征的量表，测评内容包括现实型、研究型、艺术型、社会型、企业型和常规型六个职业兴趣。该量表具有较高的信效度，对选科决策、志愿填报有较高的参考价值。

（二）MBTI 职业性格测评量表

MBTI 职业性格测评量表由美国心理学家凯瑟琳·库克·布里格斯（Katharine Cook Briggs）和她的女儿伊莎贝尔·布里格斯·迈尔斯（Isabel Briggs Myers）共同编制，以瑞士心理学家卡尔·古斯塔夫·荣格（Carl Gustav Jung）的人格理论为基础，将性格划分四个维度，每个维度有两个方向，共计八个方面：外向（E）和内向（I），感觉（S）和直觉（N），思考（T）和情感（F），判断（J）和知觉（P）。鉴于性格和职业发展之间的密切关系，MBTI 职业性格测评量表是生涯规划的重要参考工具，能将职业与高校招生的细分专业对应起来。

（三）多元智能测评量表

依据美国发展心理学家、哈佛大学教授霍华德·加德纳的多元智能理论，一些机构设计了多元智能测评量表。相对于传统智商测验，多元智能测评量表涵括更广。加德纳突破性地将人的智能分成至少八个领域，包括语言运用智能、数理逻辑智能、空间视觉智能、身体运动智能、音乐节奏智能、人际交往智能、自我认知智能、自然认知智能等，每个人都拥有不同的智能优势组合。对学生进行多元智能测评，能帮助个体更加精准地发现自己的特点和潜能，在多种发展路径中选择最适合自己的有效途径，从而实现个性化的特色发展。

二、有序组织测评实施，科学指导学会选择

（一）有序组织科学解读，发现潜能提供依据

每年 10 月，在"人生导航"生涯课堂上，学校组织全体高一年级学生在机房计

算机上登录学生生涯规划平台进行集中测评。学生做完全部测评题目后,平台会自动生成"标准化测评报告",报告主要分为学校和个人两大类。

标准化测评报告采用大量的图表形式呈现测评结果,内容较为专业,需要教师提供一定的解读指导。测评后,学校会组织高一学生及其家长共同听取专家的"生涯规划动员会"讲座,充分了解三个测评量表的理论基础、测评价值和测评报告构成。学校还会组织家长、教师、专家多方进行面对面交流。此外,聘请的专业机构也会建立学生生涯成长档案,帮助学校及时跟进和预测学生的发展变化。具体来说,一方面,这些数据可以作为3+3选科依据、高二学业成绩提升依据以及高三高考志愿填报依据;另一方面,依据这些数据,教师可以针对不同的学生实施不同的教学策略和教学目标,学校也可以为学生的个性发展和成绩提升提供良好的教育环境和物质条件。

通过 SWOT 分析厘清思路、缩小落差、明确目标,运用 SMART 原则制订短中期目标及合理可行的行动计划,可以激发学生的学习动力,有利于推进个性化教育的实施。在整个过程中,家长全程参与,一起倾听和探讨,全方位、立体地了解自己孩子的特质、兴趣和所思所想,为帮助孩子发现自己的潜能做好充足准备。

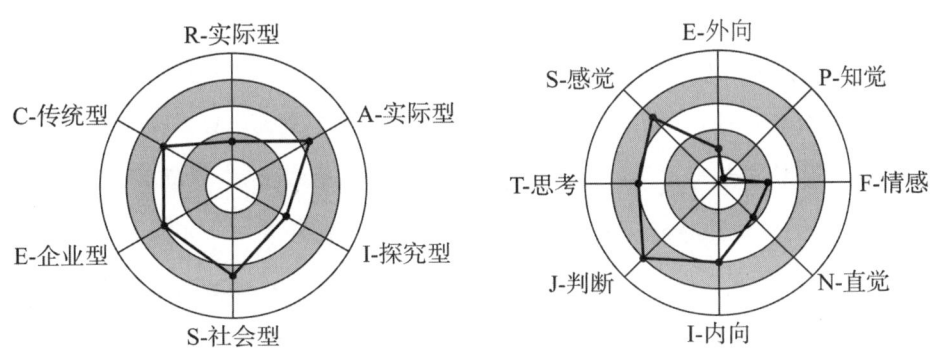

(a) 霍兰德职业兴趣雷达图　　(b) MBTI 职业性格雷达图

图 3-1　学生霍兰德职业兴趣及 MBTI 职业性格雷达图

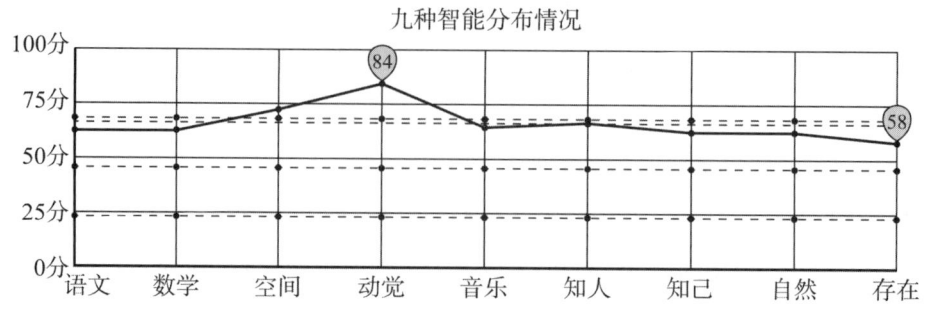

图 3-2　学生多元智能分布图

2023 届王同学：从降临到这个世界开始，我们每天都在为未来做着选择。而步入高中的我们开始思考，我的未来在哪里？我适合做什么？我理想的大学与专业是什么？适合我的职业是什么？对于这样的追问与选择，我们陷入了迷茫。幸好在高一开学后不久，人生导航课带领我们进行了科学的量表测量，给了我们一次认识自己、了解自己的机会。

我进行了霍兰德职业兴趣测评、MBTI 职业性格测评及多元智能测评，我的霍兰德职业类型是 SAE 型；MBTI 测评结果是 ENFP 型，即外向（E）+直觉（N）+情感（F）+知觉（P）；在多元智能测评中，我的人际交往智能与语言智能比较强。综合以上三个测评结果及相关建议，适合我的典型职业有消费者事务顾问、培训师、行政顾问、学校咨询师、社会工作者、各类文科教师等，适合我的典型专业有幼儿教育、各科师范教育专业、广播电视新闻学、外语教育、中文教育、健康教育、历史教育。我心中的灯仿佛被点亮了，成为一名人民教师，或许是一个不错的选择。测评结果还给出了很多关于如何完善自我性格、如何提升自我的建议与指导。

不识庐山真面目，只缘身在此山中。通过科学的量表测评，我更加了解了自己，也为自己未来的选择提供了参考！

2023 届李同学：专家生涯老师与我进行了 1 个小时的一对一测评报告解读与沟通，让我从自我迷惑不解到豁然开朗。我认为，在高一的时候进行生涯测评，能让我们全面地了解自己的优势和不足并得到建设性的发展建议，这对未来的人生规划非常重要。测评结果显示，我在空间视觉智能、数理逻辑智能方面具有一定优势,但在语言运用智能、人际交往智能方面则相对欠缺。这一方面解释了我学科学习出现"跷跷板"现象的原因,同时也让我知晓了后期努力的方向,更让我对未来的职业选择有了进一步清晰的认识。我也意识到我对"数学"的热爱是一种与生俱来的能力,我要学会调整学习行为和学习习惯,让内在的"潜能"逐步发挥出更大的能量。

2023 届李同学家长:生涯老师与我的孩子进行了一对一测评报告解读与沟通,作为家长,我也参与其中。我的感受是,测评结果很准确,符合孩子的实际情况。他这个年龄大多处于叛逆期,以前和他的沟通总是磕磕碰碰,原因是我们没有深入地了解他的特性,经过周老师的讲解,我明白了往常种种"母子冲突"背后也是孩子"人际交往智能"欠缺的表现。我要调整好心态,改变视角,看到潜藏在他身上的优秀闪光处——他的空间视觉智能和数理逻辑智能相对突出。联想到他生活中的种种表现,比如他总是第一个找到我们停在地下车库的车,他总是"冷酷"地推算成本价值进而打消我种种消费冲动(事后也确实证明他是对的),我似乎更加明白了"扬长避短"的道理。因此,对他未来的人生规划方向,我也有了更多新的理解。

(二) 测评助力潜能发觉,提供后期实践方向

专业的测评报告不仅为个人潜能的自我发现提供了科学的指引,更为年级部的工作开展指明了方向。

个人标准化测评报告包括职业性格类型、职业性格描述、优势分析、劣势分析、匹配的职业推荐、职业匹配的专业推荐等内容。

以 2020 届学生为例,图 3-3、图 3-4、图 3-5 所示是学校年级测评报告的一部分。从图 3-3 可以看出,本届学生群体中 S 型职业兴趣类型的人数最多,该类学生比较乐群,善于交流与沟通,其次为 I 型职业兴趣类型,该类学生善于思考钻研,而 E 型的则善于管理,有较强的领导力。只有了解学生的职业兴趣类型,才能有的放矢地发现学生的各种潜能。如图 3-4 所示,2020 届学生群体中 ESTJ、ENTP 和 ENFP 的职业性格类型较多,表明我们学生偏外向、重思考、较感性和灵

活。如图3-5所示,2020届学生群体空间智能水平较高。2020届年级部核心组成员在取得这份测评报告后,根据专业机构的解读意见,了解了这届学生群体的普遍潜能倾向后,制订了一系列工作方案,为后期有效引导学生选科、分班选拔、课程设置、活动开展提供了工作保障。

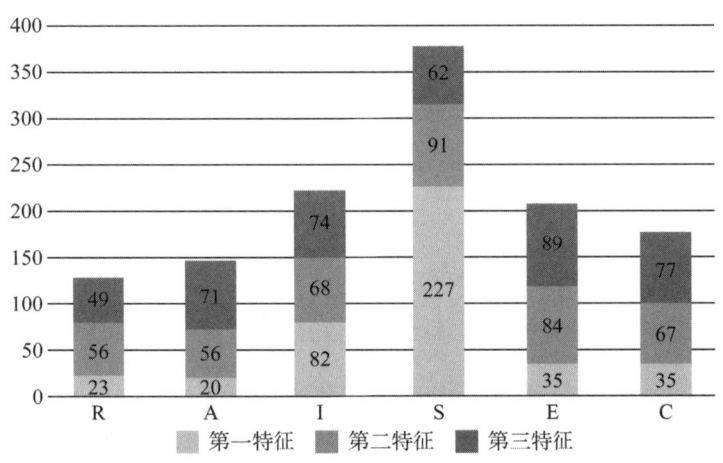

图3-3 2020届学生霍兰德职业兴趣测评六大职业兴趣类型的特征分布图

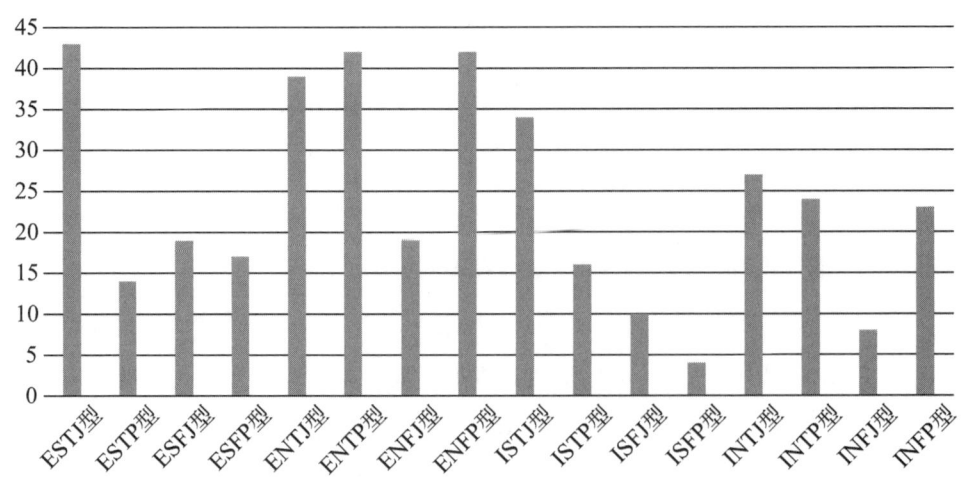

图3-4 2020届学生MBTI职业性格分布

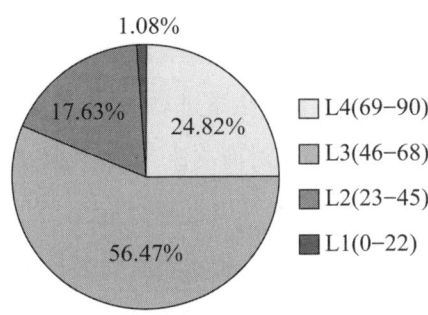

图 3-5　2020 届学生多元智能汇总（以空间智能为例）

在专业机构的帮助下，三个测评量表涉及不同的测评维度，形成了一个相互补充、多元评估的测评体系，发挥了潜能初探和诊断的功能。高中生的认知能力、职业兴趣、职业性格、价值观等，均处于急剧变化的时期，具有不稳定性。每位学生都有很强的应变与适应力，所以在现实生活中，学生的生涯选择与发展是一个不断试错、不断摸索的过程。在这个试错的过程中，生涯测评量表可以作为重要的参考依据之一，但不是唯一的。

第二节　考察体验对话，自我发现潜能

如果说量表测评是相对科学地在教师的指导下发现自己的潜能，那么名校考察、职业考察、与名人对话等主题活动则是让学生以自我主动参与的方式，从各种更为感性的参观、拓展、交流、对话中让自己遇见未知、了解未见，让学生在见多识广中、在广袤视野中，逐渐发现自己的潜能，更好地认识自我、完善自我和规划自我。

一、名校考察，放飞学生理想

在尊重学生的兴趣、特长、理想的基础上，为满足学生的个性化选择，学校利用相关资源，搭建平台，在高一时让学生走进名校，参观校园、高端实验室，走进图书馆，聆听科学前沿讲座，与教授面对面交流，了解校园文化等，浸润式体验名校的学术氛围，帮助学生发现潜能，树立人生追求目标。

名校考察实施分为名校考察前、名校考察时和名校考察后三个模块进行，奉贤中学全过程、全方位、全视角助力学生潜能发现。

（一）自主选择，期待潜能自然生长

在去名校考察前，学校将前期生涯测评报告，如初步规划的学校专业方向、综合素质评价（包括学业成绩、志趣、创新）等数据提供给学生，让他们以此为依据进行自主选择。此外，学校收集了很多资料，包括名校的详尽介绍、专业介绍等，同时开设"初识高校"系列课程，并形成《奉贤中学高一年级走进名校活动指导手册》，帮助学生在走访高校前形成对高校的初步认识，激发走访兴趣和热情。学校以填报志愿的方式，优先考虑学生的参观志愿，教师、家长一般不进行人为干预，让学生拥有更多机会去自主选择和体验。

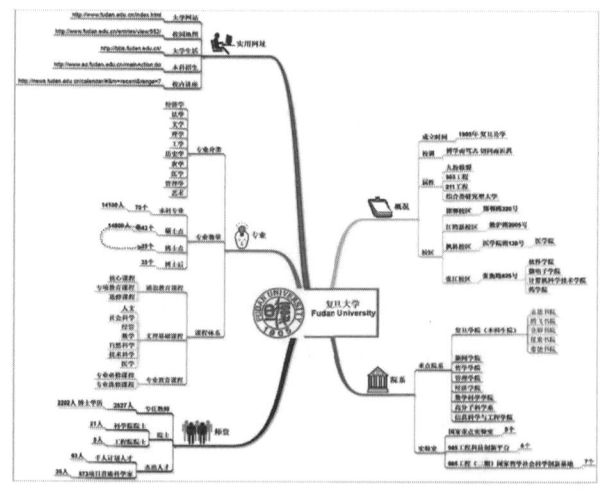

图3-6 "初识高校"系列课程部分内容（以复旦大学为例）

奉贤中学高一年级走进名校活动指导手册

一、 **基本信息**

走访名校：上海复旦大学邯郸校区

名校地址：杨浦区邯郸路 220 号

领队老师：赵庆辉 13524291257

二、 **注意事项**

- 出门在外请保管好个人的财物及贵重物品；
- 团体活动时务必跟随集体调动活动，不要擅自行动，一旦与队伍走散，务必第一时间联系带队老师告知所在地；
- 遇到身体不适，请及时与带队老师联系；

三、 **行程简介**

时间		行程安排	地点
上午		集合出发，到达高校	
	9:00-10:00	复旦大学宣传片、招生情况介绍	光华楼东辅楼 103 报告厅
	09:40-10:00	奉贤中学校友介绍大学学习生活	光华楼东辅楼 103 报告厅
	10:00-11:00	参观复旦大学邯郸校区	
中午	11:15	午餐	食堂
下午	13:30-15:00	学术素养和知识拓展类讲座	
	15:00	返程	

四、 **支持**

登录 mail.163.com，用户名：13564924492　密码：fxzx111，在收件箱里查看邮件“走进上海复旦大学网站攻略”，获取了解上海复旦大学详细的介绍

五、 **提交成果**

完成该指导手册第二页的调查问卷，并由家长签字

奉贤中学专业规划活动之“专业探索“

姓名　　学号　　班级

到大学找大一或大四的学生，或者一些老师、教授尤其是就业指导办公室的老师，了解如下信息。

专业名称：

序号	问题	回答
1	该专业的基础课程是什么，专业课程是什么，选修课程是什么。	
2	该专业属于文、理、工、商等哪种大类、有什么相关的专业。	
3	该专业在上海的招生人数和分数线。	
4	你的感受 （可从以下几个方面思考： 1.该专业与你的兴趣是否一致 2.该专业对个人发展的利弊 3.该专业在社会发展中会发挥什么作用 4.该专业的前景 5.该专业要求什么样的个人特质？什么样的知识与能力基础和兴趣倾向。 6.该专业招生有什么特殊要求（如要求文科、理科、“3+3”中必须包含哪门学科、身体要求等）。	

家长签字：

图 3－7　《奉贤中学高一年级走进名校活动指导手册》部分内容

（二）任务驱动，促进潜能自然发现

在一天的时间里，学生在复旦大学、上海交通大学、同济大学、上海外国语大学、上海财经大学、华东师范大学等高校中徜徉，了解每个学校的历史和文化，与学长学姐零距离交流，揭开心目中治学圣殿的神秘面纱，并扎实完成“七个一”活动，具体如下：

（1）聆听一场教授讲座。领略大师授课的风采，感受精深的专业知识，以此对学生产生触动与激励。

（2）参观一座大学图书馆。感受大学图书馆内浓厚的学术氛围，激发高一学生对学术的向往之情。

（3）走进一个院系专业。参观高校实验室，体验最高精尖的实验设备，感受最新的科学成果，引导学生发现自我的内在兴趣点。

（4）专访一位专家学者。在和专家的访谈过程中，让学生了解学校，以及自己喜欢专业的最新发展。

（5）访谈一位院系学生。通过和学长学姐的交流，帮助学生进一步自我分

析、自我定位。

(6) 举办一次考察交流。在小组交流中,各种思想进行碰撞,形成火花,进一步点燃学生心中的梦想。

(7) 撰写一份考察报告。考察结束后,对自己前一阶段的活动体验作一次冷静的梳理与思考,进一步理性分析自己的优势和劣势,明确对自我的认识。

任务驱动下的名校考察活动,能让学生在有限的时间里获得更深刻的体验,为后期的自我潜能发现奠定良好基础。

(三) 交流探讨,深化潜能理性生成

在"人生导航"课及班会课上,学生进行"走进名校专业探索调研表"的交流与展示,并以小组为单位制作心得海报,进行组间分享。

名校考察后的交流与分享活动,不仅能帮助其他学生感受到更多高校的特色,还能帮助学生进一步内化、升华名校考察的感悟,为学生发现潜能、树立理想目标助力。此外,班主任、生涯导师、人生导航老师的全程指导与跟进,也确保了活动的实效性。

名校考察活动充分尊重个体差异,帮助学生发现独一无二的自己。但因学生个体差异较大,我们还需要关注不同层次学生的不同需求。生涯导师根据实际情况提供更多大学与专业信息,并根据学生的发展进行后续的指导与调整。

2020届程同学:在学校的组织下,我们前往名校感受著名学府的学术氛围。虽然由于地理限制,我没能前往我梦想的清华大学进行参观游览,但在交通大学的一天游历仍让我感觉到自己与优秀大学学子之间的差距。学长的谈吐、气质,无不折射出他们深刻的思想和丰富的文化底蕴。后来在学校的推荐下,我有幸参加了清华大学暑期学校活动。在活动中我不仅感觉到了自己与全国学霸之间的差距,也感受到了清华"自强不息,厚德载物"的文化氛围,更坚定了我报考清华大学的决心。短短一周时间里,我走遍了清华园的每一个角落,与辅导员学长、同学们打成一片,收获了别样的珍贵回忆。逐梦的步伐,从此刻迈得更加坚定。

二、职业考察，提高社会认知

根据美国生涯规划大师唐纳德·E.舒伯(Super)提出的观点，高中阶段正处于"生活——生涯发展理论"的试探阶段（15—17岁）：个体会考虑自己的兴趣、能力、价值观、需求和机会等，并通过幻想、讨论、工作等进行试探。在"交一位行业朋友"的活动中，学生正是通过讨论、体验工作的方式进行职业试探。在这个过程中，学生可以进一步明了自己的兴趣，思考所采访的行业或职业领域是不是真正符合自己的兴趣、能力、价值观等，最终确立自己的职业目标。由于高中生长期处于"学校——家"两点一线的生活轨迹之中，"两耳不闻窗外事"是常态。与社会生活的暂时脱节，导致学生对于行业与职业的认知仅仅停留在比较常规、粗浅的水平，许多学生只知道教师、律师、医生、警察等生活中常见的典型职业，而对于一些相对小众或是新兴职业知之甚少。丰富的职业考察活动，让学生主动去寻找身边的职业资源，置身职业之中或通过调查和访谈深入了解职业。这对于长期在课堂中学习的学生来讲，无疑是更直观的体验，更容易让其发现内在潜能。

基于此，学校制订了"三步职业考察"方案，引导学生逐步发现自我潜能，初步建立生涯发展目标。方案要求，在对某一行业、职业有一定兴趣的前提下，让学生主动考察职业，通过真实职业场景的体验，与特定领域职场人士的交流访谈，帮助学生建立"感知—建构—立志"三个目标阶段，充分引导学生自我发现潜能。具体如下：

（1）感知。走进行业、职业，通过调查、访谈、拍摄微视频等方式，感知理想行业、职业的日常工作内容，发现与自身匹配的元素。

（2）建构。使用网络搜索，进一步完善对于理想职业的认识。通过感性接触和理性补充，进一步建构对理想职业的认知。

（3）立志。在体验、感知、分享的过程中，逐步确立理想的职业与专业，初步树立生涯发展目标。

（一）职业调查访谈，体验感知不同职业特点

以"交一位行业朋友"为主题，学校提供给学生职业调查提纲（如图3-8所示），让学生就感兴趣的理想职业进行调查访谈。调查的对象可以是父母、亲朋好友，如果缺少相关资源，学校生涯导师可以在校友资源库、家长资源库中寻找相关资源进行引荐，以确保每一位学生都能调查到自己想要了解的行业。

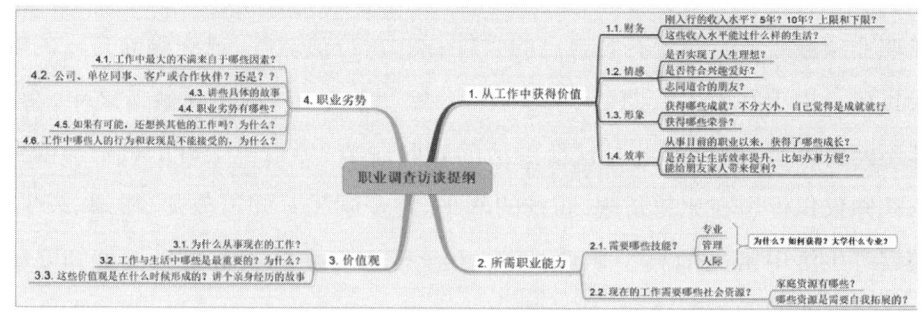

图3-8 职业调查提纲思维导图

确定好调查得对象后，进行职业调查访谈。奉贤中学引导学生使用"人生导航"课程提供的职业体验工具进行1~2个理想行业的相关职业调查。职业调查及访谈完成后，要求学生绘制思维导图，如图3-9所示。

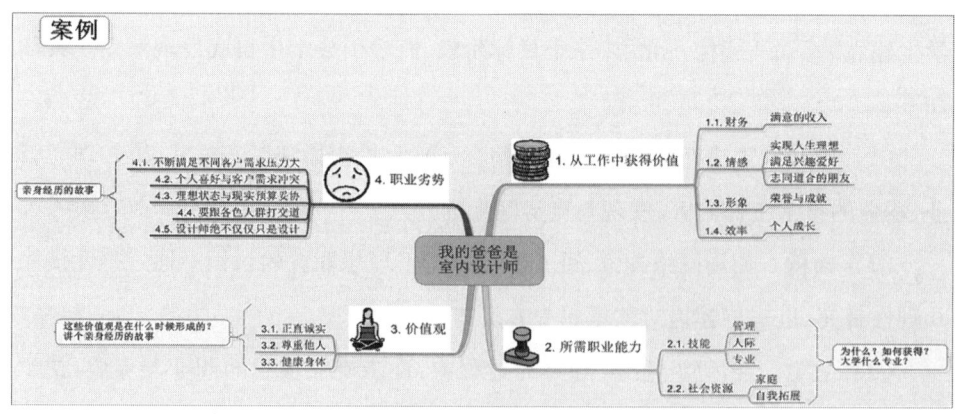

图3-9 职业调查思维导图

(二) 项目化研究,重新建构职业理性认知

学校充分利用有合作关系的高新技术企业、高校资源、家长资源、生涯导师资源、校友资源等,让学生有更多的渠道和途径接触各行各业的人,真正走进行业、体验职业,从而形成职业介绍微视频和访谈报告等成果。借助一个寒假的项目化学习实践,通过职业调查与分享,再加上网络信息的汇总与收集,学生在不断试错、不断调整中,自我发现,认清自己的潜能,重新建构了对某一职业乃至行业的理性认识,从而确立了生涯发展的方向。

(三) 明趣启志,调整完善自我职业发展方向

只有先发现自己的潜能,自己才能有更多的选择机会。学生如果能主动发现自己的潜能,把可能的存在变为现实,将会爆发出无限的能量,而不只是被动地被挑选、机械地去应付。

学生先在生涯导师的指导下制订初步的生涯规划书,然后在长期、中期、短期生涯发展目标的引领下,拟定"周末优嘉""我的行动指南"等具体的行动方案。在行动过程中,学生可与行业朋友、生涯导师进行多次交流和探讨,并结合自己的学业成绩、职业兴趣、能力等,对生涯规划书进行一定的调整,最终确定理想的专业与大学,迈出生涯发展中最坚实的一步,为将来成就更精彩的人生奠定坚实的基础。

王同学在一系列职业考察后说:"原本我以为医生就是门诊看病。但当我跟叔叔进行访谈之后才知道,外科医生除了门诊,还要查房、手术,还要撰写和发表科研论文等。看来我要重新考虑一下我的职业目标了,毕竟真实的医生工作状态和我想象的并不一样。"

叶同学在采访了宝马六系的设计者后这样说:"我的理想是做一名汽车设计师。当接到学校'交一个行业朋友'的活动通知后,我就萌生了采访宝马六系设计师的想法。为了采访这位设计师,父母动用了各种关系。当我和他谈完之后,我觉得我还是很适合从事这个职业的,这让我更加对这个行业充满了执着和追求。接下来,我初步制订了我的专业与大学目标:考上海纽约大学汽车工程系,将来设计出最棒的汽车!"

三、对话名人,感受榜样力量

三人行,必有我师。榜样的力量是无穷的,一个好的榜样,能带来引领向上的力量。根据生涯导师推荐与自主选择相结合的原则,奉贤中学鼓励学生寻找自己理想行业的名人;阅读至少一本相关行业名人的传记,通过阅读方法指导,获取名人的成功要素,追寻大师成才的足迹,撰写阅读体会,在人生导航课与班会上进行分享;在追踪名人发展的历程中,进一步了解自己感兴趣行业的特点,充分发现自己的潜能,进行自我纠偏修正,树立职业生涯理想。

(一) 访谈行业知名人士,感知行业立体真实现状

奉贤区"名家进校园"活动让很多名人大咖走进了校园,如著名媒体人骆新,南京师范大学郦波教授,北大社会学博士、知名企业家袁岳,上海东方卫视新闻主播、主持人于飞等。学生们有幸与各行各业的名人近距离接触,并在知名人士的讲座中了解行业内不为人知的点滴……通过和名人的直接对话,学生更深化了对该领域的认识,产生了更强的动力,有了更清晰的目标。

(二) 阅读不同名人传记,完整了解大师成长路径

人生导航课老师以《假如给我三天光明》为例,进行阅读名人传记方法的指导,让学生带着驱动性问题去阅读,并以思维导图的方式(图3-10)提炼传记中名人的成功要素,引导学生化为己用,有的放矢,提高阅读效果。

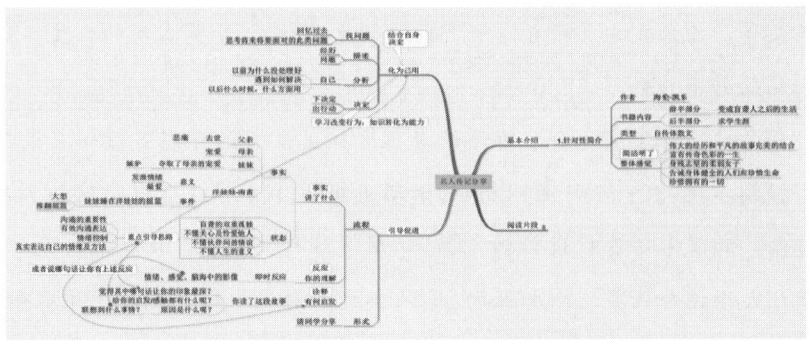

图3-10 名人传记读后感撰写要求思维导图

（三）分享交流阅读感悟，获取发现潜能新增长点

学生通过班会课、人生导航课分享名人访谈、名人传记阅读的情况，领略不同领域名人的成长足迹，感受大师们的独特经历。通过交流分享阅读体悟，学生对标名人榜样成长路径，感知成长过程的艰辛曲折，在心灵的激荡中理性认识自我的不足，获取发现潜能的新增长点。

2019届吴学生：我的妈妈是一位中学老师，或许是青春期的叛逆，我对成为一名教师没有任何想法。高一那年的寒假，人生导航课要求阅读名人传记，我想起了妈妈书柜里的那本《第56号教室的奇迹》。在生涯导师的跟进与指导下，我认真阅读了这本书，书中的雷夫老师为我树立了一个良好的榜样，"着力孩子的品格培养，激发孩子自身的高要求才是成就孩子一生的根本"。雷夫老师的教育准则和教学故事使我坚信，要想成为一名合格的好老师，首先需要关注学生的兴趣和需求，从一些学生都知道却容易忽视的具体的小知识引入，激发学生自身对比较抽象的数学概念的好奇心，激励他们对自己的高要求，从而成就他们的一生。我心中的窗户似乎一下被打开了，从小喜欢和孩子在一起的我，曾经跟着妈妈无数次上下班的我，被化学课深深吸引的我，是不是也能成为像雷夫老师那样的好老师？《第56号教室的奇迹》为我的职业规划指明了一条道路，雷夫老师为我树立起了一个崭新的教师形象。于是我在高一时就定下了我的理想专业——华东师范大学化学系，我会在三年里努力学习，不断成就自我，为成为像雷夫老师那样的好老师做好准备。

生涯导师全程参与名人对话，包括前期的沟通、平台的搭建、引荐与介绍、对话访谈技巧的提点、传记阅读的方法指导、阅读感悟的分享提炼等。在此过程中，学生与生涯导师不断交流，以便导师及时协调、引导、分析，确保效果的达成。随着学生的自主发展，榜样的力量可能会渐渐减弱，生涯发展目标会有调整与变化，这时也需要生涯导师在后期持续跟进、督促，确保学生在逐梦过程中元气满满，以更好的状态迎接挑战！

第三节　导师家长协作，他人发现潜能

学生接受的教育不仅来自于学校，更离不开学校以外的各种教育环境。家庭、社会中的人、事以及其他各种因素，都可能对学生的潜能发展产生深远的影响。而且，这种影响往往是潜移默化的，所以更不能轻视。

基于激发学生潜能发展的育人理念，学校认为老师、家长、同伴、校友、职场人士都是学生潜能发现的启蒙者和引路人。学校一方面致力于研究如何开发发现学生潜能的教育教学活动，另一方面也与家庭和社会环境形成有效合力，全面关注学生成长过程中的潜能开发，营造目标一致、相互配合、和谐互助的氛围，让学生在更广阔的空间、更多人的呵护下，发现潜能，树立自信，发挥优势，自主发展。

一、"三全育人"，悉心导育发现潜能

新时代全员导师制是贯彻落实教育部《关于全面深化课程改革落实立德树人根本任务的意见》的重要载体。全员导师制是通过教师一对一的结对帮教指导，充分发挥教师在教育教学中的主导作用，实施个性化和亲情化的教育，思想上引导、学业上辅导、心理上疏导、生活上指导、生涯上向导，使学生个个受到关爱、人人得到帮助，从而最大限度地激发学生发展潜能的主动性，为培养全方位、高素质、身心健康的学生打下良好的基础。

（一）建立导师制度，"三全育人"发现潜能

"三全育人"指的是全员、全过程、全面地培养人。学校早在 2016 年就已经推出了德育导师制度，由班主任和部分任课教师带教指导需要特别关注的学生。虽

然涉及面不广,但是德育导师制的实施为今天全员导师制的实施奠定了良好的基础。

学校在德育导师制的基础上进一步完善制度,要求每位导师每年通过双向选择结队带教不超过 15 名学生,形成导师全覆盖。全员导师制要求导师对每位学生进行一对一高中三年全过程指导,让每位学生的成长得到全过程的关注,包括课内和课外的指导、校内和校外的指导、线上和线下的指导等。

"三全育人"中的全面育人是指让每位导师关注学生的全部,主要表现在以下六个方面:

1. 思想引领,奠定潜能基础

导师应该具有使命感、责任感,应该引领学生深植传统、传承信仰,积极践行社会主义核心价值观,使学生具备家国情怀,建立健康向上的三观,尤其是在学生出现思想波动时,及时发现并积极开展谈心工作,纠正学生的负面情绪和思想,为发现潜能打下基础。

班主任、任课老师等带领学生参加各种实践活动,例如红色之旅、名校之行、志愿者服务活动等,这是培养学生良好品质的契机。导师们利用红色之旅带领学生重走长征路,与山区学生近距离接触和交流,学习前辈吃苦耐劳的革命精神和山区学生的独立自主精神等。

2. 心灵呵护,保障潜能发现

全员导师育人活动是以导师与学生面对面的形式完成的,它具备深刻持久的德育力量,给予可能出现心理阴霾的学生及时的心灵滋润和雨露。导师全面了解被指导学生的个性倾向、心理状态、家庭教育等情况,敏锐察觉学生在认知、情绪和行为等方面的异常情况,及时与学生沟通并适时疏导,引导学生获得正向发展,为发现潜能提供保障。

高三(7)班的谢同学,在高一时就与刘老师签署了导师带教协议。新冠肺炎疫情期间,刘老师发现谢同学经常缺课,于是就积极联系了家长。在交流沟通过程中,她发现谢同学可能有心理问题,建议家长带孩子做专家咨询。在谢同学被确诊轻度抑郁之后,刘老师热情关心学生持续的就医情况,并主动提出补落下的数学课程。在刘老师的帮助下,谢同学回到学校后,依旧能跟上其他同学的学习步伐,没有造成类似于辍学这种严重的后果,并且谢同学恢复后变得更加喜欢数学,成绩也比以前好很多。刘老师的细心观察及课后的及时辅导都是对谢同学心灵的极为细致的呵护,而这种呵护便是导师发现谢同学潜能的一种保障。

3. 生涯引导,发现潜能

导师与学生共同进行SWOT分析和个人成长档案的建立,确立高校目标和职业规划。在这个过程中,导师与学生充分沟通,因势利导,带领学生了解社会与探究人生,发现学生更多潜能,更有效地指导学生个性化地发展。

班主任翁老师,从学生高一进班就开始关注签约导师制的结对学生。她非常注重与学生的交流和互动,从他们的言谈与思维方式中体察他们的思想、性格、特点等,她对他们的综合能力、个性特点、学业特长均有非常全面扎实的了解,因此能够在他们的选科上给予比较个性化、建设性的意见。有位学生思维活跃,数理化各科都比较突出,对商业财经人物和事件都非常感兴趣,志向鲜明,想成为一名商业人物。在选科指导的过程中,翁老师跟他讲述了当今世界上一些著名商业人物的成长历程,启发他思考商业人物的时代特征和人格特质。在综合考虑各方面因素后,这位学生最终选择了理化生,并决定在大学本科阶段学习理工科类的专业,争取为后续自身商业发展打下基础。

4. 学业辅导,发现潜能

有针对性地了解学生的学习状况,包括学习成绩、学习方法、学习态度等,在与学生沟通和学业辅导的过程中,发现学生在学业方面的优势和潜能。在和学生阶段性的交流过程中,导师有更多的机会针对自己所带学科,开展细致的学情分析,给予有效的建议和策略调整。

高一(3)班的袁同学深深地被生物老师张老师热情四射的性格和深厚的生物学知识所吸引。因此,两人经双选成为导师制的搭档。在两人沟通和学业辅导的过程中,袁同学对生物的兴趣越来越浓厚,并且有了属于自己的一套学习方法体系,并将该学习方法体系延伸到其他学科中,带动了其他学科的进步。袁同学在老师的指导下,各门学科的成绩都得到了显著提高。张老师在对袁同学的学业辅导过程中,发现了其对抽象概念的理解能力明显优于其他同学,具有很强的空间想象能力。因此,张老师引导袁同学将空间思考的方法引入到数学、物理等学科,促进了袁同学的学业进步。

5. 生活指导,发现潜能

导师在日常生活中帮助学生适应学校生活、明确生活目标、端正生活态度、科学安排日常生活、养成良好的生活习惯,还鼓励学生积极参与各类实践活动,指导学生人际交往、环境适应、自我定位等。在指导过程中,导师可以发现学生学习之外的优势潜能,并能不失时机地帮助学生发展,遇见更好的自己。

高三(13)班的顾同学是个言语不多、比较腼腆的男孩,班主任李老师是他的签约导师。李老师从平时日常生活的指导中得知顾同学是一位吉他歌手,于是决定在班会课上给顾同学表演的机会。经过这次表演,同学们和老师都对顾同学刮目相看,并且鼓励他参加学校的CYA才艺大赛。看到他在台上闪闪发光的样子,所有师生都无比惊讶。慢慢地,顾同学越来越自信,在课堂上逐渐开始主动回答问题,尝试表达自己的想法。正是李老师对顾同学日常生活的细致关注,发现了顾同学在艺术上的潜能,继而带动了他在其他方面的发展。

6. 导师与家长合作,发现潜能

导师与家长之间应保持较密切的联系。这样的关系一方面可以使双方更深入地了解学生情况,另一方面也能让家长更多地参与学生的教育,扩大教育合力,发现学生多方面的潜能。对于学生的家庭教育,导师可以给予家长适时的建议和指导。充分的家校合作,可以实现德育的效益最大化,也更有利于学生潜能的发现。

(二) 循序渐进,导师发现学生潜能三步走

1. 平等对话,保持亲和力

保持亲和力是与学生顺利沟通、发现学生潜能的前提,平等对话则是亲和力形成及保持的前提。师生之间要坚持民主开放、友爱合作和真诚交往。导师不能高高地凌驾于学生之上,要放下"架子",摆正位置,不说教,从心底产生与学生交

朋友的愿望。这种平等对话的过程能保证老师和学生之间保持和谐的关系,让双方从内心深处出发,探讨真实想法。

2. 谈话交流,发现学生优势

只有在保持亲和力、进行平等对话的基础之上,才能带来真实对话的可能性。通过谈话交流,导师要做学生的"良师益友",真正了解他们的所想、所疑、所愁、所盼,这样才能有针对性地展开工作,也更能客观地了解学生,发现学生的优点和缺点,为后续帮助学生发展打下基础。

3. 优势利导,有针对性地发现潜能

通过谈话交流发现学生的优势,对学生擅长的方面进行引导和鼓励,发现学生进步和发展空间的可能性,引导学生发现自身期望之外的自我,达到发现学生潜能的目的。

二、家校共育,扬长避短发现潜能

家庭是孩子的第一所学校,父母是孩子的第一任老师,从某种角度讲,家庭教育比学校教育更为重要。每位学生都具备成才的潜能,每位学生都具备自己独特的优势和特长,关键在于家长能否发现孩子的这些潜在"资源"。家长教育孩子的目的之一就在于发现和培养孩子的潜能和优势,扬长避短,让其成为未来成才的"动力"。让家庭参与学校教育,也能促进家校协同育人,为更好地发现学生潜能服务。

(一) 构架家校联动网格,有效更新家庭教育理念

学校建立"学校—年级—班级"三级家委会,完善学校、年级部、家庭、社会有机结合的教育体系,优化家校合力育人环境,建立畅通有效的家校沟通渠道。通过三级家委会,学校将科学育儿精准渗透到每一个家庭中,让每一对父母调整、更新教育理念,理解高中阶段孩子的心理特征,从而关注高中学生潜能的发现与发展。

(二) 建设优+家长学校,提升发现潜能的能力

学校成立了优+家长学校,开展系统性家庭教育指导。其建设目标是让学校影响家长,让家长影响家长,激发家长主动发现学生潜能的意识,提升家长优+育生、优+育心、优+育涯的家教指导能力,助力发现学生潜能。

优+育生,围绕着初高中衔接、青春期亲子沟通、和谐家庭关系以及生命教育的主题,创设更好发现孩子潜能的良好家庭教育氛围;优+育心,开展提升家长心理指导能力、促进学生健康身心发展、情绪管理、时间管理、挫折教育、压力管理等主题学习,为潜能发展构建良好的心理基础;优+育涯,重在人生梦想、选科指导、职涯探索、大学专业指导等,指导家长更准确地定位孩子潜能发展目标。

优+家长学校以"人生导航课程"为主线,以"亲子导教课程"和"潜能导引课程"为切入点,构建"3+3"家长学校课程体系。第一个"3"指的是根据三个年级家长的教育需求开发课程主题和内容,第二个"3"指的是建立"必修、选修、自修"三结合的家长课程实施策略。根据学生年龄特征与家教指导需要,各年级的家长学校主题不同,以便分层分类进行家庭教育指导。通过家长学校的领航学习,家长可以了解一些发现孩子潜能的方法,创设更适合孩子成长的家庭氛围。

1. 必修课程——面向全体家长,通识性指导

表 3-1 必修课程

课程	目标	高一年级	高二年级	高三年级
亲子导教课程	优+育生	春风化雨,言传身教	走进心灵,正面对话	勇担责任,积极实践
潜能导引课程	优+育心	以梦为帆,启航人生	理智施爱,爱而有度	稳定心态,迎接挑战
人生导航课程	优+育涯	准确定位,选科指导	走入社会,职业体验	认真生活,规划未来

2. 选修课程——面向个体家长，个性化指导

表3-2 选修课程

课程	目标	高一年级	高二年级	高三年级
亲子导教课程	优+育生	如何更好适应高中	网瘾少年之困	不做过界的家长
潜能导引课程	优+育心	和谐亲子关系	青春期恋情	共情理解，共同成长
人生导航课程	优+育涯	解读青春	高中家长的角色与定位	不可偏颇的生涯指导

3. 自修课程——自主学习，无时空限制

表3-3 自修课程

课程	目标	高一年级	高二年级	高三年级
亲子导教课程	优+育生	时间与效率	你不逼孩子，将来生活会逼他	欲戴皇冠，必承其重
潜能导引课程	优+育心	考验如火，淬炼真金	最难的教养，是对家人和颜悦色	考场心理和考试技巧
人生导航课程	优+育涯	我们为什么要上大学？	学最好的别人，做最好的自己	追梦赤子心

（三）倡导家长科学育儿，实施多维度发现潜能

家长要根据自身所长，发挥自我优势，努力创造孩子需要的、丰富多样的成长和发展环境条件，多维度、多视角引导孩子成长。每个孩子都具备成功的潜质，都具备自己独特的优势，潜能并非是停留在表象的，而是需要家长主动参与成长过程，善于发现、尊重和激发孩子的兴趣，和孩子一起发掘最适合他的成才道路。家长还应与班主任和任课老师保持联系，掌握孩子在校期间的学习生活情况，客观分析问题，正确定位，鼓励孩子根据个人特长、兴趣爱好等多元发展，帮助孩子确

立切合实际的生涯目标。

1. 为发现潜能创造和谐氛围

父母是孩子的第一任老师,良好的家庭教育对孩子的成长至关重要。在孩子成长过程中,父母应始终树立良好的家风,言传身教来塑造孩子健全、自信的人格,尊重孩子,相信他们有自己的闪光点。

高二郑同学的语文成绩在班里是特别突出的,问其学习方法,郑同学的父母给出了答案。原来郑同学的父母经常在他面前读书,这样的阅读习惯潜移默化地影响着郑同学,也使他养成了阅读习惯,甚至每天固定时间大家一起阅读,定期召开家庭读书会,分享新看的好书,让阅读带有一种仪式感,在家里创设了浓浓的阅读氛围,让书香弥漫家庭。这样的氛围为发现郑同学在文学素养方面的潜能创造了很好的环境。

2. 为发现潜能创造条件

家庭是培养孩子优势最天然、最主要的地方,家长应学会培养孩子兴趣,鼓励孩子进步,并在能力范围内为孩子的潜能发现创造条件,以孩子的特长带动其他方面的发展。

高三万同学古筝弹得好,在全校都非常出名。在与万同学妈妈交流的过程中,我们才知道,原来万同学与古筝的缘分从很小的时候就开始了。万同学小时候在商场中无意间遇到古筝表演,她不自觉地就走过去,用小手弹拨了几下,即使回到家,也一直在模仿别人弹古筝的样子。妈妈记住了这些小细节,便给万同学报了古筝学习班,并鼓励她坚持练习,这才有了今天这样的成就。万同学妈妈发现了她的兴趣,为她创造了学习的条件,为万同学以后在艺术素养方面的潜能发现与发展提供了保障。

为了保障每位学生身心健康发展,为了发现每位学生的潜能,为了让每位学生能成为有用之才,学校和家长应共同努力,积极主动地多方面配合,通过营造和谐的育人环境,让学生能具备良好的社会适应能力,迎接未来不确定的人生挑战。

三、同伴互助，促进发现潜能

同伴是人成长过程中不可缺失的存在。所谓同伴，就是与自己年龄相仿、志趣相投、性格相近、交往频繁、关系密切的伙伴。高中生正处于人生观和价值观形成的关键时期，除了受到家长、老师的教育启发，同伴的力量也不可忽视。由于和同伴之间趣味相投，他们在这一阶段非常愿意花很多的时间和同伴相处、互动和交流，一些行为和想法也更容易受同伴的影响。这也为高中生发现潜能提供了一个良好的外部条件，即借助同伴的力量来发现自身的潜能，为释放潜能做好准备。奉贤中学作为寄宿制高中，学生在校的时间较长，和同伴朝夕相处的机会很多，有更多互相发现身上潜能的可能性。他们通过学校搭建的各类活动平台，如互助团队、节庆活动、寝室活动、假日拓展活动等，相互影响、相互发现各自身上的潜能，并最终积极激发潜能，从而实现学生的潜能释放。

（一）同伴互助，找展风采发现潜能

同伴之间可以积极地互帮互助，促进优势潜能的发现和养成，主要体现在以下四个方面：

1. 文化学习的促进

同伴助学是指学生在学习生活中通过积极的互帮互助，达到提升各自学习效果的目的。在学习过程中，在优秀同伴的影响下，发现自己身上具备的学习潜力，并积极完善自我，同时用自己的行为来影响同伴。

新疆部的学生每学年仅有暑假的 2 个月时间返疆，其余时间是在学校度过的，因此周末、节假日以及寒假，都是他们在一起自主学习的时间。近几年来，新疆部不断研究、推进同伴助学活动，通过各种模式学习小组的优化、学科教师的指导、时空形式的安排，有效提升了节假日的学习效率。新疆部每个班级也建立了多个同伴互助小组，如数学互助小组、地理互助小组和英语互助小组等。互助成效显著，特别是地理互助小组同学的进步较为明显。

2. 合作竞争的双赢

同伴之间既是互相促进的伙伴，又是互相竞争的对手。在学习和生活中，同

伴之间的竞争是很难避免的,如各类考试、选拔、活动等。在同伴互助过程中,要变竞争为双赢,相互提高才是正道。大家都知道"1+1>2"的道理,一个人肯定没有几个人联合起来更有竞争力,同伴之间通过竞争互相督促、互相促进,促进自己潜能的发现和释放,共同提高,从而促进个体和整体的共同进步。

在高一第一学期的期中考试后,老师将2023届高一(2)班的部分学生组织起来,建立了地理学科的同伴助学小组。小组互助活动安排在平时的自主学习时间和周末休息时段,5人一组,共2组,每组有一位组长。2个小组之间构成了竞争关系,在每次期中考及期末考后,计算各小组的平均名次。对于成绩进步的团队,每人在综合素质评价中加1分,组长加2分。2组PK获胜的小组,每人加1分。学生在竞争中不断进步,整体水平都有很大的提升。

3. 社会适应的帮助

社会适应是个体通过与社会环境相互作用,实现与社会环境维持和谐平衡的过程。社会适应是青少年社会化的重要目标之一,对青少年的全面发展至关重要。高中学段,对青少年的要求也较高,需要他们在不同的环境中担任好相应的角色。对于高中生来说,同学之间的关系就好似构成了一个社会小团体,同伴支持影响着他们对于自我人际关系的心理感受和满意程度,进而提高其社会适应能力。研究发现,高中生获得同伴的支持越多,其社会适应性就更为积极,同伴支持与孤独感之间关系密切。社会适应潜能在同伴的互助下进一步得以发现,为学生今后适应社会起到积极作用。

(二) 活动舞台展示,发现学生潜能

从学生的兴趣爱好出发,让学生在自组织、有创意探究活动中,在伙伴相互帮助的过程中,丰富实践经历,提升操作能力。海苑社团的创办旨在同伴互助中,培养学生的自主创新思维、团队协作精神和实践活动能力,为学生提供自我展示的舞台。

2022届高二邬同学在高二第一学期开学初,作为海苑成员参加了2020年第十届上海市青少年校园影视创作实践活动之EFP大赛(即多机位现场节目录制制

作大赛)。大赛经历让她记忆深刻,她记录下自己的感受。

"赛前练习中,我们4人为一组,陆老师对我们逐一进行辅导。当站在演播厅里时,我有些局促不安,周围的一切,包括摄像机、录音设备、导播台等,都十分陌生,这让我意识到,如果想要拿个好成绩,必须得快速和这些设备'亲近'起来。老师为我们详细讲解了一遍操作要领,之后让我们自己操练。同伴们都迅速选定了设备开始练习,可我有点拿不定主意:由于新冠肺炎疫情的影响,初入海苑的我少了一学期的学习时间,我担心自己的操作不成熟,在大家面前出丑。这种心理没有持续太久,我被小赵拉到了摄像机旁边。她给了我强大的力量,让我内心立刻安静了下来。当我的手碰到摄像机,来回拉动镜头时,一种难言的满足和欣喜之情涌上心头,我渐渐熟练起来,发现自己能很快上手摄像机。

"之后,陆老师讲解、演示了如何操作导播台,我发现我对导播这个工作充满了兴趣。我坐在导播台前,触摸到控制按钮,看着屏幕上展现出来的几幅拍摄画面,仿佛一下子就有了归属感。观察画面、控制按钮、和摄像交流……我精神高度集中地完成了这一切。当我放松地瘫倒在椅子上时,就听到了周围同伴对我的赞扬:'你做导播还蛮有天赋的嘛,刚才的操作也比我们好很多,要不比赛就由你来做导播吧!'同伴的夸奖和肯定让我意识到我有做好导播的能力。

图3-11 邬同学在导播

"随后,我尽心尽力地完成每一次练习,三位摄像也与我配合默契,我的操作越来越熟练,有时能够根据当时发生的情况临场发挥,结果也是令人满意,得到同伴的赞扬和老师的肯定。只要有空余时间,脑子里便会自动浮现导播台的样子,我开始在脑海中想象如何操作设备。在之后的每一次练习中,我认真地和三位摄像逐一抠细节……我逐渐开始游刃有余,最终在 EFP 大赛中表现出色。

"比赛锻炼了我的能力,EFP 大赛过后,我从一个新人导播变成对导播的工作游刃有余。在赛后,我接手了海苑直播间中的导播工作,从一开始的统筹、拍摄到后期的剪辑都由我一人包揽,我忙碌并快乐着。感谢比赛前来自同伴的鼓励和认可,让我认识到自己对于导播这个工作是有潜力的,让我坚定地在导播的道路上稳扎稳打前行,也让我对未来的职业生涯有了一个明确的目标。"

第四节 综合素质评价,数据发现潜能

学校既安排有科学文化知识的专业课程,又安排有各种涵养品德教育的活动课程、各项打好身体基础的体育运动、各种发展个人兴趣的社团以及培养学生创新能力的科学研究等,学生的培养不唯是单一的分数,而是综合素质的提升。2014 年,上海、浙江率先进行高考制度和人才选拔制度改革,突出对学生综合能力和创新潜质的考察,体现了人才选拔规格多样化和个性化的特征。所以,构建普通高中学生综合素质评价体系是新时期贯彻国家教育方针的责任。为了尊重学生身心发展特点和教育规律,倡导基础全面、个性特长发展,奉贤中学在 2017 年积极探索并制订了《奉贤中学学生学分绩点制综合素质评价》实施方案。

根据《上海市普通高中学生综合素质评价实施办法(试行)》,《奉贤中学学生学分绩点制综合素质评价》体现了学生在品德发展与公民素养、修习课程与学业

成绩、身心健康与艺术素养、创新精神与实践能力的全面性。学校科学设置评价指标和评价量表，通过学分绩点制评价方式，将评价结果制作成雷达图和素养评价清单形式，让学生更直观了解自身的优势和不足，帮助学生选择课程和制订生涯发展规划。此外，平台也建立了学生评价档案，跟踪记录学生发展轨迹，在评价过程中充分挖掘学生的特长和闪光点，并及时提醒存在的不足，充分发现学生的潜能。同时，评价结果会被及时反馈给学生、家长、班主任、任课教师，多方合作，进一步促进学生潜能的发现，有利于学生全面而有个性地发展。

一、建立学分制度，提升学生综合素养

教育部颁布的《普通高中课程方案（2017年版2020年修订）》，明确提出普通高中的培养目标是进一步提升学生综合素质，着力发展核心素养，使学生具有理想信念和社会责任感，具有科学文化素养和终身学习能力，具有自主发展能力和沟通合作能力。

学校形成了比较成熟的《学生综合素质评价实施方案》《学生公民素养评价方案》《学生学习素养评价方案》《学生身体素养评价方案》《学生志趣素养评价方案》《学生创新素养评价方案》《学分绩点制管理实施细则》七个方案，为全面发现学生的潜能奠定了基础。

学分是学生通过课程学习，并取得的学校所要求的成绩证明，是用来计算学生学习分量的一种单位。学分计算以该课程所安排的总课时数为主要依据，课内教学（含课内实验）原则上18课时为1学分。其他课程，如各类活动类、社会实践类、志愿者服务、创新课题研究、各类竞赛特长（获奖）类、育贤通识等课程，根据参加活动的时间和取得的成绩按相应规定折合为相应学分。

学分制是与学年制对应的教学管理制度。学年制是以学年为计量单位来衡量学生学业完成情况的教学管理制度。学分制则是把规定的毕业最低总学分作为衡量学生学习量和毕业标准的教学管理制度。学分绩点制是在学分制基础上产生的能用以显示学生每门课程学习成绩的质量，以及学年和毕业总成绩质量的

教学管理制度。计算方法:课程学分绩点＝课程学分×等级绩点。

等级绩点换算方法如表3-4所示。

表3-4 等级绩点

人数百分数	前≤5%	5%<~≤15%	15%<~≤25%	25%<~≤35%	35%<~≤45%	45%<~≤55%	55%<~≤65%	65%<~≤75%	75%<~≤85%	85%<~≤95%	95%<~≤100%
等级	A+	A	B+	B	B-	C+	C	C-	D+	D	E
绩点	4.00	3.66	3.33	3.00	2.66	2.33	2.00	1.66	1.33	1.00	0.66

二、科学制订指标，明确评价目标内容

综合素质评价记录的重点是学生外显的活动与行为,例如要求记录学生参加志愿服务(公益劳动)情况,通过列举典型事例等方式介绍学生的社会责任感、专业志向等,并要求填报学生研究性学习专题报告代表作、参加科技活动项目、创造发明项目等,这些都是通过学生在有关活动中的具体表现来反映学生的综合素质。综合素质评价内容还要强调一定的区分度和典型性,如每学期学科成绩可以转化为百分位数,统计志愿服务(公益劳动)获得表彰次数,记录市级竞赛活动获奖情况、参加市级学生艺术团体和市级青少年科学研究院的情况等。

表3-5 综合评价素质表

编号	素养类别	评价内容	评价项目	评价方式	评价呈现	总体评价
1	公民素养	德育课程	课程学习经历	学分制	学分绩点	加权平均绩点
			课程学习表现	绩点制		
		德育活动	活动经历	学分制	学分绩点	
			活动表现	绩点制		
		公民素质表现	日常行为表现	绩点制	绩点	
2	学习素养	学科课程学习	课程学习经历	学分制	学分、学分绩点	学分绩点
			课程学习表现	绩点制		

(续表)

编号	素养类别	评价内容	评价项目	评价方式	评价呈现	总体评价
3	身体素养	体质健康	体质健康测试	绩点制	学分、学分绩点（体质、专项能力）	加权平均绩点
		体育课程学习	课程学习经历	学分制		
			课程学习表现	绩点制		
4	志趣特长	课程学习（社团、创新、竞赛）	课程学习经历	学分制	学分、学分绩点	学分绩点
			课程学习表现	绩点制		
		志趣特长（学科、兴趣、创造发明等）	特长形成经历	学分制	学分、学分绩点	学分绩点
			特长表现	绩点制		
5	创新素养	研究性学习、学生课题研究	研究经历	学分制	学分、学分绩点	学分绩点
			研究过程表现	绩点制		
			开题、结题报告	绩点制		

三、搭建信息平台，发挥评价引领作用

学校在智慧网系统中构建了学分绩点制评价平台，方便老师对学生进行过程性评价。教师只要进入智慧网系统，如点击[学生五大素养]-[学习素养数据录入]，系统会根据教师任教信息，自动关联教师任教班级，教师便可以直接进行数据录入。

图 3-12　学分绩点制评价平台

（一）通过雷达图数据分析，发现自己的潜能

雷达图上外圈的每一个顶点代表一门学科，从雷达中心向外依次分为 0、1、2、3、4 绩点 5 个层级，当鼠标在图上每一个学科上的黄色顶点所在位置的时候，计算

机屏幕上会出现学科绩点的分值。绩点数值越大,代表本学科的标准差越大,本学科水平超越平均水平越高,因而本学科的综合能力越强。标准差是统计上用于衡量一组数值中某一数值与其平均值差异程度的指标,被用来评估价格可能的变化或波动程度。标准差越大,数据波动的范围就越广。

在平时,学生只能看到自己考试的分数,并不知道其他学生的成绩。没有比较,就不能给自己以清晰的定位。而学分绩点则既避免了学生没有办法对自己清晰定位的问题,又明确了学生的优势与劣势,一目了然。雷达图并不是基于一次考试的偶然,而是期中、期末以及平时考试成绩共同作用的结果,因此更具有科学的引导性。

图 3-13(a)是 2022 届贯通班某位学生在高一第一学期时的学习素养雷达图。由图可知,该学生在化学、物理、数学、信息科技四门科目上有较强的优势,在文科方面整体偏弱,但政治学科相对有优势。根据此雷达图,学生进一步发现了自己在理科方面的潜能,并且为其接下来的高考选科奠定了良好基础。图 3-13(b)是该学生高二第一学期时的学习素养雷达图。在雷达图的提示下,综合多方意见,该同学最终在高二选择等级考科目的时候,坚定地选择了政治学科。在自己的努力以及教师的帮助下,政治学科已经成为其优势科目,他对政治学科的热情也更强烈了,而且从绩点来看,其政治学科素养也有了较大提升。

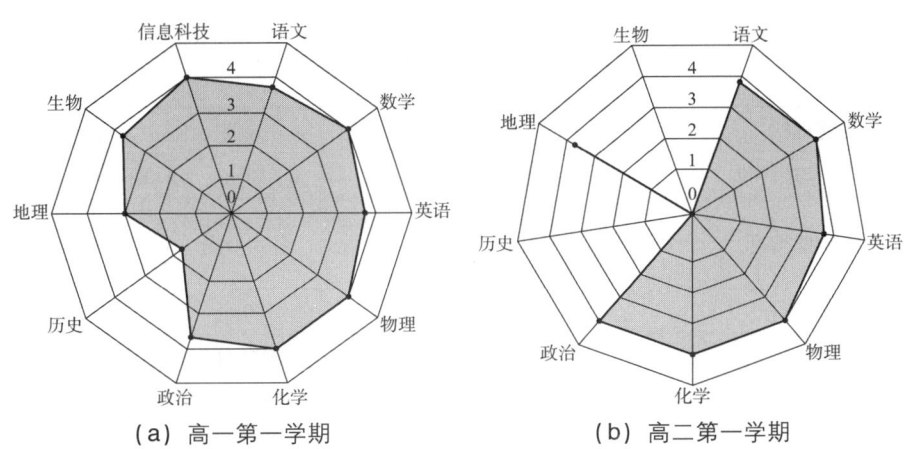

(a) 高一第一学期　　　　(b) 高二第一学期

图 3-13　某同学的学习素养雷达图

学习素养雷达图可以提供学业提示,而身体素养雷达图也能提供有益的提示。"身体素养"是最终报告,是由"体质健康"和"课程学习"按照相应的百分比分别折算而成的。图3-14显示的学生体质健康绩点较高,而运动水平绩点较低,因而整体身体素养绩点不高。但是我们可以从较高的健康体质中发现该生的优势潜能——该生的1000米长跑能力非常强,耐力指标很高。因此,体育教师可根据雷达图和指标引导其在长跑上形成自己的优势。

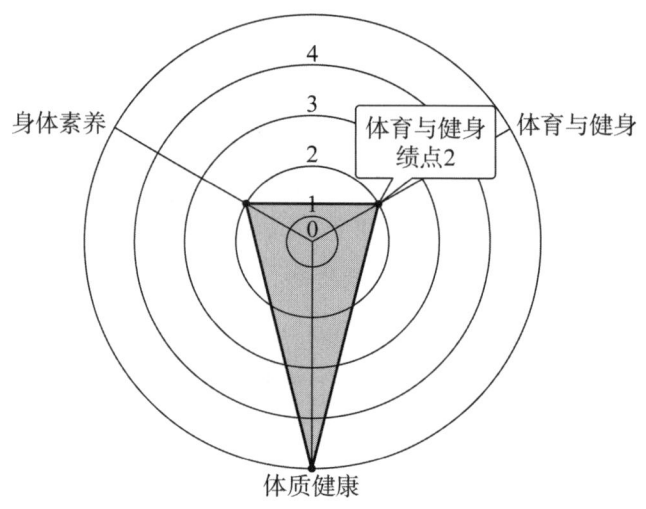

图3-14 某同学身体素养雷达图

表3-6 学生体质健康指标

关键指标	指标	分值	处理办法
身体素养总评价	身体素养总绩点	绩点	绩点×(10÷4)
身体基础指标	男女:体重指数(BMI)	各100分	÷20
	男女:肺活量		
柔韧性指标	男女:坐位体前屈	100分	÷10
速度指标	男女:50米跑	100分	÷10
弹跳指标	男女:立定跳远	100分	÷10
力量指标	男:引体向上 女:仰卧起坐	100分	÷10

(续表)

关键指标	指标	分值	处理办法
耐力指标	男:1000 米跑 女:800 米跑	100 分	÷10

表 3-7 学生运动水平

关键指标		指标	分值	处理办法
总体水平		课程学习表现和水平	100 分	÷10
学习表现		课程学习表现	100 分	÷10
运动能力	速度指标	50 米(秒)、100 米(秒)	100 分	÷20
	耐力指标	1000 米/800 米(秒)	100 分	÷10
	弹跳指标	跳高(米)	100 分	÷10
	力量(爆发力)	实心球(米)2 千克	100 分	÷10
体育专项技能		根据各专项评分	100 分	÷10

(二) 通过过程性评价,比较发现优势潜能

学校注重学生过程性发展评价,在平台上建立学生评价档案,跟踪记录学生发展轨迹,在评价过程中充分挖掘学生特长和闪光点。奉贤中学在每学期末进行学科素养评价,从课堂表现、自主学习、作业情况、总结反思多角度入手,每个内容分为 A、B、C、D 档,分别赋值 10、8、6、4,并且过程性评价占权重 30%,教师在持续的过程性评价中,从课堂表现、自主学习、作业情况、总结反思等角度发现学生的优势潜能。另外,过程性发展评价中历次考试的标准差跟踪分析也可以很清晰地表明学生的优势潜能。图 3-15 是曾同学高二年级四次考试标准差的跟踪分析,通过图中历次成绩的对比列表和对比曲线图,可以发现该学生的英语优势潜能较为明显。

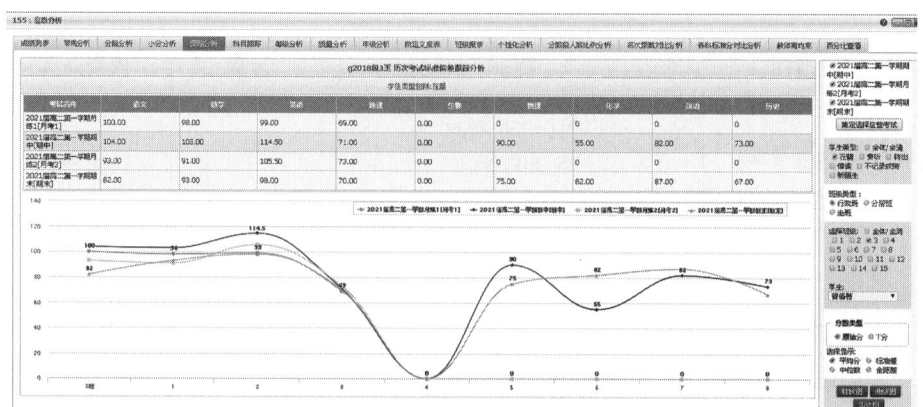

图 3-15　曾同学历次考试成绩的对比列表和对比曲线图

总之,量表测量是以专业视角发现学生生涯潜质;"七个一"则是从较为感性的活动与过程去引导学生实现自我潜能发现;导师、家长、同伴的发现则是在与他人较长时间的密切接触中,逐渐从模糊感觉到肯定再到确定的发现潜能过程。在以上发现潜能的方法与过程中,我们还未真正涉及学生的学习和评价,而《奉贤中学学生学分绩点制综合素质评价》通过科学的指标和定量的评价,以准确的数据,让发现学生潜能更为直观,也更客观。

第四章 发展性课程学习，唤醒学生潜能

潜能是个体自身蕴藏着的、有可能转化为现实的某种能力，它是潜在的、指向将来的一种能力倾向，具有很大的可塑性。这种可能性的发展与实现需要借助一定的外部条件或干预手段，通过适宜的教育手段予以唤醒，而课程就是潜能唤醒的重要途径。通过统整课程，优化课程结构，着力构建满足不同学生潜能发展需要的多样化课程，丰富学生选择，并对学生进行正确的价值引领和有效的选科指导，凸显学生学习的主体性，激发学生自我实现的强烈动机，从而实现潜能的唤醒。

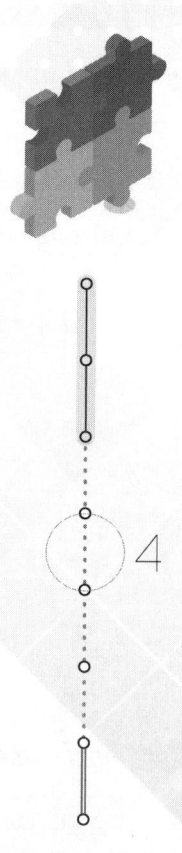

第一节　统整潜能课程,唤醒学生多维潜能

学校全面贯彻国家对普通高中学生培养的要求,构建指向发展核心素养的学校课程体系,不断优化课程结构,完善课程实施、管理、评价等保障机制,形成指向学生个性发展的、丰富的、分层分类的课程群,满足学生基础全面性和个性发展多样化的需求。

十几年来,学校一直致力于课程建设探索。2006 年,学校开始编写学科课程执行纲要,建设学科学案体系;2009 年,学案导学已经成为学校课程实施的主要途径,取得了初步成效;2012 年,学校将原有学案体系的经验和成果进行提炼,着力聚焦潜能教育,构建激发潜能的课程体系;2014—2015 年,在新高考背景下,学校将原有的学科学案体系升级,形成学科学习手册;2015 年,学校开始探索基于标准的单元教学与评价,编制了基于标准的单元教学学科学习手册;2019 年至今,我们确立项目化学习的研究方向,以项目化为重要抓手,提高课程中的研究创新内容,开发研究创新的校本课程,完善具有开放性、选择性特色的校本课程体系,创造性地实施普通高中新课标、新教材,形成基于项目化学习的潜能教育的新课程形态。

一、架构潜能教育课程图谱，提供多样化课程选择

课程是指学校对学生所应学习的学科总和及其进程的安排,是对教学目标、教学内容、教学活动方式的规划和设计,是教学计划、教学大纲等诸多方面实施过程的总和。课程不仅是学习的载体,而且还是激发学生潜能、培养学生核心素养的学习环境的最主要元素。激发高中生潜能课程环境系统有学校层面的课程环境、行政班学习课堂课程环境、分层走班课堂课程环境、校内图书馆和科技楼课程环境,以及校外基地、社区、家庭等课程环境,它们互相联系、互相制约。

在研究国家课程标准、进行顶层设计、实施系列改革举措的基础上,为学生提供多样性、个性化的课程资源,是唤醒学生潜能的基础。现有课程方案必须要有鲜明的价值取向,必须全面贯彻党的教育方针,落实立德树人根本任务。课程要为学生适应社会生活、接受高等教育和未来职业发展打好基础,努力培养德智体美劳全面发展的社会主义建设者和接班人。

根据课程方案要求,我们重新梳理、整合、建构"必修课程""选择性必修课程""选修课程"的课程体系,凸显各类课程培养目标,指向核心素养发展。我们围绕"五育并举"建设丰富的课程群,满足不同类型学生潜能的开发,形成素养培育、五育并举的潜能教育课程体系。

表4-1 奉贤中学潜能教育课程体系

三类课程	课程大类	课程小类	课程群名称	课程名称
必修课程	综合实践活动	明贤课程	主题班团教育课程	爱国荣校、青春与梦想、生命的价值、人生发展规划的设计、中华文化、社会与责任、合作与竞争、安全与法治、理想与信念、成功与失败、择业教育、十八岁成人仪式
			学校文化认同课程	这里是一片沃土、奉贤中学学生生活规程、校史钩沉、国学经典
			育贤通识讲座课程	读书与人生、法律军事、哲学、历史、国际关系、国学、材料科学、环境科学工程、土木工程、航空航天、机器人、信息科学
		立贤课程	人生导航课程	人生起航、认识自我、人生规划、名校考察等
			领导力系列课程	红色之旅、实践拓展、领导力体验营、学生党校等
		践贤课程	校园活动课程	四大节庆活动、仪式教育、多元评价、国学经典(剧本创作)等
			社会实践课程	军训、学农、社会考察、职业体验、志愿者服务等
		创新课程	创新实践体验课程	走进高校实验室进行实验体验活动、高新企业考察体验课程
			创新订单类课题项目研究课程	基于社团的课题研究、基于学科研究性学习中的长期挑战性小课题、基于人生导航课程的课题研究、基于微型课程的课题研究、基于国际化课程的外国文化的研究、基于资优生创新实验的课题研究等

（续表）

三类课程	课程大类	课程小类	课程群名称	课程名称
必修课程	劳动	校园劳动课程	劳动主题教育课程	劳动主题班会、劳动主题升旗仪式、家长如是说等
			常规卫生管理	班级常规卫生管理、校园大扫除、绿化包干区卫生管理等
			劳技课程	小车设计与制作、工具使用规范与安全、跳出思维的盒子、3D 设计 Inventor 等
			劳动体验课程	贤中二十四时辰等
		家庭劳动课程	家务劳动比赛	家务达人、我给年夜饭添光彩、劳动大挑战等
			亲子劳动体验	社区劳动参加、亲子手工比赛、亲子种植活动等
		社会劳动课程	志愿服务劳动	税务局劳动体验、地铁站服务、医院社会服务等
			职业体验劳动	**职业的一天、走入父母岗位等
	学科必修课程	考试学科必修课程	社会人文课程	语文、英语、政治、历史、地理等
			自然科学课程	数学、物理、化学、生物、地理等
		专项化必修课程	体育	篮球、排球、足球、羽毛球、乒乓球、网球、健美操、射箭等
			艺术	绘画、艺术综合、合唱、软笔书法、硬笔书法、街舞、微视频、电影欣赏和制作等
			技术	结构设计与制作、电子技术基础、单片机应用技术基础、科技创新思维与技能训练、Make studio、3D 作品设计与制作、电视节目编导、电脑设计、无人机技术与设计制作等
选择性必修课程	学科选择性必修课程	考试学科选择性必修课程	社会人文课程	语文、英语、政治、历史、地理等
			自然科学课程	数学、物理、化学、生物、地理等
			体育	篮球、排球、足球、羽毛球、乒乓球、网球、健美操、射箭、趣味体育与体能等
		专项化选择性必修课程	艺术	绘画、艺术综合、合唱、软笔书法、硬笔书法、街舞、微视频、电影欣赏和制作等
			技术	结构设计与制作、电子技术基础、单片机应用技术基础、科技创新思维与技能训练、Make studio、3D 作品设计与制作、电视节目编导、PLC 设计与制作、电脑设计、无人机技术与设计制作等

（续表）

三类课程	课程大类	课程小类	课程群名称	课程名称
选修课程	学科特长课程	学科竞赛课程	社会人文课程	语文、英语、政治、历史、地理等
			自然科学课程	数学、物理、化学、生物、地理等
	学科拓展课程	拓研课程	社会与人文	"心语"心理社团、民乐社、印象表演社、最美和声社、青匠漫画社、石瑟国学社
			科学与技术	生命科学社、开放实验研究社、萌芽生物学社、植物组培社、物理挑战社、化学探究实验社
			生活与技能	涵影社、日语社、阿拉上海沪语社、Public Speaking、SPL社团
	兴趣特长课程	微型课程	科学前沿介绍	奇妙的化学、鉴宝入门、丰富多彩的材料、化学实验数字化、多媒体技术及应用、拆装达人
			社会科学常识	精彩演讲点亮人生、美国文学史、世界电影之苑奥斯卡欣赏、雅思英语、微电影大视界、心灵解读生活、摄影欣赏、舞蹈欣赏、水草造景
		创新课程	时政热点、要闻	市场营销学、个人理财
			创新通识课程	创新方法、创新技能、思维训练、数学应用等课程

二、探索课程开发策略，激活学生个性潜能发展

课程是学生赖以生存和发展的环境，是学生成长的路线。我们统整课程，优化课程结构，着力构筑具有丰富性、多样性、可选择性的课程，满足不同类型、不同层次学生的潜能发展需要，让每一位学生的潜能在可选择的课程中得到唤醒。

（一）编制学习手册，校本化实施课程

基于课程标准、新高考制度改革和高中学业水平考试的需要，从学生的潜能现状出发，学校编制了《奉贤中学各学科学习手册》，让学生从"跟着学"转向"自主学"，唤醒学生的基础性学习潜能。

1. 确定学程和教学模块

基于课程标准和实际情况，学校经过多次研讨论证，计算学段、统整内容，提出了"学程"的概念。一个学程是完整的 8 个教学周。整个高中共设置 12 个学程，每学期安排 2 个学程。各学科按照教学容量被赋予不同的学程数，并根据学程数，将本学科课程划分为内容相对独立且具有内在逻辑关系的教学模块。

2. 明确分工和手册体例

在学校课程与教学中心的指导下，各教研组通过课例研究、专家指导等形式，自下而上、自上而下，反复深入研讨，确定模块内容，进行有效的单元划分，形成学科手册目录和模板。各教研组根据学科手册目录和模板统筹规划，明确分工，教师全员参与编制，在智慧碰撞中不断完善。学习手册每个模块分为两部分：第一部分是课程执行纲要，由学程概述和课时安排组成；第二部分是单元学习指导，分别由单元概述、单元学习组成，每个课时包括学习目标、课前导学、课程实施、学习巩固四部分。学习手册结构清晰，内容丰富。

3. 创新突破，形成特色

部分学科在保持基本结构完整的前提下，进行创新和突破。语文学科设计三年"学程基本框架"，每一模块均由阅读和写作组成。历史学科充分利用思维导图进行单元整理，从导图理解到导图模仿，让作业活动和主旨相联系。化学学科将每课时的作业与课程标准和教学基本要求对应，把教学目标分解成作业二级目标，并分层、分类设计出对应难度和题量的作业。地理学科编制活页形式的学习手册，借助极课系统跟踪习题练习，通过大数据平台分析学情、整理错题，以便更好地掌握学生的学习状态。

(二) 开发专项课程,提供多样课程

专项课程包括体育、劳技和艺术学科,它根据学生兴趣和学科特征,将教学内容划分为一个个专项,供学生选择学习。专项课程采用"做中学""参与式"体验教学模式,使学生获得相关的技能和相关的理论知识。通过专项课程,学生积累健身、艺术方法和实践经验,形成运动、艺术爱好和专长,养成自觉锻炼的习惯,促进生理、心理的和谐健康发展,并在学习中磨炼意志、克服困难,发展相互协作、团结奋进的精神,提升体育文化和艺术素养,增强体育意识,不断完善人格,逐步树立科学的生活观和积极进取的人生观,唤醒运动、艺术和空间等潜能。

1. 专项课程的开发策略

(1) 调研需求,确立项目

通过问卷、访谈等方式,了解体艺劳教师、其他学科教师、学生和家长对高中体艺劳专项课程开发与实施的态度和兴趣;了解用于专项化教学所需的硬件、软件设施的基本情况,为专项化教学做好准备。在调研的基础上结合教师的兴趣和特长,并在"学科顶层设计"的理念指导下,确定开设专项教学的具体项目。

(2) 意愿优先,调配为辅

从学校现有实际出发开设项目,尽可能满足所有学生的兴趣和爱好,优先保证学校传统强项和特色发展,高度重视基础项目。专项课程的选择,遵循学生选项优先、统一调配为辅的原则,即学生根据自己的兴趣、爱好和特长填写"学生选项意愿表",并填报若干专项,必要时进行调配。如果选择的人数超过开设的专项课程额定人数,学生需要另选他项。

(3) 科学设置,合理选项

体育专项课程采取"先体验、后选项"的选择方法,艺劳专项课程采取"先通识、后专项"的选择方法,其中通识课程着重高中阶段学生科学、人文素养的培育。

2. 专项课程的内容

（1）体育专项课程

体育专项课程旨在提高学生对体育运动的兴趣，让学生熟练掌握体育知识和技能，学习竞争与合作，学会拼搏与进取，提升体育运动素养，养成良好的体育锻炼习惯和健康生活方式，为终身体育锻炼奠定良好的基础。体育专项课程内容丰富，设置有篮球、足球、排球、乒乓球、羽毛球、健美操、网球、射箭、滑冰等专项，能满足大多数学生的个性化发展需求。

（2）艺术专项课程

艺术专项课程围绕培养学生以感知、审美、创新为基础的艺术核心素养，通过结合课程、学科建设、文化建设等方面开展具体工作，设置声乐、舞蹈、书法、国画、戏剧、微电影、摄影、雕塑等课程，全面提升学生的审美能力；依托各类节庆活动、各类艺术比赛，积极拓展美育实践活动，让学生在活动中感受美；精心布置校园橱窗、黑板报、艺术展板、文化长廊，创设浓厚的文化与艺术氛围，凸显美的本质。

（3）劳技专项课程

劳技专项课程将劳动教育和科技创新相结合，以技术素养为核心，以学生的终身发展和适应社会发展为培育目标，提升技术意识、工程思维、创新设计、图样表达和物化能力。劳技专项课程从2013年的5门发展到现在的10门，具体包括创新设计思维、电子控制技术及设计入门、创意三维作品设计与制作、激光雕刻设计与制作、结构设计与制作、传统木作工坊、单片机基础、智能机器人设计与制作、飞行梦工厂、人工智能基础等。劳技专项课程以丰富的项目满足了学生日益增长的个性发展需求。

（三）依托"三苑"，开发拓研课程

拓研课程主要支持学生在各学科、科技等兴趣领域内进一步拓展知识并开展研究性学习。当今社会迫切需要的是创新型、实践型和科研型人才。新课改对学生"核心素养""自主学习能力"和"探究能力"等方面的培养提出了更高的要求。

因此,学校以核心素养为准绳,以学生的发展为本,以学生身心全面发展和个性潜能的唤醒为重点,探索和构建全新的教学模式,力争打破学科界限,着力培育学生多学科、跨学科、超学科领域的自主探究、问题解决、合作学习、动手实践等综合能力。我们开发了多样性、选择性的拓研课程体系,使学校课程符合时代和社会多样化人才的需求,满足学生个性发展需要,促进学生创新精神和实践能力的培养,让学生真正拓展、体验、研究,从而发展志趣爱好,激发潜能。

1. 拓研课程目标

拓研课程主要指在学科、科技等兴趣领域内能进一步拓展知识并能开展研究性学习,优化基于拓展、体验、研究为一体的课程。

学生兴趣发展一般遵循"有趣—乐趣—志趣"的兴趣链,兴趣是认识事物和从事某种活动的巨大动力,是激发潜能的钥匙。高中生的兴趣爱好较为广泛,但不稳定,因此激发学生发展潜能的关键是以志趣为重点。学校建设拓研校本课程,一方面为学生提供丰富多样的课程资源,促进志趣与潜能的匹配,引导学生明确并追寻自己的优势潜能领域,获得亲身参与研究探索的体验,逐步形成善于质疑、乐于探究、勤于动手、努力求知的积极态度,产生积极情感,激发他们探索、创新的欲望;另一方面,培养学生的科学态度和科学道德,让学生学习和掌握课题研究的基本方法,学会收集和分析资料,开展调查研究,学会交流和分享研究的信息、创意及成果,发展乐于合作的团队精神,应用已有的知识与经验,形成发现问题和解决问题的能力。

2. 拓研课程内容

(1) 科创苑:科技引领 创新求实

科创苑由15门拓研课程组成(如表4-2所示),它以前沿的科学技术为引领,引进高校优质资源,整合社会优质资源,依托教师的学科优势,开发基于问题研究的实验平台,为不同需求的学生提供相应的学习环境。科创苑的各类课程鼓励学生自主探究、动手创作,在活动中出成果,在不断的尝试、创造中增强思考能力与动手能力。

表4-2 科创苑拓研课程

课程类型	课程名称
科创苑	创客社
	植物组培社
	物理实验社
	物理学术辩论社
	趣味编程Python
	智能3D
	海苑传媒公司
	"创·造"社团——创新设计思维工作坊
	"流体力学及无人机应用"实验室
	材料科学研究室
	动物科学研究室
	环境分析研究室
	农科院研究实验室
	航海社
	电子制作社

科创苑还为学生提供创作的舞台,规范学生科技创新作品的选拔,保证科学探究的严谨性,为学生撰写论文、申报专利、参加科技竞赛等提供帮助和扶持。科创苑充分培养学生创新个性品质、创新思维方法、创新技能等,使学生形成"全面、优质"的基础性学力、"个性鲜明、健康"的创新人格和"主动发展"的创新能力,从而具有感觉敏锐、思维流畅、精于观察、乐于探究、善于变通、勇于独创的创造能力。

(2) 文创苑:文化积淀 明理笃行

文创苑由12门拓研课程组成(如表4-3所示),它以"视野宽、基础厚、重实践"为实施准则,博古通今,文化浸润。许多拓研课程不局限于教室,学生走出校园,来到博物馆、乡土文化陈列室,与兄弟学校的社团切磋交流。文创苑定期开展辩论赛、英语演讲赛、国学经典剧场、诗歌创作、心理拓展体验等活动,丰富学生在文学创作方面的经历,满足学生自我展示的需求,尊重学生的成果。在教师的指导下,学生在中西文化的浩瀚长河中尽情遨游,"仰观天文,俯察地理"。文创苑助力学生的卓越发展,帮助学生形成丰富的人文素养和全面的科学素养,使他们具有人格健全、乐观向上、好学善思、自信好胜、永不言败、持之以恒等良好的心理素质。

表 4-3 文创苑拓研课程

课程类型	课程名称
文创苑	海洋地理
	英语演讲与辩论社团
	"阿拉"沪语社
	石瑟国学社
	卮言文学社
	生活中的历史
	"心语"心理社团
	VOA
	思源辩论社
	商业品牌社
	日语社
	德语社

(3) 艺术苑:艺术熏陶　才艺并举

艺术苑由 8 门拓研课程组成(如表 4-4 所示)。校内艺术教师各展所长,同时引进社会优质师资力量(上海戏剧学院、上海音乐学院、上海师范大学美术学院、华东师范大学美术学院等院校的教师),协同合作,丰富艺术苑的课程,为有艺术特长及对艺术感兴趣的学生提供了多样化的平台。在专业教师的指导和培训下,学生勤学勤练,乐于展示,敢于挑战。艺术苑定期开设演唱、舞蹈、表演等小舞台,在湖畔美术馆、宣传栏中展示学生的绘画、摄影、篆刻等作品,为有特殊艺术专长的学生举办画展、歌舞专场等,同时也鼓励学生参加市、区乃至全国竞赛,参赛学生在各类艺术竞赛中屡获殊荣。艺术苑让学生的情操得以陶冶,智慧得以启迪,风采得以彰显,自信得以提升。

表4-4 艺术苑拓研课程

课程类型	课程名称
艺术类	涵影社
	雕塑社
	印象表演社
	雅燃品创社
	音乐剧社
	青匠综合绘画研修社
	"点石斋"篆刻
	雨露盆景设计社

(四)开发微型课程,发展学生兴趣

不同于"全校性"课程的"一类一套书",微型课程则是为学生"量身打造"的个性化课程。它是针对某一概念或主题设计的课程,通过一系列独立性的专题或单元进行教学,其优点是主题小、范围广、持续时间短,而且它是建立在教师和学生兴趣的基础上,强调深度而不是广度。微型课程是学校着力开展的激发学生潜能的校本课程,是由教师(也包括外聘教师)针对学生具体学习需要所进行的每学期4或8课时的分年级分学科的补充课程。通过微型课程的学习,所有学生的个性特长得到发展,研究欲望得到激发,创新意识、创新精神和实践能力得到强化。微型课程既能满足学生的兴趣需要,又能及时吸收最新的文化知识,反映时代的精神和问题,选题遵循"健康、有益、广泛、简易、趣味、渗透"十二字原则,包含学科前沿、热点追踪、职业探索、生活技能等专题。

1. 微型课程目标

微型课程开发以学生、学科、社会为基点,遵循规范的开发步骤:拟定主题—确定目标—选择内容—研制过程—实施课程—评价课程。同时,微型课程在资源利用上注重挖掘,关心地方文化和时代文化。

具有学校特色的微型课程,一是立足于学生自身发展需求,适应学生个性化和多样化发展需求,培养学生良好的自学能力、实践能力、评价能力、探究能力、创造能力等主动发展能力,发挥学生特长;二是培养教师科学的课程意识,提升教师课程开发技术,促进教师专业化发展。

2. 微型课程内容

微型课程具有"小规模"的典型特征,主要表现为:"主题小",教师容易把握;"时间短",通常一学期实施4或8个课时,一学期开设2轮。

在学校课程教学中心统筹协调下,学校前后共开设了125门微型课程,深受学生喜爱。学生根据课程介绍并结合自身的兴趣依次选择三门课程,以填写志愿的形式进行网络选课。在授课过程中,教师以激发学生潜能为目标,以项目化学习的方式改善课堂形式,不断促使学校微型课程焕发新的教育活力。

微型课程根据课程内容分为自然科学类、社会科学类和人文修养类等。自然科学类主要侧重于对一些前沿科学理论与技术的认识和探讨;社会科学类主要侧重于对一些时事热点问题、区域热点问题的分析与研究。

表4-5 近几年开设的深受学生喜爱的微型课程

物理前沿	数学文化	4分钟,只为生命护航——CPR知识普及	向大自然致敬——仿生材料	《周易》与健康生活	走进海洋
海洋生物	社会热点透析	新军事装备及新材料	神奇的碳材料	基因工程与人类社会	千古词帝——李煜
神经科学	硅谷IT技能	微电影,大视界	创造性思维是如何炼成的——与设计师一起改变世界	领导力培养	经济热点关注

（续表）

可视化数据	新媒体技术发展与展望	信息技术（大数据背景下）产业展望	哥伦布发现美洲大陆与拉美殖民化的开始	药物探秘	GIF 动画制作
政府与政治	最强大脑	大数据可视化之美	文化创意产业与高中美术创客课程	雾霾探究	空中英语
文化热点追踪	中国航母	科学前沿——物理科学从1946年到现在	现代首饰设计与工艺	心灵解读生活	推翻你的思维定式
揭开名校的面纱	一滴泉小说	精彩演讲点亮人生	转基因植物如何改变我们的生活	中西文化之魅	丝绸之路上的东西方文明交汇
推理小说的发展	鉴宝入门	世界电影之苑奥斯卡欣赏	糖：在生活中如何有效利用和控制	TI 竞赛	上海自贸区
西方现代主义绘画	走进这片沃土	雅思英语	玩转统计学	冷眼看刘邦	生肖文化
名人英语演讲点击	穿越剧质辨	领袖气质	解密中国天眼——FAST射电望远镜	中级英语流利说	学习奥妙
核能之争	生活化学	摄影欣赏	物联网与智能家居	经典诗文诵读	金融理财
转基因与人类社会	数学建模	舞蹈欣赏	小测量，大智慧	美国文学史选读	领土之争
走进中国四大极点城市	克隆技术	水草造景	远程化、精确化、智能化的武器弹药	奇妙的化学	拆装达人

（续表）

奢侈品牌文化	汉字文化管窥	市场营销学	从AlphaGo和Master看人工智能	微视频制作	你所不知道的日本文化
中国近现代化进程	人人爱设计	个人理财	基于手势控制的人机交互	创意设计与3D打印	揭秘人工智能
从《清明上河图》看宋朝	中外建筑	多媒体技术及应用	自动驾驶从科幻走向现实	定性与半定量物理学	多彩的材料
自然与化学	金庸武侠小说文化解读	周周过节——感受传统节日文化	《史记》的中国智慧	乐坛风云	世界艺术家之旅
近距离看日本	唐诗与唐代文明	领袖风云	经典电影解读	揭秘宇宙	玩转市场"钱生钱"：生活中的货币金融学
对联入门	国际格局浅说				

三、设计潜能教育时空，拓展自主学习课程场景

在统筹课程系统性基础上，我们将课程分层、分类设置，形成多样性的课程体系，并通过适当体验课程，让学生明白自己内在需求，进行合理选择。我们探索基础型课程的学程化设置、模块化实施、走班制运作，从而提供深度体验的课程学习。

（一）教学时段学程化设计

我们将教学时段进行学程化设置，把一个学期划分为2个学程，一个学年4个学程，高中三年一共12个学程。这样做是为了减轻学生过重的学业负担，提供给

学生深度学习的时空，且有利于学科进行学科结构的统整和教学单元模块的切分。

表4-6 高中三年学程安排表

高一年级				高二年级				高三年级			
第一学期		第二学期		第一学期		第二学期		第一学期		第二学期	
第1学程	第2学程	第3学程	第4学程	第5学程	第6学程	第7学程	第8学程	第9学程	第10学程	第11学程	第12学程

（二）教学内容模块化实施

根据国家课程标准和学科课时安排，结合学校的学程化设置，我们以每个学程的总课时为依据设计学科教学模块，架构教学单元，开展单元教学设计的研究，设置含项目化学习的教学计划，编制适应学生实际的学习手册，以便深度实施学科课程。

表4-7 各学科模块划分和课时安排

学科		模块数	模块代号	周课时	模块在年级分布数		
					高一	高二	高三
语文		12	B1-B12,C5-12	4	4	4	4
数学		12	B1-B12,C5-12	4	4	4	4
英语		12	B1-B12,C5-12	4	4	4	4
物理	合格	4	AB1-AB3,A4	4	3	1	0
	等级	10	AB1-AB3,B4-B10	4	3	4	3
化学	合格	3	AB1-AB2,A3	4	2	1	0
	等级	9	AB1-AB2,B3-B9	4	2	4	3
生物	合格	2	A1-A2	4	2	0	0
	等级	6	A1-A2,B4-B6	4	2	4	0

(续表)

学科		模块数	模块代号	周课时	模块在年级分布数		
					高一	高二	高三
政治	合格	3	A1—A3	4	2	1	0
	等级	7	A1—A2,B3—B7	4	2	2	3
历史	合格	4	A1—A4	4	2	0	0
	等级	7	A1—A2,B3—B7	4	2	2	3
地理	合格	2	A1—A2	4	2	0	0
	等级	6	A1—A2,B3—B7	4	2	4	0
信息科技	合格	2	A1—A2	4	2	0	0

（三）创新设置长短课时

为了更好地实施基于"大单元的教学设计""基于项目化学习""有效的体育锻炼"的教学，在教学中充分保障学生"研究学习""合作学习""表达展示"的时空，让学生在比较宽松的环境中参与深度学习，学校创新设置长短课时的学科教学课时安排，满足发展学生个性特长拓展时空的需要，满足各学科开展提升学科核心素养的项目化学习的需要，满足学生开展基于问题解决的项目或课题研究的需要，满足学生开展体育锻炼的需要，等等，使学校潜能教育各类课程更好实施。

学校创新安排了长短课时制度，每天8课时，每课时40分钟，在上下午最后一节课增加20分钟弹性时间。这样的长短课时安排有利于活动类专项课程的开展，也有利于学科开展以项目化为主的教学实践。同时，将12：20—13：00和17：50—18：30安排为学生自主发展时间，学生在上述时间内可以走进科创楼实验室、图书馆阅览室、体育场馆等进行自主学习。

（四）走班制教学，满足多样化需求

在新课程背景下，根据不同年级和不同课程实施的需要，我们科学合理地安排各种不同类型的走班教学，有效安排潜能教育的课程课表。因为选择同一门课

程的学生学习的时段不同,学生之间课程组合方式差异很大,所以只能采用走班制教学来促进分层选择性课程的实施,因此每名学生最终会形成一张个性化课表。走班制可以为学生提供更多共同学习和交流的机会,是培养学生学会学习、学会共处的重要途径。

1. 走班制教学原则

(1) 自主选择原则:开放"6选3科目"20种组合,做好学生的选科指导工作,充分尊重学生的选择。

(2) 分类教学原则:合格性、等级性考试在教学内容、能力要求、考试题型上具有本质性区别,采用不同的教学资料、作业要求、教学方法,切实减轻学生的学业负担。

(3) 选科组合原则:将年级中选科相同的学生组合在一起,构成同一个组合走班的教学班。

(4) 分类组合原则:相同选科人数超过一个组合班人数时,则将同一班级的学生分在一个组合班中,就近班级分在一起。

(5) 时段集中原则:首先对一周的走班课进行总体规划,保证一天中的走班课集中在一起,一周中走班课在上下午时间合理搭配。

(6) 地点固定原则:尽量固定组合班内"6选3科目"的上课地点。

2. 走班制教学实施

(1) 选科组合统计:年级部负责统计行政班学生的选科情况,并汇总给课程教学中心。

(2) 组合模拟分班:课程教学中心根据学生选科情况,依照选科组合、分类组合原则进行模拟分班。

(3) 任课教师安排:课程教学中心先根据组合班的数量和各学科的选科情况进行测算,然后将"6选3科目"的任课教师进行整体安排。

(4) 确定走班课地点:充分利用行政班教室,以该组合班学生来源最多的行政班的教室作为该组合班的走班上课地点,其余排入其他教室。

3. 排课

(1) 课表规划:课程教学中心将一周的走班课按走班时段相对集中地科学分配到每一天。

(2) 两次排课:课表中语数英排一次课,"6选3科目"再排一次课,然后将两次排课结果合成。

(3) 制作学生走班名单:按行政班公布学生所分的组合班、走班地点等信息,由任课教师公布所教组合班的学生名单。

(4) 打印学生课表并公布年级组合班课表:打印每位学生语数英等课程的课表(走班课空缺),公布年级组合班课表,学生根据组合班课表将走班课填入自己课表,使每位学生均有自己的课表。

4. 走班制教学管理

(1) 组合班班主任制度:年级部根据组合班的任课教师,确定组合班班主任人选,制订组合班班主任职责,加强走班制教学日常管理工作。

(2) 组合班班干部制度:设立组合班班长、课代表、组长、卫生委员、纪律委员等。

(3) 走班自修课管理:年级部根据学生选科和课表,梳理每节课上自修课学生的名单,将自修课学生集中安排,由专人统一管理。

第二节 优化教学方式,唤醒学生学习潜能

教学方式通常指在教学活动中体现的方法和形式。教学方式是教学理论和教学实践的联系纽带,它在教学理念的指导下展开,最终体现在具体的教学行为中。在新课程、新教材改革背景下,教学方式的变革应该是一线教师推进教学改革的重要抓手。

教学方式变革以立德树人为价值取向,以培育学生发展核心素养为目标,以各学科的课程标准为依据,着力聚焦教和学方式的系统改革。影响教学方式的变量很多,总体要求是:基于标准的教学,从已有的问题出发。教学方式变革激发多元潜能的突破口有三点:在基于标准的教学框架下,开展基于技术的、单元的和项目的教学。三者相辅相成,融为一体。

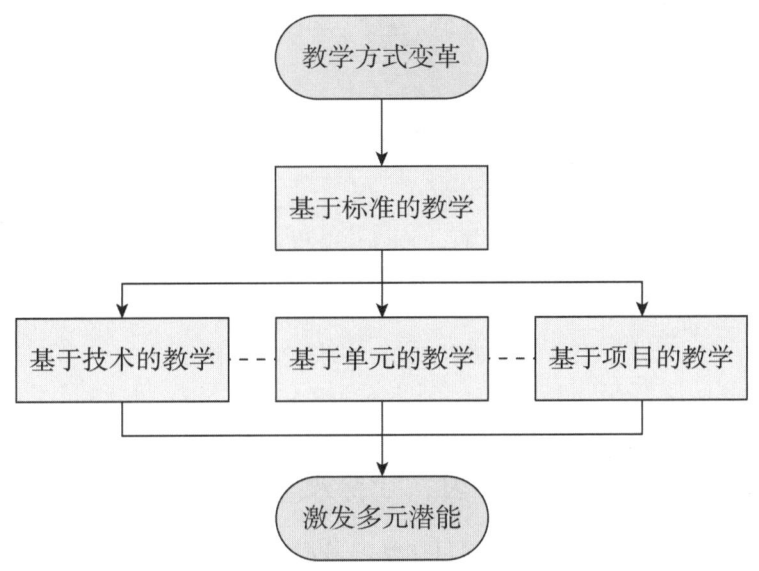

图4-1 教学方式变革

在实践研究中,我们归纳出教学方式变革的有效技术路径,如图4-2所示,以课标为依据,以单元为载体,聚焦学习方式转变、教学范式转型及学习环境重构。其中,以学生为主体、学习为中心的项目化学习是核心变革路径。围绕项目化学习,我们提出了六大改革举措:建设项目化课程群、变革教学模式与学习、建设项目化学习环境、搭建项目化学习管理平台、研制配套评价体系、整合校内外项目化学习资源。

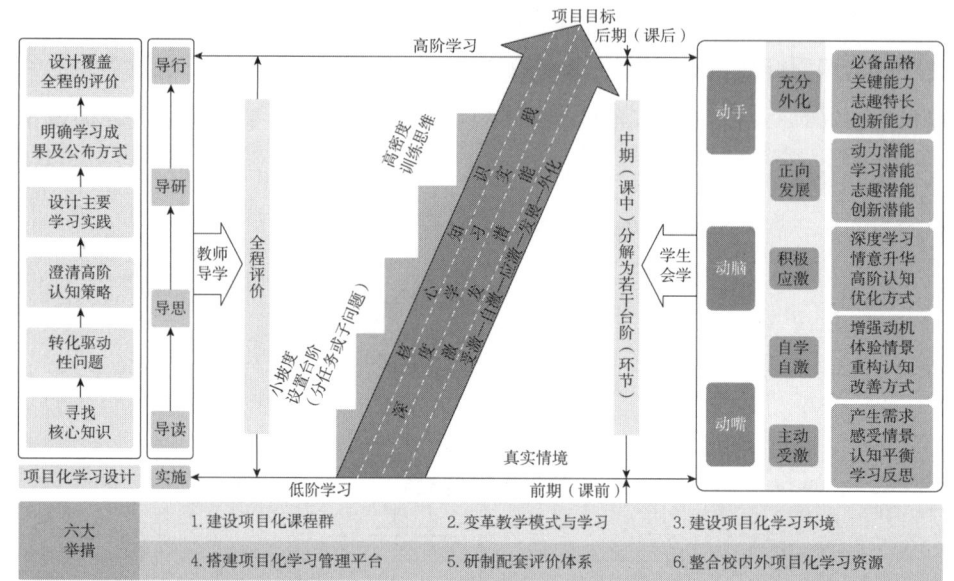

图 4-2 教学方式变革的有效技术路径

一、基于问题的项目化学习，让深度学习真实发生

在基于标准的教学框架下，项目化学习是潜能教育的核心特征，是激发学生多元发展潜能的主要途径。学校以此为核心，组织推动相关课程设置、教学模式、管理方式、评价体系、学习环境等要素的重整与转型。

所谓项目，往往是围绕某一主题、完成一个或多个作品、具有一定可行性和挑战性的实践探究任务。项目化学习可定义为："在教师引领下，学生以项目任务为核心，通过创设情境、提出问题、搜集证据、解释交流、展示评价等环节，自主开展的创新实践与探究活动。"

如果是某一学科的项目化学习，则应指向该学科的核心素养。在项目设计时，应选择学科某一单元的核心内容为主题，创设真实情境，通过问题驱动引导学生深度参与，并在实践中开展能体现学科特有思维方式和探究过程的深度学习，最终表现为学生创作出有一定价值的学习成果或作品。

由此可见，项目化学习是一种追求理解、创作导向的建构学习。这样的学习方式有利于学生产生学习内驱力,获得深刻体验,增强学习信心。项目化学习在一定程度上克服了以往教学中存在的种种弊端,如重知识积累、轻迁移应用,重理论学习、轻实践体验,以及浅层学习、被动学习、机械学习等。

在上述理解基础上,我们着力探索高中阶段各学科项目化学习的有效实践范式。每门学科都有它特有的研究对象和思维方式,因此也存在不同类型的项目化学习范式。在多元智能框架下,各学科的项目化学习范式侧重激发某些类型的潜能,在实践中我们已经归纳出相应的项目化学习范式及实施策略,并积累了一定数量的成功案例。

(一) 语言类学科,唤醒语言和审美潜能

语言潜能是人对语言相关信息潜在的处理能力,如阅读、写作、演讲、辩论等能力。审美潜能是人对各种形式的美产生潜在的感受体验、价值判断和欣赏能力。毫无疑问,语言类学科(语文、英语)是唤醒语言潜能的最好载体,同时语言承载的韵律、形象、精神、境界等美的要素,也是唤醒审美潜能的重要载体。通过项目化学习唤醒上述潜能,两门学科最终均归纳为"一二三四"项目化学习范式,但具体的内涵及侧重点有所不同,体现了两门学科的特质差异。

语文学科,围绕"主题阅读"及"导写课"开展了项目化学习的实践研究,并形成了相应的"一二三四"课堂教学范式,在唤醒学生语言潜能的同时,提升思维品质、文化传承与审美鉴赏,全面落实语文学科核心素养。

1. 范式解读

项目化学习正好回应了"以语文核心素养(语言建构与运用、思维发展与提升、审美鉴赏与创造、文化传承与理解)为纲、以学生的语文实践为主线、以真实语文生活情境深度学习为主导"的课程改革理念。在此理念的指引下,语文教研组开展了以主题阅读及导写课为载体的项目化学习,着重激发学生的语言潜能和审美潜能。

"主题阅读"指择取一个文学母题,依据此母题进行专题化阅读材料搜集、分类整理及阅读路径指导;"导写"是在主题阅读的基础上,指导学生择取文学母题中的一个方面,结合真实语文生活情境进行主题写作,在实践活动中激发语言潜

能,培养学生的语文核心素养。

经过多次主题阅读及导写课的实践研究,语文教研组总结归纳并明晰了"一二三四"语文主题阅读及导写教学范式。它由"一次挑战、二类成果、三个阶段、四次介入"构成。"一次挑战"是指通过提出相关驱动性问题,引入具有挑战性、真实性、趣味性任务,激发学生学习的驱动力。"二类成果"中,一类指学生个人成果,另一类指学生整体共同完成挑战性任务而形成的集体成果。"三个阶段"中,第一阶段为学生根据导读任务单独立进行阅读,第二阶段为阅读后在师生互动交流达成共识的基础上进行写作,要求独立撰写初稿,第三阶段为在对初稿自评、互评和教师补充指导后修改并形成完稿。"四次介入"是指教师在任务导入时介入,确定目标;在学生阅读后介入,指导写作;在写作后介入,指导提升;在学生成果展示时介入,评价总结。

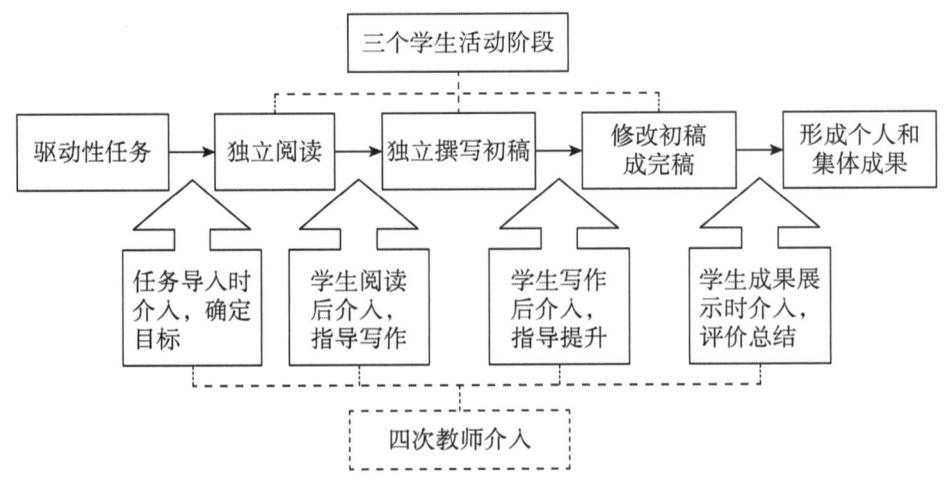

图4-3 "一二三四"语文主题阅读及导写教学范式

2. 案例解析

以"城镇化背景下的'乡愁'"这一堂主题阅读及导写课为例,阐述语文主题阅读及导写课的"一二三四"课堂教学范式的运用与实践。

一次挑战:驱动性任务的确立

"一次挑战"旨在设计与主题相关的驱动性任务时,一方面要做到面向全体、针对差异、夯实基础,这是驱动性任务的起点;另一方面要落实三维目标、培养能力,这是驱动性任务的目标。

"乡愁"是中国文学作品中不可或缺的一个重要母题。2013年12月,在北京召开的中央城镇化工作会议上提出了"让居民望得见山、看得见水、记得住乡愁"的愿景。"乡愁"观念的提出,内蕴着对城镇化背景下"乡愁"的思考:如何解读中国传统社会中的"乡愁"?城镇化背景下的"乡愁"意味着什么?如何将"乡愁"的呼吁转化为实践举措并给予推动?

故确定驱动性任务为:假如你是某乡镇干部,请联系自己家乡的城乡建设实际情况,以小组为单位设计出一份能够让人们的乡愁情怀得以抚慰的方案。

二类成果:个人及小组作业的汇报展示

本堂关于"城镇化背景下的'乡愁'"主题阅读及导写课的二类成果指学生的两个写作任务。其一是个人作业。根据课上探究的"城镇化背景下'乡愁'是何?为何?如何?"这三个问题,撰写关于自身在城镇化背景下乡愁体验的文章。学生的初稿多以客观视角谈论城镇化背景下的乡愁[如图4-4(a)],在老师的点拨介入后,逐渐转向了具有代入感的写作[如图4-4(b)(c)]。

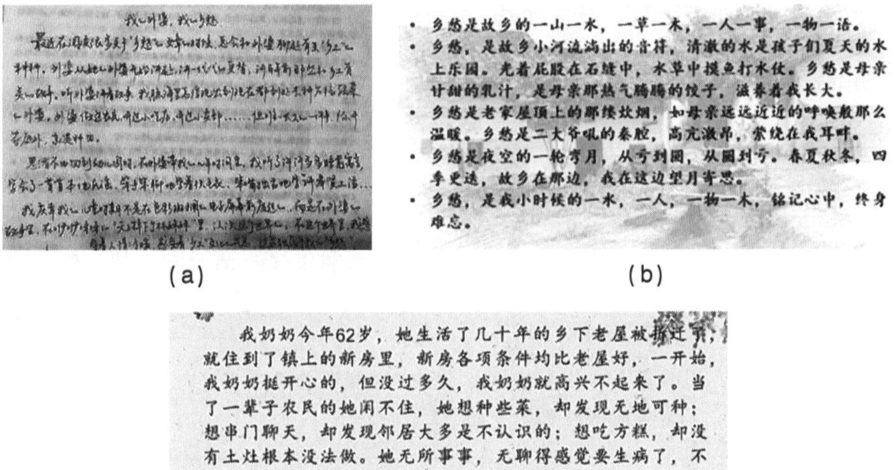

图4-4 学生个人作业展示

其二是小组作业。"联系自己家乡的城乡建设实际情况,设计出一份能够让人们的乡愁情怀得以抚慰的方案"。小组作业的形式主要是学生小组讨论,组长汇总意见后面向全班进行交流。在课上对"城镇化背景下的'乡愁'"的成因具体交流探讨后,学生普遍在小组作业上思维较为发散且有逻辑性,在解决方法上能够采取"分类讨论"的思考方式,从政府和民间两个角度进行思考,并且再细分为"物质基础"和"精神抚慰"两个方面。

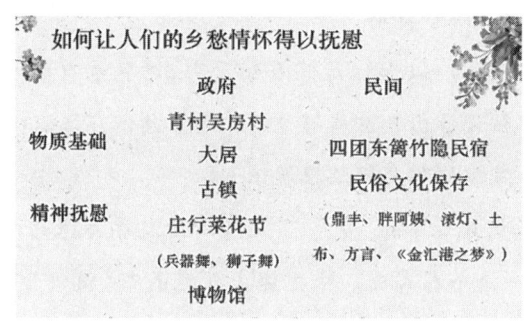

图4-5 学生"抚慰乡愁"的方案设计

三个阶段:独立阅读、互动交流、评价改进的过程

整堂课的教学过程按照独立阅读、互动交流、评价改进三个阶段推进。

表4-8 "城镇化背景下'乡愁'"项目化学习三个阶段

三个阶段	教师指导与学生活动
第一阶段:独立阅读	寻找和城镇化背景下乡愁有关的阅读材料,并进行摘抄整理,写下初读感受
第二阶段:互动交流	在课上交流初读体会,提炼"城镇化背景下寻觅精神家园却不得的富有时代特色的乡愁"这一特点
第三阶段:评价改进	对初稿和修改稿进行自评、互评,教师进行指导与评价

四次介入:课前、课中和课后的介入引导

教师介入引导的目的在于设置台阶,搭建思维支架,减少学习难度,提供成功条件。

表4-9 "城镇化背景下的'乡愁'"项目化学习教师的四次介入

四次介入	教师指导与学生活动
主题阅读前介入	引导学生确定关于"乡愁"文学作品的阅读清单
主题阅读中介入	从客观环境和主观心态两个方面为学生提供思考的方向,归纳"乡愁"的成因
导写中介入	在学生撰写作文初稿之后,针对学生在写作中存在的共性问题进行指导
导写后介入	点评学生的集体成果,指导完善成果

3. 唤醒语言潜能和审美潜能,落实核心素养

"一二三四"项目化教学范式要充分激发学生的语言潜能和审美潜能,需要在实施过程中掌握以下两个策略。

(1) 拓展范式的应用范围

语文主题阅读及导写课的关键在于如何去"导",以及从哪些方面去"导"。"一二三四"的课堂教学范式提供了一个很好的教学路径。"一次挑战"要求教师首先确定与阅读主题相关的驱动性任务。"四次介入"要求教师在阅读和写作中各进行两次介入引导,阅读时的介入引导可以启发学生将自己的体会和之前的阅读经验、个人经历相联系;写作中的介入引导一方面应当有意识地训练学生的逻辑思维和思辨能力,另一方面也应当调动学生根据阅读经验及自身经历构建写作素材库。"三个阶段",按照独立阅读、互动交流、评价合作三个阶段进行。"二类成果",可以通过创造和阅读主题相关的真实语文生活情境,引导学生进行小组方案设计和个人主题写作。当然,"一二三四"课堂教学范式不应当只局限于语文主题阅读及导写课,小说、散文教学等都可以借鉴此思路进行。

（2）强调学情的重要意义

在对"一二三四"语文教学范式探究与实践的过程中,我们比较重视的一点在于教师对学情的关注以及在课堂上的"引导",而不是让学生迎合老师的预设。就"城镇化背景下的'乡愁'"的主题阅读课而言,驱动性问题是"城镇化背景下'乡愁'是何?为何?如何?"虽然这个问题看上去逻辑非常清晰正确,但是如此理性的教学思路恰恰削落了学生对于"乡愁"这一充满感情色彩的话题的情感体会,导致很多学生对"乡愁"的理解程度不同,甚至没了乡愁。于是学生对这一主题没有亲身体会,没有真情实感,感觉很遥远,最终使得这堂主题阅读课少了点语文味,反倒像一堂社会学课、政治学课。因此,确立驱动性任务是主题阅读课最为重要的一个环节,同时在课堂教学中,教师的引导也至关重要。

针对学生缺乏乡愁体会的问题,可以从学生的思路来考虑。如问学生一般文学作品在哪里寄托了乡愁;在城镇化背景下,你找不到乡愁,乡愁丢到哪里去了,可以去哪里找到乡愁;等等。

只有在不断引导的过程中,学生的潜能才能相应被激发,不然课堂依然沦为教师的"一言堂"。

（二）科学类学科,唤醒逻辑和空间潜能

逻辑潜能是指潜在的数学运算与逻辑思考的能力,通常体现在擅长解决与数学、物理、化学、生物等科学课程相关的问题。空间潜能是指潜在的、能在大脑中形成一个外部空间世界的模式并运用和操作这些模式的能力。下面以物理学科和化学学科为例,阐述如何唤醒学生的逻辑潜能。

物理学科以科学探究及学术辩论为突破口,开展项目化学习,激发相应的逻辑潜能和空间潜能,并且在实践中形成"探究—辩论"项目化学习范式。

1. 范式解读

首先,"探究—辩论"项目化学习范式体现了基于课程标准、以学生为主体、体现高阶思维、成果或作品导向四方面原则。

其次,物理学科的项目化学习通常经历以下四个环节。

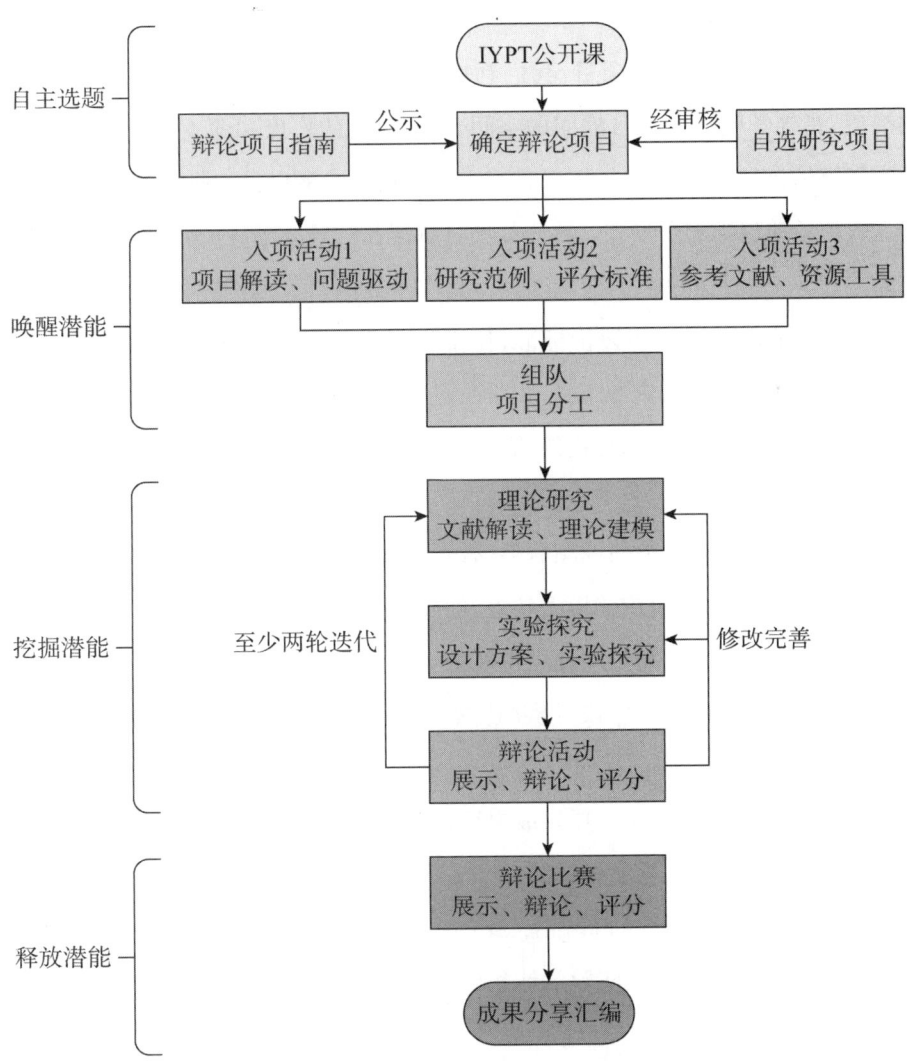

图 4-6 物理学科项目化学习过程

（1）自主选题

通常，我们以国际青年物理学家锦标赛（简称 IYPT）公布的题目为内容来源。这样的题目具有足够的权威性和通用性，其背景经常源自生活，且具备一定的开放度、可行性和足够的挑战性。我们让学生在此基础上自主选择，当然学生也可以提出自己的课题。

(2) 唤醒潜能

基于自主选择的辩论项目,我们利用拓研课组织入项活动,其目的是通过互动交流,指导学生拓宽项目的问题空间,了解研究的广度和深度。这个过程要求学生能评估自己的兴趣和能力,从而在一定程度上唤醒自己的研究意识和能力。

入项活动包括三个步骤。首先是项目解读和问题驱动,一方面激发学生的探究兴趣,另一方面引导学生进行选择。其次是提供研究范例和评价标准,引导学生理解项目的内容要求和评价标准,让学生产生目标感,进一步增强自我能效。最后是提供参考文献和资源工具,为学生进行可行性分析提供依据。

入项活动后,学生进行自由组队和项目分工,同时配备相应的指导老师。

(3) 挖掘潜能

各小组明确了自己的研究项目后,教师引导开展第一轮研究。

第一步:构建项目对应的模型装置,创设情境,观察现象。

第二步:查阅文献,初步构建理论模型。

第三步:根据理论模型,设计实验方案,然后完成第一轮实验研究,并对实验结果进行分析。

第四步:形成第一轮研究项目成果后,开展辩论训练,组织参加第一场辩论比赛,赛后各队进行分析、反思和总结。

在第一轮研究及辩论的基础上,我们组织学生走出去,与大学学术辩论队进行面对面地深度交流,优化实验设计和理论建构。

(4) 释放潜能

在上述活动基础上,我们组织第二轮研究与辩论活动。并且,在每年的七月上旬,我们都要组织学生参加上海市高中物理学术竞赛。通过比赛,学生展现自己的研究过程及成果,同时学会如何开展学术交流,取长补短,提升以科学探究为核心的综合素养。

在两轮比赛的基础上,学生不断反思和总结,已经具备撰写一定质量学术论文的能力。因此,我们要求学生整理资料,根据学术论文的范例要求,撰写研究论文。最后,挑选优秀的论文,公开展示交流,集结成册。

2. 案例解析

以 2018 年的辩论项目为例，介绍激发逻辑潜能和空间潜能的"探究—辩论"项目化学习范式的实践应用。

第一步：自主选题，创设情境

首先我们在 IYPT 十七个题目中选择了十二个题目，作为辩论项目。

锥形堆是其中一个典型项目：倒下一些不具有黏性的颗粒材料，使它们能形成一个锥形堆。该项目是研究影响锥的形成和锥与地面形成的角度的相关因素。

显然，项目描述的情境或现象在生活中常见，所涉及的器材也比较常见。

第二步：入项活动，唤醒潜能

通过海报，介绍学术辩论活动的形式和魅力，展示近几年获得的丰硕成果，吸引物理资优生申报入项。在社团课上，我们展示了今年要研究的项目，包括项目背景、部分现象视频、相关文献资料、相关的资源工具，让学生在对项目研究产生兴趣的同时增强信心。与此同时，我们结合研究范例，介绍研究的各个环节，包括每一个环节的目标、任务和方法，以此让学生明白，研究之路是一个充满挑战、持续奋斗，但可以收获满满的过程。最后形成人员、项目、指导老师的分工表。

第三步：探究与辩论的循环迭代，挖掘潜能

每年 11 月完成项目筛选，12 月完成入项活动，第二年 1 月开始第一轮研究。

通常这个阶段主要是在寒假期间，学生可以自主学习相关文献。物理探索实验室会提供文献资源，同时也对学生开放，提供实验器材、加工工具、计算机等设备。在此过程中，教师跟踪指导，和学生一起不断解决遇到的各类困难。教师不仅辅导学生，同时也随着学生的研究而开展研究，形成教学相长的良性互动。

过年后的第二年，启动辩论活动。我们会组织内部辩论活动，正方、反方、评论方轮换，学生体验不同的评价要求，不断提升辩论水平。之后，我们开启第二轮研究与辩论活动。在这个阶段，我们要走出去学习和交流，如联系大学，与其他辩论队切磋交流,不断完善理论建模,改进实验装置。

第四步:成果展示,释放潜能

7月,我们出征上海市高中物理学术竞赛。在辩论中,同学们充满自信地展示自己的研究历程和成果,然后激情十足且有礼有节地与对方展开学术讨论。经历比赛后,我们的学生已经对项目有一个比较成熟的研究成果。这时候,我们会提供论文范例,指导学生撰写学术论文,展示他们的研究成果。2018年,12名学生共提交了10篇有较高水平的学术论文,其中4篇论文汇编成册在市级范围内展示交流。

3. 实施策略

好的项目设计只是成功的一半,而另一半则是切实可行的实施策略。基于学习科学和已有的实践案例,我们提炼出四个可行的实施策略。

(1) 学习共同体策略

学习具有社会性,任何一个项目的实施过程,其实就是一个互动交流的过程。为此,在项目实施过程中,有意识地创建项目学习共同体是必要且有效的措施。

(2) 学习环境策略

在项目的选择和研究过程中,学生往往会趋向选取容易完成的项目。而项目完成的难度,除了问题本身之外,还有一个重要的影响因素,即项目资源和工具的完善程度。

(3) 混合学习策略

实践表明,项目化学习的有效实施还需要将面对面线下活动(即课堂学习)和线上学习相结合,实现优势互补。项目启动通常在课堂,自主研究过程通常在课外,线上是共享、交流和互动平台。此外,项目的展示评价可穿插在课堂学习中进行,有利于情感互动和反馈交流。

(4) 循环迭代策略

在项目实施过程中,我们发现学生的作品经常需要经过一个不断改进的过程,甚至需要多轮评价反馈和提交才能满足要求。因此,在实施过程中,设置一个循环迭代改进过程是非常有必要的。

基于上述实施策略,我们取得了较好的学习效果。从学生的自我总结看,收获颇丰。

队员陆同学在论文末尾中写道:通过这次研究,我对物理的兴趣更加浓厚,也体会到了科学研究的困难,从最初的实验设计到后来的理论分析,锻炼了我的实验操作能力,提升了我对所学知识的应用能力。实验过程中确实遇到了不少的困难,而想尽办法去解决这些困难的过程才是最精彩的。此外,努力克服由实验器材带来的误差,体现出了科学研究的严密性。这次的研究确实让我收获颇丰,的确是一个提升自我的好机会。

由此可见,学生经历学术辩论的准备和比赛过程,的确是一个潜能被逐步唤醒的过程,尤其是逻辑潜能和空间潜能。物理学中经常需要通过逻辑推理进行分析,也需要用空间模型形象地描述物理现象。

值得一提的是,辩论是一种非常有吸引力的学习方式。它为学生搭建了展示、交流和思维碰撞的平台。善于辩论的学生,表达清晰、思维敏捷、逻辑严密、意志顽强,而且思维严谨,善于发现对方存在的问题。此外,辩论过程还有利于激发学生的语言潜能。

综上所述,学术辩论项目可以有效激发学生的自主学习能力、团队协作能力、问题解决能力、动手实验能力、展示交流能力,以及评价反思能力。在其他学习场景中,很难如此有效地培育这么多方面的能力。

(三) 通用技术学科,唤醒学生多元潜能

劳技学科根据普通高中通用技术学科标准形成"大项目""大概念""大综合"的课程组织和教学方式,提炼出"四三一二"教学范式,以唤醒学生的实践创新潜能,在技术创新活动中提升实践能力,同时落实学科核心素养。

1. 范式解读

"四三一二"教学范式,即"四重真实、三维空间、一套流程、二层分解",可以优化课堂教学,促进学生的学习。"四重真实"即真实情境、真实问题、真实实践、真

实评价,是开展项目化学习的原则;"三维空间"即思维空间、实践空间、展示空间,是开展项目化学习的有力保障;"一套流程"是指"发现问题—确定项目主题—收集和处理信息—制订和筛选方案—方案实施—评估与优化—展示与评价—拓展与应用"的项目化学习实践流程,它可以规范并有序指导项目化学习的开展;"两层分解"即把项目分解成若干个任务,再将任务分成若干个彼此关联的问题链,然后逐一解决,有序实现问题解决。

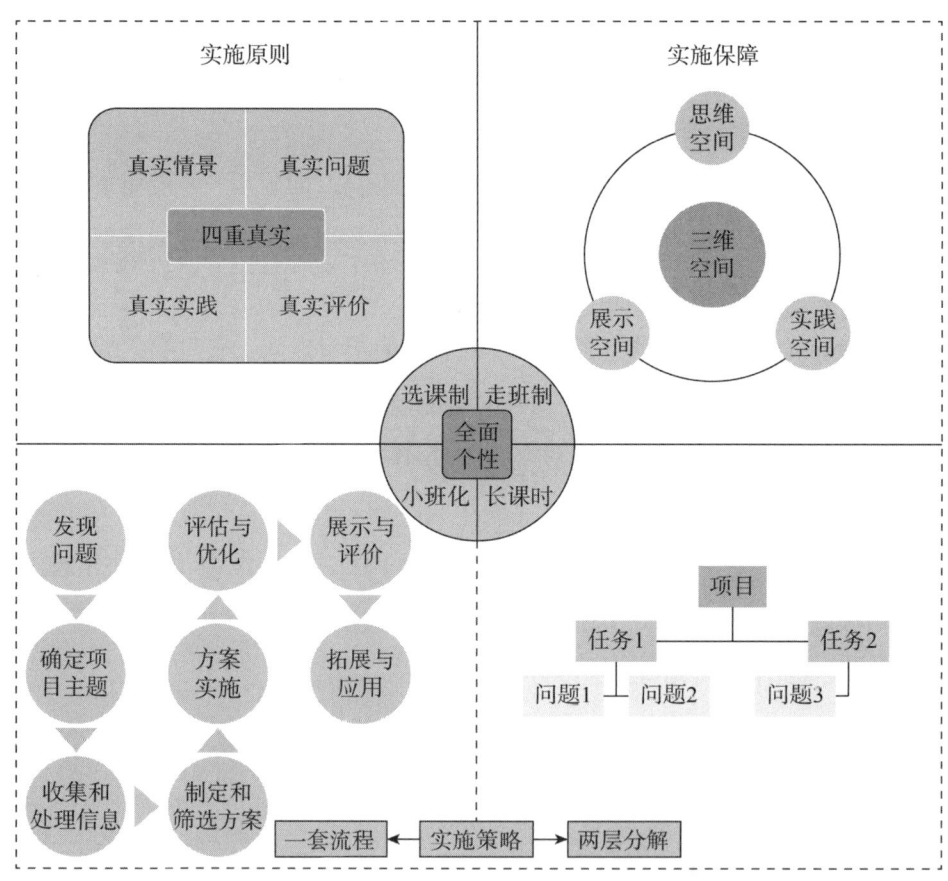

图4-7 "四三一二"教学范式

2. 案例解析

以基于课标技术与设计2中"结构"大概念设计的项目化学习案例"轻量座椅的设计与制作"为例,呈现"四三一二"教学范式的特点和实施情况。

(1) 四重真实

教师让学生以家具设计师的身份进行轻量座椅的设计,要求学生在创新座椅结构设计的同时尽可能让座椅轻且耐用,以符合真实的生活情境。各项目小组在规定的时间内完成了轻量座椅的设计,体验了从设计、制作、测试、改进、展示到评价的真实实践过程,经历了遇见并解决一个个真实问题的过程。整个学习过程采用了多元、开放、灵活、多方参与的真实性评价方式,并在学与教的过程中精心设计和落实评价环节,有效促进了学与教目标的达成。主要项目成果有轻量座椅实物作品、项目报告书,以及各小组的过程性实践记录表、教师每节课的观察交流记录等各类资料。这些资料汇总后放入学生成长档案袋,记录学生在项目实践中的成长过程。开放而明确的具体任务、直观清晰的展示评价,让学生的实践创新潜能从隐性转为显性。

(2) 三维空间

轻量座椅的设计方案及最终的作品都是独一无二的。教师期待能有更多机会激发学生的创造性思维和批判性思维,培养学生的技术思维、技术操作、技术创新能力和问题发现与解决能力。项目化学习中,教师尽一切可能创建学习环境,使学生拥有良好的自主学习的思维空间、实践空间和展示空间。例如,陈列历届学生的结构作品,能够起到激励引导作用;为各小组提供笔记本电脑,可以让学生自主获取完成该项目所需的基本知识与技能;在操作台上放置各类加工与测试工具及各类原材料和黏结剂等,能为学生提供丰富的学习资源,学生可以自主选择使用。虽然对作品的评价标准是统一的,但每位学生在整个过程中可以个性化学习,最大化地拥有自主创新和实践的机会,最终发现和唤醒自己的实践创新潜能。

(3) 一套流程

驱动任务的目标是设计与制作一个既轻质又有更大承载能力的轻量座椅模型。根据该目标要求,教师按照项目化学习模式设计教学流程:发现问题—确定项目主题—收集和处理信息—制订和筛选方案—方案实施—评估与优化—展示与评价—拓展与应用。根据实际学情与教学流程,课堂教学共设置8课时,拓展与应用环节作为中长期作业或者研究性课题的选题安排在课外完成。项目化学习虽然给予学生很大的自主空间，但教师放手不放任，一套流程既保障了学生进行个性化学习、拥有更多实践创新潜能的机会，又保障了高质量的学习效果。

（4）二层分解

师生共同将总任务分解成若干个有序关联的子任务，提前分析和预设完成各子任务需要解决的一系列问题，如座椅的材料和结构设计、3D建模和虚拟承重、电动工具的使用、构件的制作和装配等。各任务和问题彼此关联，需要一一明确分工落实，只有这样才能充分合理地利用好每节课，发挥每个人的作用，逐个解决一系列问题，完成一个个子任务，并最终完成总任务。小组成员分工合作，优势互补，让优势潜能更加激发，互相影响，在团队合作中唤醒每个人的实践创新能力。

3. 唤醒实践创新潜能，落实学科核心素养

劳技学科提炼出的"四三一二"项目化学习范式源于高二技术专项课程，并在高一技术通识体验课程以及高一、高二的拓研课程中进行推广。

（1）合理设计微项目、中项目或者大项目，培养必备的关键能力

根据课标要求和课时条件，合理设计项目和课时，坚持以项目化学习的方式开展包括事实性知识在内的关键知识与技能的学习，学会提炼技术的思想和方法，提高解决技术问题的综合能力。

（2）教学评三位一体，充分保障学生主体地位，激发学生的创新设计能力

在项目化学习中，教师承担设计者、引导者和监督者等多重身份。在项目设计时提前介入学生学习，在项目开展中默默引导和帮助，让学生在每个环节均可最大化地自由思考需要解决的问题、如何解决这些问题，并开展对问题解决的实效的评估和调整，逐步领悟技术创新设计的丰富文化内涵，唤醒和提升创新设计能力。

（3）多元化的评价机制，提升学习质效，培育全面而有个性的学生

项目化学习主要采用表现性评价、档案袋评价、过程性评价和终结性评价，评什么、怎么评、谁来评都是多元化的，目的是引导学生形成必备品格、关键能力和正确的价值观。多元化的评价机制引导学生在课时、单元、学期每个时段，都能知

道自己的发展目标、目前的水平及进一步努力的方向,提升学习质效,成为全面而有个性的学生。

学生对项目化学习逐步从了解到适应,最终到驾轻就熟地自主进行项目主题的选择、规划、实施和调整。"四三一二"项目化学习范式面向全体学生,做好分类、分层教学,能够充分挖掘学校的项目化学习资源,努力建设更合适的学习环境,使每位学生真实的项目化学习得以保障。在"通识—专项—拓研"课程的时空整合和融合中,引导学生以学促研,培养学生的问题发现探究能力、创新研究能力,以及真实、完整、有个性化的实践能力,真正培养学生的深度学习能力和迁移能力。

二、指向单元整体的教学设计,让学习方式得以优化

项目化学习通常以一个或多个单元为载体进行设计与实施。单元教学的关键是挖掘单元独特的育人价值。我们通过单元教学的整体性设计和结构化实施,引导学生广泛联系、高瞻远瞩,更深刻地理解当下的学习内容,更深层地感悟学习过程,也更容易培养解决实际问题的能力,从而使学生更具目标感和成就感,唤醒其学习动力,增强学习效能。

在学习素养和创新素养学分绩点制评价方案的引导下,各学科教师在实践中不断探索基于标准的单元教学设计及实施案例。目前已基本形成各学科基于标准的单元设计框架,包括单元规划、单元教学策略、单元评价方案等成果。

(一) 设计单元框架,整合教学内容

科学有效的单元规划是单元教学和评价的前提。各学科根据课程标准的调整方案,重新审视目前的教材编排,依据学科特点规划模块及包含的单元数量和内容,着力编制单元学习手册。基于单元规划,进行单元教学设计,目前基本形成各学科的单元设计框架和流程,为教师开展单元设计提供支架。

文科类学科的单元规划比较灵活,组合方式较多。例如,可以根据学生认知特点,打破原有教材编写顺序,进行重组。

理科类学科的单元规划基本围绕知识的内在逻辑关系建构,部分并列内容根据认知特点进行调整。例如,物理学科的单元规划基本按照教材原有章节,仅在复习阶段以跨章节的专题或方法为线索进行横向、纵向重组;数学、化学和生物学科单元规划也是基本按照教材体系建构,只在局部做些调整。

在物理学科中,根据多个单元的教学设计案例,初步提炼出物理学科的单元设计基本框架及流程,如图4-8所示。框架聚焦单元的结构和逻辑分析,挖掘单元的整体学习价值,如三维目标的均衡实现、学科核心素养的落实等。

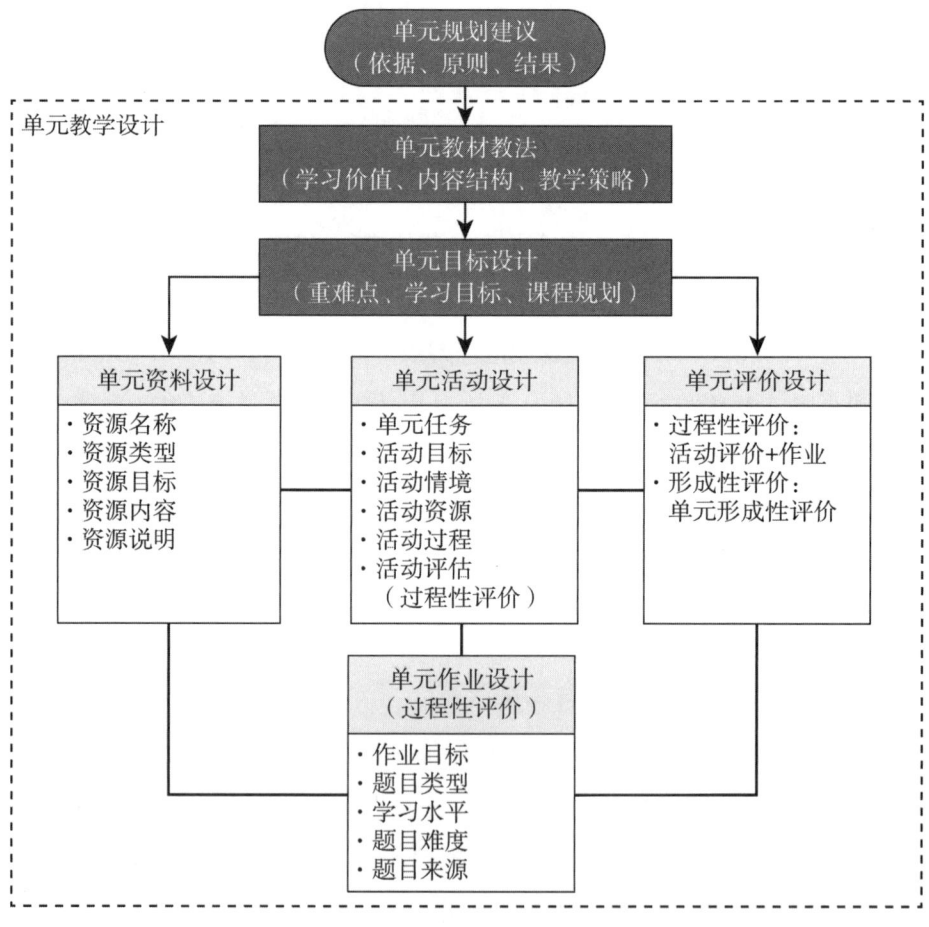

图4-8 物理学科单元设计基本框架及流程

在信息科技课程中，为了提高信息科技单元教学设计的可操作性，根据单元教学设计的特征以及单元教学的特殊性，将信息科技单元教学设计划分为三大环节，即前期准备、专题设计、反思修改，并将这三大环节进一步细化，归纳形成六大教学设计步骤，如图4-9所示。

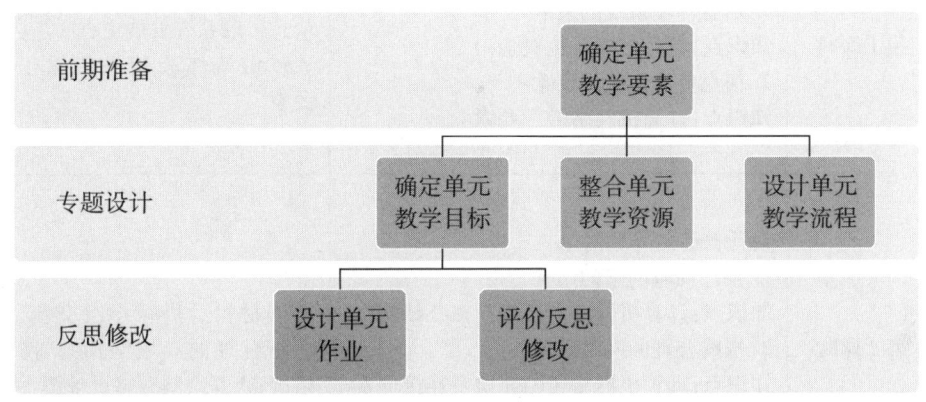

图4-9 信息科技单元教学设计流程

在"信息传输"单元设计中，教师突破原有教材以知识学习为核心的内容安排和活动设计，重构学习资源，改变学习方式，引入项目化学习，在学生活动中融入知识点学习，并将原有课时从8课时调整为4课时。学生活动流程如图4-10所示，整个单元的教学体现了真实问题导向和实际任务驱动相结合的特征，采用了"互动游戏、阅读交流、现场采访、设计、动手实验、实践运用"等学生活动形式，学生不仅收获了知识，更提升了各方面能力，增强了学习兴趣，唤醒了学习潜能。

图4-10 "信息传输"单元学生活动流程

在学生活动流程基础上，进行单元课时设计，如表4-10所示，充分体现了单元的整体性和结构性。

表4-10 "信息传输"单元课时规划

课时	学习内容	学习方式
第1课时	信息传输概述 1. 信息传输系统的发展 知识点:信息传输系统概念 2. 信息传输系统的要素 知识点:计算机网络的三要素	收集资料,运用鱼骨图整理信息传输系统发展史; 通过游戏体验信息传输三要素
第2课时	设计自己的局域网络 1. 设计局域网络的结构 知识点:计算机网络的分类及拓扑结构 2. 选购合理的网络设备 知识点:计算机网络传输介质及连接设备 3. 正确设置计算机 IP 地址 知识点:TCP/IP 协议工作原理;IP 地址	阅读材料后进行小组交流,选择合理的局域网拓扑、网络设备,并绘制网络设计图
第3课时	动手搭建自己的局域网络 1. 连接局域网 知识点:网线的制作方法;交换机的连接方法 2. 联网计算机的 IP 地址设定 知识点:IP 地址的设置方法 3. 局域网的联通测试 知识点:ping 命令;tracert 命令	小组合作完成局域网搭建实验
第4课时	为自己家庭选择合理的因特网接入方式 1. 收集南桥地区可用的因特网接入方案 知识点:各类因特网接入方式 2. 分析各种因特网接入方案的优缺点 知识点:各类因特网接入方式的特点 3. 选择最适合自己家庭使用的因特网	学习小组通过课前调研、课内分析,最终确定家庭因特网的接入方案

(二) 提炼单元策略,唤醒学生潜能

在单元设计的前提下,我们提出了基于"二二三四"和"翻转课堂"的单元教学策略。

1. 基于"二二三四"的单元教学策略

学生的学习是一个由浅入深、螺旋上升的认知过程,而以往的"二二三四"教学范式只着眼于一节课,单元视角难以实现。如今拓展到一个单元的教学,相对而言,有独立完整的学习内容与足够的时空,在基于标准的前提下,能充分体现单元教学过程的"低起点和高视点,小坡度和高密度,动手、动脑和动口以及导行、导研、导思、导读"等特征。其中,"二点"是单元教学的起点和目的,"二度"是单元设计策略,"三动"是组织教学的要求,"四导"是改善学习方式的途径。

2. 基于"翻转课堂"的单元教学策略

通过对案例不断研究和反思,部分学科提炼出经实践检验行之有效的"基于标准的翻转课堂教学模型",如图 4-11 所示。整个教学设计的出发点是课程标准,而不是教材或考试,表现为"基于课程标准的目标、评价和活动"之间的一致性。

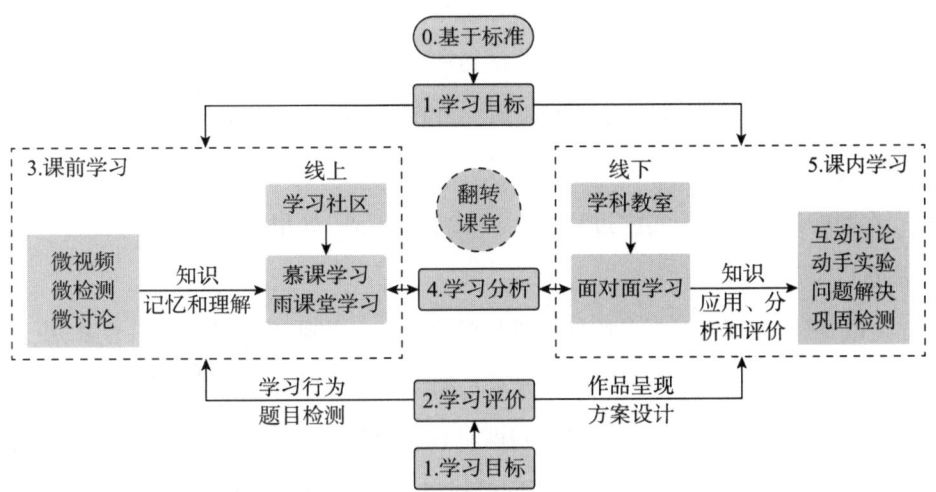

图 4-11 基于标准的翻转课堂教学模型

图4-11中,框内的序号表示翻转课堂教学设计的逻辑顺序,基本采用逆向设计模型,即评价先于活动,用评价指导活动的设计。

(1) 从课程标准出发,结合教材教法和学情学法,制订明确、具体、可检测的学习目标。这是整个翻转课堂教学设计的起点和归宿。

(2) 根据学习目标确定学习结果以及相应的证据,从而设计学习评价的工具和方法。

(3) 在学习评价的引导下设计课前学习活动,包括学习资源准备、认知工具、课件开发等,主要的学习方式是线上学习,当然也包括线下自学。线上学习依靠学习社区构建新型师生关系,依靠慕课学习平台或雨课堂学习平台进行自主学习,主要活动是观看微视频、完成微检测、参与微讨论。

(4) 学习平台会记录学生学习行为和结果的数据,通过学习分析系统反馈给教师。同时教师还可以通过与学生沟通,了解更多的学习信息。

(5) 教师根据学习分析数据,确定学生身上存在的问题,设计课内学习的重点和难点。如物理学科教师准备相应的学习资源,进行针对性的面对面学习活动设计,涉及的主要类型有互动讨论、动手实验、问题解决和展示交流等,不再是以往的系统讲解和训练。无论是线下学习还是线上学习都伴随着过程性评价,但侧重点不同。线上评价注重知识点的记忆和理解,主要通过学习行为及题目进行评价;线下学习评价则侧重于知识的应用、分析和评价,主要通过作品呈现、方案设计等进行评价。

在翻转课堂模型的实施过程中会面临很多困难,如果要取得较好的效果,必须注意以下五点:

(1) 融洽的师生关系是翻转课堂教学的基础。教师不仅仅是学科专家,更是教练、辅导员与合作者,师生的良好关系是翻转课堂得以实施的重要基础。

(2) 良好的信息技术素养是翻转课堂教学的保障。技术在不断发展,教师也要与时俱进,勇于尝试,敢于实践,不断挑战自我,积极尝试新技术。

(3) 丰富、优质的课程资源是翻转课堂教学的关键。课程资源需要不断积累,需要师生共建,不断优化和完善。

（4）线上学习和面对面学习的有效衔接是翻转课堂的重点。这直接关系到翻转课堂的针对性和有效性。

（5）学习数据的采集和分析应用是翻转课堂教学的难点。这需要完善的技术支持和学生学习过程的配合。

第五章 开放性课程活动，释放学生潜能

潜能教育的目的是让学生在唤醒潜能的基础上充分地自主发展，做最好的"自我"。学生可以在节庆活动、炫目小舞台、CYA之星等主题活动中找到释放潜能的角色，在红色之路、志愿服务、模拟政协等社会实践活动中增进人际交往，释放领导力潜能。因此学校搭建释放学生潜能的平台，创设释放学生自主发展潜能的环境，提供实现学生潜能的机会，让每位学生在适合自己的活动和体验中形成良好的自我意识、增强社会责任意识、提高社会服务能力、树立远大成才抱负，最终释放自己的潜能。

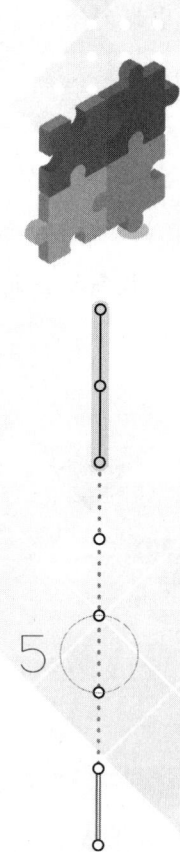

第一节　创意主题活动,释放志趣潜能

校园是学生放飞心灵、润泽生命的绿洲,我们充分认识到丰富多彩的校园主题活动能让学生在充满生命张力的校园中释放潜能,获得知识。为此,奉贤中学举办校园主题活动,开展体育节、感恩节、传统文化节、科艺节等活动,让校园生活具有生命力,让每位学生积极参与节庆活动,并将活动经历变为震撼心灵、终生难忘的记忆。学校积极创新活动形式,创设体育节奥林匹克运动会、世界大学生运动会等新奇的活动来激发学生参与活动的热情;学校注重主题活动的内涵,感恩节"圆梦行动""爱心拍卖"等活动有着丰富的育人价值,让学生获得深刻教育;学校精心搭建活动平台,在传统文化节"国学经典诵、演、唱"活动中,人人都可以走上舞台,成为活动的主角;学校注重在活动中激活学生思维,鼓励学生勇于接受挑战,在科艺节超级"变、变、变"等活动中,学生的聪明才智得到充分彰显。

一、创意科技平台，助力学生科技创新梦想

一年一度的科技节是学生热切期待的校园四大节庆活动之一。为推动学校科技创新教育工作的持续深入开展,鼓励青少年融合运用各学科知识与技能开展创意设计、进行表达分享,学校组织师生精心设计每一年的科技节活动,活动内容丰富多样,旨在让每位学生都能够借助科技节的机会提升、发展科技创新潜能及各方面的综合潜质。

(一) 以项目驱动科技节活动,提升学生兴趣

科技节活动的主题丰富多样,涉及课题研究类、创造发明类、工程设计制作类、电脑设计和编程类、综合创客类、TED 演讲展示等。这些活动为学生提供了多

样化的选择与体验,提升了学生综合应用学科知识的能力,使其思维得到锤炼。如"纸牌承重""便携式瓦楞纸凳"项目与劳动技术课程内容紧密相关,考查学生对于材料的属性、工具的正确使用、设计的一般过程以及结构大概念的理解等,旨在激发学生的想象能力、动手能力和跨学科知识的综合运用能力。利用废弃的瓦楞纸板制作纸凳的过程,同样也培养学生良好的劳动品质和节能环保的意识,是落实品德教育的良好契机。

科技节活动让学生意识到在课堂上学习到的知识与技能是有用的。无论是"创意花灯"中对于激光雕刻、三维设计、电路焊接、智能控制、外观设计的掌握,还是"纸船载人"中对于材料选择、船型设计与加工,抑或是物理原理的应用等,都让知识与技能变得更有价值。在参与活动过程中,以解决问题为目标的主动学习时时刻刻都在发生着。为了班级和团队荣誉挑灯夜战,挤出时间主动学习,学生成为吸收知识的海绵。学生们通过参与科技节活动,不仅提高了自己的活力和创造力,也提升了班集体的凝聚力、组织管理能力,营造了更加积极向上的学习氛围。

每年的科技节活动项目,一部分来自劳动技术课堂上的作品大挑战,另一部分来自区、市、全国乃至全球的各级科技比赛项目。科技节活动平台的搭建,可以让学生学一学、比一比、试一试,走出去看一看,培养和发展自己的个性特长,将兴趣转化为志趣,并结合生涯发展规划,确定自己的目标,激励自我成长。2016届的赵同学在科技节"高空落蛋"中的杰出创意表现,让他被科技老师发现并有机会参加更多科技比赛,同时也让他从一名普通的学生成为一位杰出的领导者和创意者。他在大学期间创办了北京建筑联盟学生会并担任主席,其作品多次在全国或地方比赛中获奖,后被哥伦比亚大学建筑设计专业录取,接受进一步深造。

(二) 以常态化科技活动为契机,提升学生创新潜能

学校积极指导和鼓励学生参与科技节活动展示,并以此为契机提升学生的创新潜能。自从科技教育活动开展常态化后,学校共成功申请专利600多项。此外,在上海市青少年科技创新大赛、"明日科技之星"评选等课题类赛事中,学校屡创佳绩,获世界级奖项的学生达25人次,获全国级奖项的有123人次,在市级以上相

关比赛中获奖的达700多人次。其中,在世界级比赛中,学校荣获2017年DI全球赛第一名、2018年"未来问题解决"全球赛行动计划展示第五名、2019年世界机器人大赛国际赛冠军。因此,学校在2017年被评为上海市科技特色教育示范学校,2019年被评为全国知识产权试点学校。一年一度的科技节培养了一大批科技爱好者、创新潜质突出表现者和科技特长生。

如2014届何学生,她在科技节中找到了更多志同道合的同伴,一路结伴前行。他们一同参加了DI创新思维大赛,并创下了中国队参加全球赛以来最佳成绩。这些经历促使她最终成为一名科技老师。

如2023届张同学,源于生活的启示,发明了可快速拆卸且带刹车的万向箱包轮,该发明在第八届中国(上海)国际技术进出口交易会上引起了关注。她善于观察,敢于创新,对日常生活细心体会与观察,使她萌生了最初的灵感。有了初步想法后,她多次与学科科技组老师翁老师交流、探讨,并在翁老师的指导下开始"攻关"。起初,张同学对设计物件并不是很精通,主要依赖于老师的想法,后来在老师一步步的提示、帮助下,她开始自主思考,提出自己的设计方案,并根据出现的各种问题反复修改设计稿,这个过程培养了她创新思维和动手能力。在万向箱包轮展出过程中,张同学在全校、全区、上交会上灵活地运用语言说明发明原理和发明的心路历程,她的展示潜能得到了很大提升。科技创新不能有畏难情绪,也不能因为觉得想法太简单而不屑去做,要主动关注生活中的问题,主动发现并解决问题,从而发展自己的创新思维。

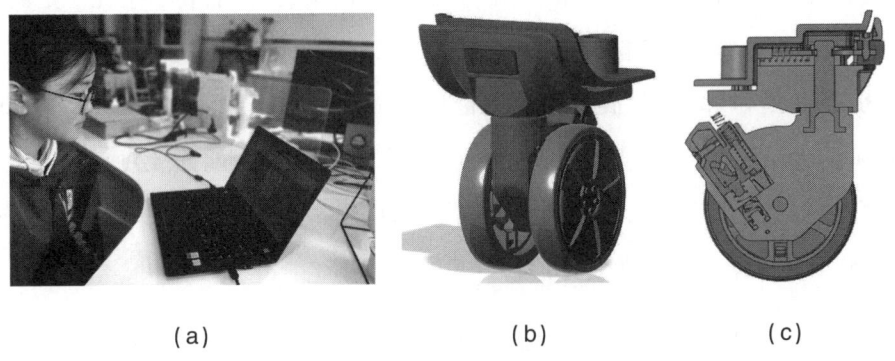

(a) (b) (c)

图5-1 张同学与她发明的可快速拆卸且带刹车的万向箱包轮

(三) 线上线下科技联动，提升学生领导潜能

学校举办科技节活动，充分挖掘线上线下、校内校外资源，调动个体和群体的能力，积极培养学生担任策划者、组织者、评价者、参赛者、宣传者等不同职责能力。学生们从策划和制订活动方案，到撰写具体流程，再到宣传和组织活动，以及评价参赛作品、总结和汇报活动情况等各项事务，不断释放他们的领导潜能、沟通表达潜能、规划管理潜能、团队合作潜能等。

例如，在2020年新冠肺炎疫情期间，我们如期举行了线上科技节，通过网络视频、图片、声音等多种方式图文并茂地开展了"纸牌承重""抗疫科技电子小报评比""校园TED演讲赛"等多个项目。2021年科技节邀请了同济大学一起合作开展活动。在"防震包装设计与制作"活动中，通过大学教授的讲座和活动参与，学生了解了易碎品包装的功能和结构，并充分发挥创造力和创新思维能力，自主设计，动手制作，成功地用最少的纸张达到了使易碎品防震和减排的目的。通过活动，学生经历了赛题解读、资料收集、方案设计与实施、迭代改进、总结展示等各个环节，创新思维和批判思维得到激发，时间管理能力和目标管理能力不断提升。

二、搭建人文展示舞台，启迪学生艺术智慧生长

学校重视培育学生艺术人文的修养，学校艺术教育的核心目标是"艺术感知、创意表达、审美情趣"以及"文化理解"。其中，"创意表达"需要学生在一定的场景中，发挥自己的艺术潜能进行创作、表演，展现自己的艺术才能。学校一直致力于为学生提供多元发展的空间，传统文化节、CYA大赛（Culture, Youth, Accomplishment）、炫目小舞台等活动涵盖声乐、舞蹈、戏剧、朗诵、绘画、主持等多方面内容，发掘了许多优秀艺术人才。学生的艺术潜能从中得到长足发展，自信心得到培养与提升，艺术创作潜能释放尤为明显。

(一) 搭建演绎平台，释放表演潜能

学生是校园的主人。校园传统文化节的设计、组织、管理、展示等都应该让学

生参与其中,并发挥学生主体的能动作用,让学生变被动为主动,自主设计、自主管理、自主探究、自主展示,释放学生的潜能和才华,使学生获得自主学习和终身学习的能力。

在诵演唱活动中,跨班组合的陌生感会束缚学生的潜能发挥,所以班主任积极鼓励学生,使得学生对自己的能力更有信心。班主任与指导老师、文艺委员多方交流和观察后,选择最适合的学生作为领唱,引领团队雄壮高歌,鼓励学生勇于挑战自我,在优势领域绽放光彩。

在国学小剧场表演筹备工作中,学生是主体,教师是主导。攻坚克难的第一步是组建主创班底。某班班主任李老师和班长一起商议主创班底的岗位需求,线上线下同时发布主创征集令,快速组成核心组,完成剧情编写,观看和交流电影、纪录片、人物传记、已有剧本,抓住人物的形象特质,并理解关键情节,构思、修改、完善剧本。在分配主演角色时,师生一起制订考查方案,以突出主角的特质(包括语言表达能力、动作体态模仿能力、对人物形象理解能力等)为主要考查点,在考查中观察比较每一个演员的个人特质和角色的贴合度,以敲定理想的男、女一号。在服装道具的准备过程中,学生家长纷纷贡献力量,整个班级群策群力,让表演得以顺利举行。

潜能激发,是从激发学生的积极性开始的,不仅要激发学生的勇气,还要激发学生的集体荣誉感,而这背后,离不开集体的智慧碰撞和默契配合。

(二) 搭建个性舞台,释放艺术潜能

为了呼应"美育"这一教育要求,学校不仅开设了艺术专项课,还提供了大量艺术实践机会让学生展现自我,CYA大赛、炫目小舞台、校园艺术展等活动为校园个性展演增添了浓墨重彩的一笔。

为了带给学生舞台上的高光体验,学校为学生提供多样的展演机会,包括舞蹈、歌唱、主持人大赛等,以海选、限时长的初选方式,让更多学生参与其中,最大限度地鼓励学生参加。在初选结束时,评委会给选手点评和建议,即便是没有通过初选的学生也能得到精准的指导建议,真正做到了"有教无类"。部分学生表

示，即使没有进入决赛，但得到了教师的点评和指导，明白了自己的不足，找准了今后努力的方向。

学校为学生提供课外辅导、彩排预演、艺术技能技巧提升指导。教师的工作热情、敬业态度、专业技能和学生学习的热情在此得到完美融合。对于表现优秀的学生，教师还会推荐他们参加各类比赛，让他们有更多的收获。从学校个性展演舞台脱颖而出的学生，有的获得上海市学生艺术单项比赛舞蹈、器乐金奖，有的登上央视春晚舞台，有的考入上海音乐学院等高等艺术院校……真正释放了学生的艺术潜能。

一位曾经参加过音乐剧表演的学生这样描述她的感受：高二受邀作为学生导演参加学校戏剧特色比赛时，她惊讶、不安、惶恐，但老师充分肯定了她在音乐剧鉴赏课上的作业，赞赏了她的认真与仔细，并认为她在戏剧创作方面具有极大的潜能。老师的肯定给予了她极大的信心。文笔青涩的她初次开始修改剧本，和老师一起寻找合适的演员，挑选、制作、搬运道具，和剧组成员们一起排演，这让她初步对舞台剧有了宏观认知。大学期间，她再次受邀创作剧目《母亲的车票》，还有幸参与了此剧的排练与展演。看到学弟学妹们脸上闪现出与自己当年一样的热情与活力，看到谢幕时大屏幕上再一次出现自己的名字，她忍不住热泪盈眶。

学校为了搭建平台让学生释放潜能，毫不吝啬活动时间，确保学生能够自信登台。实践表明，在高中阶段的舞台表演中曾参与过表演活动、幕后工作的学生，在进入大学和步入社会后，具有更强的沟通能力、更好的表达能力以及集体协作能力，这也是潜能释放的另一种体现。

在一次比赛结束后，有学生这样谈道：“比赛那天零下8摄氏度，但是我却丝毫感觉不到寒冷。台下绚烂美丽的荧光棒、写着我名字的灯牌、同学们应援'打call'的呼喊声……所有的一切都让我更加自信、勇敢地站在台上展现自己。特别是走到舞台的两侧，向同学们挥手时，观众席爆发出的掌声、欢呼声和尖叫声，无疑又给我注入了一剂强心针。时至今日，我仍清晰地记得聚光灯打在脸颊上的炽热、射入眼睛里的刺痛。那一刻，我释放了自我，做了以前没有能力,甚至连想都不敢想的事情,成为同学们口中不折不扣的'女明星'。一路走来,少不了伙伴的鼓励、老师的指导,当然还有学校对于学生多元、多样的培养和支持。"

教育的最终目的,不是培育一批会考试的人,而是让学生能够认清自己的优势和特长,找准自己未来的发展方向。潜能教育很好地迎合了这一点。有些学生在学校潜能教育大方针的支撑下,发挥出自己最大的艺术潜能,为自己的高中生涯添加了浓墨重彩的一笔。

2017届何同学从小喜爱漫画,不仅画得好,还会自主设计。她曾提出"出一本书"的愿望,学校不仅为她实现了这个愿望,还特别展开义卖会,甚至还把她设计的人物形象用到学校文创产品宣传中,受到多方喜爱。

2021年5月,学校首届学生当代艺术展"跬步"在学校的湖畔美术馆拉开了帷幕。该展览共展示了59位在校学生的当代艺术创作,涵盖了油画、综合材料绘画、装置艺术、空间艺术、概念艺术等多种形式。展览的主体是三届在校学生的课堂作品,他们均来自青匠画社。作品选题多样,充分反映了当代学生对生活的思考、对社会的关注、对文化的诉求,切实地体现了新生代所独有的特质。从他们的艺术作品中可以窥见当代文化、政治、经济、自然环境、社会现象等投射在一代人身上的影子,他们用艺术的语言说出了自己的观念,留下了青春的印迹。举办这类展览不仅能较为全面地阶段性总结学生的艺术活动,更重要的是能通过作品寻找他们身上潜在的艺术气质及当代背景下他们的文化诉求。展览名称"跬步"取自荀子《劝学篇》中"不积跬步,无以至千里",其中所蕴含的意义是多元的,一方面是希望年轻的"艺术家"们能一步一个脚印,从日常生活中积累经验和灵感,从迈出第一个半步开始,走向自己艺术的人生;另一方面也是为湖畔美术馆以及学校的艺术教育埋下种子,既是希望,也是展望。我们希望学生能基于理解,对当下各门各类的艺术有正确的判断,培养他们的审美,完善他们的人格,锻炼他们的能力,激发他们的潜能。

为了释放学生的艺术潜能,学校给予了时间、人力、财力等多方面的支持。炫目小舞台、校园艺术展让学生展示自己,挑战自我,成就更好的未来。

(三) 解决实际问题,释放领导潜能

校园传统文化节是校园精神文明建设的主要内容,是促进立德树人的有效途径,是培养人才的有效载体。因此,在人文浸润的同时注重实践、发挥主观能动性、发展学生的多维能力是学校传统文化节的核心所在,用集体主义、社会主义主流文化教育、引导学生,以优秀文化精神、良好的活动氛围鼓舞和激励学生,不断坚定他们的信仰,激发他们的活动热情,培养他们的合作精神。

作为每年校园传统文化节的重要活动,"美食一条街"历来深受学生喜爱。在美食节活动中,我们可以看出一个班级的凝聚力,学生和班干部的应对能力。在班集体的大型活动中,年级部会指导班级制订活动方案,配置各方面人员,让班级尽可能多的学生参与其中。所有的活动,除了要求班委各司其职外,我们还倡导学生自主报名承担任务,一方面将有能力的学生培养起来,另一方面也将有意愿的学生锻炼起来。后备军未必能担大任,但是后备军的自我试炼和尝试突破,本身就是一种最好的潜能激励。

此外,无论是从最初活动方案的制订与分工,还是现场学生在制作与售卖中解决问题的能力,都充分体现了学生的动手潜能、创新潜能与合作潜能等。尤其是平时在学习方面并不突出的部分学生,在活动中充分展示了动手能力、组织能力。

文化活动是潜能舞台的一个侧面,但也因为文化舞台的丰富意蕴,学生的潜能得到多元的释放。这一过程中,社会、学校、班主任的有效协同必不可少。登上文化舞台,释放多元潜能,让学生成就自我,收获成功,我们还将不断探索。在传统文化节活动中,需要教师的发现与鼓励,需要更多的知识拓展,需要与实际生活、社会的不断联系,这样才能更好地让学生在古今贯通中释放潜能。

第二节 实践拓展活动,释放领导力潜能

实践出真知,实践促能力。古往今来,许许多多的成功者在潜能开发方面给予我们很大的启示。在人的主体潜能发挥的过程中,实践具有极其重要的作用。因此,在促进学生释放潜能的过程中,学校尽全力寻找校外实践拓展资源,建构校外实践拓展基地,搭建校外实践拓展平台。重走红色之路、参加全国中学生领导力大赛、模拟政协等活动,在丰富学生人生经历的同时,也使学生增强社会责任意识,提高社会服务能力,树立远大成才抱负。

一、重走红色之路,厚植家国情怀

红色之旅是学生综合实践活动的重要平台之一,是学生的领导力培养课程中必不可少的环节之一,是彰显学生领导力、激发学生潜能的重要舞台。根据学校《激发学生潜能行动纲要》指导意见,为了实现培养学生"谦逊而韧性、质朴而无畏、严于责己又归功他人的领袖气质和领导能力"的目标,激发学生领导力潜能,学校对高一年级全体学生设置了为期八天的贵州遵义、井冈山、南京红色之旅活动。通过两校联欢会沟通交流协调,自发结对帮扶,了解当地历史风情,重走贵州遵义、井冈山、南京等革命纪念地,学生进一步增强了爱国情感和民族精神。共产主义接班人在建设中国特色社会主义新长征路上,亲身到访革命纪念地,开展缅怀学习、参观游览的主题性旅游活动,学习承载着革命历史、革命事迹和革命精神内涵的人和物,深刻领悟长征精神,培养忧患意识,时刻警惕历史和时代的挑战,学会面对人生的严峻挑战。在红色教育的背景下,潜能教育的开展也能有滋润的土壤和适时的机遇。学生潜能教育的落实,基于红色教育,能真正唤醒、激发

学生的各项能力。

（一）任务驱动考察当地实情，形成问题研究

根据领导力培养的核心要素，学校制订了学生领导力手册《让我们做最好的自己》，其核心要求为：学会组织策划，设计制度；懂得团队合作，指挥领导；善于独立思考，管理自我；增强学习能力，钻研探究；怀有包容心态，善于交往；具有坚韧意志，强大内心；培养责任意识，勇于担当；崇尚一流精神，超越自我。

此外，手册还设立了"观察日志""每日一得""小组讨论""评价管理"等部分，要求学生每日填写并适时进行交流与分享，从而引导学生对照要求，在实践拓展活动中提升自己的观察思考、自我管理能力，在团队的协作中更好地发挥自己的聪明才智。在为期八天的实践拓展活动中，手册成为学生行动的指南。

2021届庄同学在余庆中学结对学生的陪同下，来到了敖溪镇的土司遗址区，认真聆听了遗址区的历史与发展。在当地著名考古专家的指导下，庄同学积极参与了实地考察的活动，他感受到，似乎弯下身子，就能在土地中寻找到含有时代记忆的陶瓷瓦片的碎片。参观完土司文化遗址，土司文化专家介绍了土司文化，详细地解说了敖溪镇的历史以及农业的发展，并向同学们提出了传承发扬文化的殷切希望。庄同学写道："在学习过程中，我认识到土司遗址不仅给人们带来艺术美感，也让人们更加了解当时中国少数民族地区的生活状况、生产力水平和管理体系，从而了解国家和民族的历史发展脉络。此外，土司遗址也是中国文化多样性的体现，入选世界遗产能够让世界更加了解多彩的中华民族文化。'土司遗址'系列遗产，见证了古代中国作为统一多民族国家，对西南山地多民族聚居地区独特的'齐政修教、因俗而治'的管理智慧，这一管理智慧促进了民族地区的持续发展，有助于国家的长期统一，并在维护民族文化多样性传承方面具有突出的意义。在此番融合实践和知识学习为一体的体验后，我对这独一无二的文化有了深入的认识。今后我也必将踏着前人的脚步，为发扬中国多彩的文化献出自己的一份力！"

（二）走进乡村和山区，激励社会使命

贵州、井冈山有着丰富的红色资源，学校希望通过红色之旅，让学生在参观考

察、探究历史、野外生存、校际结对等过程中,体验跋山涉水、生存训练的艰辛,感受团队协作的力量。与余庆、务川小伙伴共度的美好时光,让学生对这段历史有了新的认识,对这片土地有了更深的情结,也促进学生在实践、体验、感悟中提升胸怀天下的民族责任感和历史使命感。

2021届史同学在重走长征路活动中,真正感受到了"长征"这两个简单字眼中包含的深刻内涵——使命。他写道:"小时候学习《飞夺泸定桥》时,我看到红军战士们奋不顾身,用自己的血与肉为百姓换取光明的明天。通过'红色之旅'活动,记忆的书页被重新翻开,展示出更为崭新鲜活的面貌。遮阳伞、运动鞋、小风扇,新时代的我全副武装却疲惫不堪,而我仅仅是只走完了长征路中的一小段路。破衣衫、旧布鞋、枪林弹雨,旧时代的他们不可思议地完成了长征。在艰苦的环境下,越向热焰奔去,他们就越奋不顾身,因为他们知道自己身为中国共产党党员,身为人民的战士,有着比生命更为重要的东西——使命。为了国家,为了人民,他们可以毫不迟疑地献出自己的生命,这就是他们的使命。它支撑着红军战士们走完这条艰难的道路。我对此感到从未有过的深深震撼和无比敬意。时至今日,曾经深刻的历史不免在时光中被风化模糊,但我们这一代青少年仍然可以回看过往,不忘先辈烈士们的初心,珍惜脚下的每一块土地,承担起我们应该担当的民族使命!"

(三)迎接实践挑战,激发自我潜能

遵义市余庆县红渡村是红军强渡乌江的纪念地之一。为培育学生坚忍的意志与团队合作能力,在余庆中学学生的带领下,我们组织学生开展了为期一天的活动。通过行军中的唱歌赛、演练中的爬坡赛和打靶赛、野餐中的美食赛、活动中的分享会等,学生克服了困难,夺取了一个个胜利。

红色之旅活动围绕学校育人总目标和德育总目标确定培养目标。培养目标分为两个层面:一是提升学生自我领导的能力,其中包含自我控制、自我学习、自我规划、自我评价、自我完善,即学习力、意志力、责任感和超越精神;二是指学生个体引领他人或团队的能力,具体指个体通过自身的素养、思想品质、人格魅力等影响他人,即策划力、沟通力、研究力和合作力。

学校与余庆中学从2015年起建立了友好结对关系,联合开展了别开生面的大型联欢活动、精彩的辩论赛、足球赛等联谊活动。学校借此机会着眼于培养学生的沟通力、研究力和责任感,如要求学生事先通过网络与余庆中学开展班对班的沟通,了解余庆中学学生的一些实际问题;其次进行立项实践研究,提前制订方案及实施措施;最后确立帮扶余庆困难学生的长久机制,制订帮助促进余庆中学社团高位发展的具体方案等。

在多年的红色之旅结对实践活动中,虽然上海与南京、井冈山、贵州等地相距千里,但是学生的活动策划、组织开展得井井有条,学生的团队协作能力不断得到提升,学校和学校之间的友情不断加深。红色之旅结对实践活动不仅让余庆等地的学生感受到了上海学生的帮扶温暖,也让上海学生感受到了山区学生不畏艰难、勤奋好学的意志品质与实践能力,双方都收获了感恩与责任教育的真谛。我们还把学校精品特色DI社团带到余庆中学,进行展示、交流、互动、指导,开展项目研究。学生的学习力、意志力、责任感、超越精神、策划力、沟通力、研究力和合作力等素养都得到充分的锻炼和提升。

二、开展社会实践,担当强国责任

社会实践活动是学生在教师要求或带领之下,到社会中进行的活动,是较为多元化的活动方式。高中生在参与社会实践活动的过程中,不仅能够提高综合素质,还能够提高解决突发情况的能力,有利于实现自身的全面发展,更能够让自己以更全面的眼光看社会,从而将自己打造成为更高素质的人才。

社会实践活动包含三个元素,分别是社会、实践与活动。社会指的是,这一项活动必须是社会的构成部分,是社会上必不可少的、脱离学生家庭与校园生活的活动。学生只有参与到社会中,才能看到平常难以看到的东西。实践指的是,高中生必须亲自参与到实践的过程中,只有自己身体力行,才能将自己打造成为符合社会需求的人才。活动指的是一种组织形式,学生参与到社会实践中时,不应当是毫无秩序的,而应是以一种有组织性的活动开展,只有这样才能确保社会实践活动的完整性与规范性。

我们开展的社会实践活动,遵循以下三个原则:

以人为本原则。教育的主体是学生,社会实践活动的主体同样也是学生。因此,学校在设计社会实践活动时,应当立足学生立场,考虑学生在活动中的所得、所感、所获。如在领导力大赛和模拟政协活动前期鼓励学生自主报名、积极参与面试选拔,充分体现了学生自愿原则;在准备议题和项目时,充分尊重学生的意见和建议。近几年所形成的模拟政协提案和全国领导力大赛项目主题均由学生在充分讨论的基础上,通过提炼关键词、抓中心思想而形成。不仅如此,在活动开展过程中,学生的主体地位也得到充分体现。从问卷的设计、发布,到调研的采访、数据的采集,再到提案的撰写,都由学生承担,且活动的组织者也由学生推荐。

体验性原则。社会实践活动的宗旨是实践体验,因此在活动过程中,学校充分考虑学生的体验感和体验性。在"进馆有益"活动开展过程中,在老师的带领下,学生走进实验室、博物馆、文化馆,通过亲身体验和实践,获得感性认识。学生在获得感性认识的基础上,结合文献查阅,进一步获得理性认识并形成课题报告。在2020年的模拟政协活动中,为了让提案更加贴合地摊经济主的切身利益,学生走进地摊经济,切实感受了一把在地摊消费的过程,站在消费者和经营者双方利益的角度撰写提案,为地摊经济主发声,也帮消费者维护好切身利益。

发展性原则。《关于深化教育教学改革全面提高义务教育质量的意见》指出,要全面提高义务教育质量以促进学生的全面发展。考虑到00后学生的家庭结构和以自我为中心的现实情况,学校特别联系了轨交5号线,让学生担任引导员,通过为往来市民指路,锻炼人际交往能力,释放人际交往潜能。

(一)"进馆有益"活动

"进馆有益"活动旨在培育和践行社会主义核心价值观,培养学生的创新精神、实践能力和社会责任感。在活动中,学生走进各种场馆和实践基地,在专家和学校老师的指导下,进行研究性学习,极大限度地开发了个人的潜能。

活动参选的课题小而实,贴近生活和社会实际,增强了学生的社会责任感,激发了学生的动力潜能。学生深入文博场馆进行资源性学习实践探究活动,既丰富了自身的科学和人文素养,同时也使思维品质得到飞跃,使学习潜能在知识的沃土上破土而出。本次活动涉及多个领域,学生在开展课题之时逐渐找到了心之所向,"志趣"悄然萌发,把学习的书本知识与社会探究、社会服务结合起来,提高了协作能力、自主学习和解决问题的综合能力。

如在暑假期间,陆老师组织的"进馆有益"微论文研究小组带着课题前往外滩进行学习探究,并重点参观了和平饭店等经典建筑。外滩建筑群呈现着中西融合的独特魅力,其背后是形形色色的人在外滩的交流和磨合,以及不同文化在这个地方的互相作用,这种极富魅力的海派文化让同学们在参观学习过程中受益匪浅。在和平饭店内,同学们有序且安静地参观,感受大上海旧十里洋场的模样,感受海派文化的特别之处和其历史意义,沉浸在历史与现代的碰撞、融合里;在场馆外,同学们积极展开有关课题的讨论,交流参观的所见、所闻、所思、所得,为自己的研究拓展新思路。在这样的实践活动中,同学们不仅能感受到外滩的魅力、上海的魅力、家乡的魅力,强文化根,铸民族魂,圆中国梦,还能以更宏观、更具科学性的视野看待城市发展,提升自己的综合能力,强化人际交流和批判性思维,进一步激发领导力潜能。

(二) 志愿服务活动

2015年4月24日,上海市教育委员会正式颁布了《上海市普通高中学生综合素质评价实施办法(试行)》,将学生参与学生军训、农村社会实践、志愿服务(公益劳动)、社会文化活动、社会考察(调查)等社会实践活动情况纳入综合素质评价体系,并作为重要的记录内容。这对继续推进现代学校制度改革,促进学校、家庭、社会三位一体育人体系的形成具有重要意义。

对此,学校积极面对高考综合素质改革新形势,认真做好宣传教育工作,积极联系基地,仔细制订服务方案等,确保每一位学生在知情、自愿的情况下,完成规定的40小时志愿服务时间。

2021届宋同学在高一暑期报名参加了某小学的志愿服务活动,有幸走入暑托班,与孩子们近距离相处,协助老师服务学生并承担教学任务,度过了有意义的一周。张瑞敏曾说过:"把一件简单的事做好就是不简单,把一件平凡的事做好就是不平凡。"志愿服务在某种意义上而言是简单又平凡的事情。就以小学暑托班志愿活动为例,与孩子们相处、协助老师是极其简单与平凡的事情,但面对不同的孩子与接受不同的任务时,必须见机行事,因而不简单与不平凡体现于其间。宋同学在活动小结中写道:

"我耐下性子,从孩子们的角度去沟通,这与一个中学生的思考方式大相径庭,但只有如此,方能真正做好。在这一过程中,通过与人接触,我感觉自己的应变能力在提高,尤其是在帮助小朋友解决困难、帮助老师解决问题之后,我获得了实实在在的成就感,这种成就与成绩取得提升有所不同,这是在真实生活中实现自我价值。

"'被需要是一种幸福',这是我在真正做志愿者之后才理解的。把志愿服务当作自己的生活内容和生活方式,做力所能及之事,同时给予他人帮助与关心。在这一过程之中,我感受到了幸福,与孩子们的相处、与老师的相处,让我有了与学校日常生活不同的感受。在志愿服务帮助他人的过程中,我们真正磨炼了自身的交际水平和处理问题的能力。将自己置于真实的生活场景,感受真实的生活体验,让知识从书本内转换到书本外,在这一过程中,我与社会有了更密切的接触,这是一种与家人、同学相处时所不一样的感受,以此为平台我获得了自我的提高。

"志愿服务活动的力量是微小的,因为它涉及的范围太有限了。同时,它又是伟大的,因为在有限的范围中它让那些需要帮助的人感受到了社会的温暖与自身的价值。正如鲁迅先生在《热风》中所言:'有一分热,发一分光。就令萤火一般,也可以在黑暗里发一点光,不必等候炬火。'愿青年们积极投身于志愿服务,为社会做出贡献,为自己的学业、事业、人生累积经验、埋下萌芽的种子。我想这正是志愿服务活动所给我带来的潜能提升。"

（三）领导力大赛

全国中学生领导力大赛是中国教育学会正式批准立项的科研规划重点课题——"中学生领导力培养"课题的重要组成部分和实施方式，由课题参与单位共同主办，每年在暑期举行。大赛以"打造国内一流的高中生领导力培养与展示平台"为目标，旨在通过集中展示、竞赛、讲座、交流及各种丰富多彩的学生活动，为广大中学生搭建一个发现其领导才能、展示其领袖风采的广阔平台。

2016年起，学校相继承办了第七届全国中学生领导力大赛以及市、区级学生领导力体验营。借助专业机构，通过项目探究，学校开发和提升学生领导力核心素养。体验营设置"从捕捉一个现实问题，到提炼一个项目选题，再到组建一支团队，形成一个共同的愿景"的活动过程，其中包括策划方案、团队分工、筹集资金、沟通协调、实际行动、总结反思等环节，这都有助于培养学生的领导力。

参与过该项活动的学生，无不感受到了团队协作的重要性、超越自我的挑战性和实践探究的丰富性。尤其是为奉贤区初中学生举办的学生领导力素养培训体验营活动，不仅极大地锻炼了学生的领导才能，培养了一批骨干精英，而且把项目辐射到了全区。这几年，"浦江之爱""云雨汇山海·新知泽璞玉""人间烟火"等项目获全国等第奖。

（四）模拟政协活动

模拟政协活动是以高中生为主体的活动，通过模拟人民政协的提案形成过程，体验人民政协的组织形式、议事规则，了解和体会中国的政治协商制度，旨在培养青少年的道路自信、理论自信、制度自信、文化自信，增强社会主义制度意识、社会责任意识、实践意识和创新意识，培养和提高青少年的发现问题能力、分析问题能力、解决问题能力，以及合作交流能力。

在领导力大赛的推动下，模拟政协活动也开展得有声有色。学生将"改进公共政策"作为参政议政的重点，连续形成了"关于加快完善城市环卫工人权益的建议""城市保安队伍管理"等议题。通过关注弱势群体的实际活动，学生得到改进公共政策的基本知识、经验和技能，增强社会责任意识，提高社会服务能力，为今后投身社会、推动社会进步奠定一定的思想基础和组织体验。

2022届吴同学在活动后写下了自己的心得：

正道之光　潜能无限

在模拟政协活动中，为了提高效率，我们分别承担了活动秘书、小记者、新闻发言人、PPT和视频制作人员等不同角色。担任不同职责的学生在活动过程中都发现了自己的潜在能力，收获了自己不曾拥有的技能。如高同学负责问卷的电子制作、发放，数据的筛选、整理，以及PPT的制作，同时他还负责部分项目过程的拍摄以及成果视频的制作，为小组的项目提供了可靠的数据基础，使我们更清楚地了解了地摊经济的具体情况以及人们对其的认识和看法。本次实践活动让他对问卷星等工具的使用更加熟悉，使他的数据处理、问卷引导能力有所提升。此外，通过对PPT和成果视频的制作，他对于视频剪辑也愈加熟练，还掌握了字幕制作的技能，学习了基本的摄影技巧，提升了他的创造潜能。

模拟政协活动培养了我们的表达能力、文字编辑能力等，活跃了我们的思维方式，激发了我们的潜能。我们一开始认为地摊经济只是简单的路边买卖，可是在采访市场监督管理局后，才知道原来摆摊需要经过一系列的资质审核，并且有着严格的分类和监管措施，当然还存在不少问题和弊端。从市场监督管理局的大门走出时，我们每个人都感受到了巨大的压力，因为要一起找到地摊问题的突出难点并提出解决方案，并没有想象中的那么简单。因此，我们团结协作，紧锣密鼓地进行实地采访、阅读相关文件、开展激烈的头脑风暴等。终于，在无数次探讨、反驳、辩论中，一份条理清晰的提案逐步成型，我们的团队合作能力、沟通能力等都得到了锻炼，内在的潜能也被激发了出来。

从这个活动之后，我们深切体会到政协这个机构在关注民生问题、解决老百姓实际生活问题、促进国家稳定发展方面所起到的重要作用，因此我们小组也给自己起名为"正道之光"，希望正义的光芒能够辐射全中国乃至世界。我们的一份模拟提案，凝聚了我们小组无数的心血，而政协委员们所要处理的是成百上千的问题，他们背后的付出和汗水可想而知。做事需要精益求精，这是我们在参与本次模拟政协活动后最大的感悟。这份执着的追求、上下求索的精神、心系天下的胸怀,成为我们在日后学习与生活中必备的品质。作为青年人,我们应该敢于肩负起社会的重任,志存高远,脚踏实地,不断提高自身的品格,释放自己的潜能,将自己的志向与国家社会利益联系起来,做能够担当祖国复兴大任的接班人。

第三节　搭建多样平台,释放优势潜能

每位学生都有良好的发展潜能,在不同方面有着不同的潜能优势,表现出个体的潜能差异。因此,我们尊重每位学生的个人优势与不足,根据加德纳多元智能理论,充分挖掘每位学生身上的"闪光点",充分利用这些特点,着力打造多样平台,如演讲辩论平台、学科竞赛平台、科技竞赛平台等,引领学生个性发展,释放学生优势潜能。

一、搭建演讲辩论平台,释放学生语言潜能

在英语、语文、道德与法治等学科教学中,我们搭建演讲辩论平台,对释放学生语言潜能有很大的促进作用。

(一) 英语演讲辩论平台

为了提高教师指导学生诵读、演讲和辩论能力,建设学生诵读、演讲和辩论课程教学资源,学校与华东师范大学刘教授合作,组建学校项目教师团队,编制《诵读、演讲和辩论课程》学生读本,建设"演讲和辩论"社团,并在高二每周设立一节英语听说专项课,提升学生口语和演讲辩论能力。

1. 建设社团锻炼平台

学校挖掘资源为学生开设各类社团,如对英语口语和表达感兴趣、有志于这

方面发展的学生,可以选择英语"演讲和辩论"社团。该社团建立系统课程帮助学生掌握基本的语音语调,了解演讲与辩论的方法和策略。社团强调理论与实践的结合,突出人文性、交互性、参与性、操作性,从而帮助学生了解用英语表达思想的方法和艺术,学会客观、公正地阐述意见和观点,培养学生较强的思辨能力和社会责任感。

学生每两周参加一次社团活动,两节课连上。每次活动都有一个主题语境,教师通过任务驱动,让学生以评价标准为导向,独立或者合作完成任务,最后在社团内展示成果,在同伴层面互相切磋,锻炼语言能力、思辨能力和表达能力。

2. 搭建多维度学习平台

在高二开设的听说专项课程,系统地提升了学生的语音、语调和口语表达能力。在每年的期末,班级搭建平台,开展语音口语大赛和演讲比赛,有个人表演,也有团队表演,尽可能让每位学生都参与其中,让每位学生都有释放潜能的机会。在班内选出优秀个人和团队后,推荐他们到年级层面比赛,让他们在学校大礼堂的舞台上为其他同学表演,这不仅锻炼了他们的语言能力,也提升了他们的舞台表演等综合素养。学校的表演平台和市级的演讲比赛,都逐步释放了学生语言潜能,发展了学生的综合素养。

3. 选送优秀学生参加市级以上演讲与辩论比赛

为了让优秀学生有更高、更广阔的舞台去释放潜能,学校近几年来为学生提供了参加市"未来杯""全国五项全能"演讲与辩论比赛等机会,并在参赛前积极组织培训活动,让学生能在更高的舞台上成就更好的自己,为今后深造和走上人生更大的舞台奠定基础。

2017—2019 年,共有 30 多人次参加了市"未来杯""全国五项全能"演讲与辩论比赛,其中 11 人获得五项全能综合和单项的一等奖。

唐同学感言:"学校为我们这些对英语学科有兴趣的学生设立了英语演讲与辩论社团,并邀请华师大刘教授为我们提供指导和帮助。在社团学习中,除锻炼语言能力之外,更多的是思维与灵感的碰撞。这让我看到学习语言的背后,其实更多的是对其他文化的探索和逻辑力度的把握,这无疑提高了我的思维能力。我至今还记得，在英语社团第一次表演朗读后，老师对我的英语发音非常赞许；在我第一次参加市英语"未来杯"演讲比赛之前，老师听完演讲试演后为我加油鼓气。学校给予我很多挑战自己的机会，我相继参加了多次全国英语演讲与辩论赛，也凭借着不断进步的思辨和语言能力取得了一、二等奖。在不断磨炼自我的过程中，我积累了自信，也感受到了语言背后的文化与思想的魅力，那种成就感与沉迷使我最终选择了复旦大学英语系作为自己大学深造的方向。高中毕业回到母校时，校长还很关心地询问了我关于未来职业规划的想法，让我更加深刻地意识到在'语言'学习的过程中需要更加注重思维内涵、知识与逻辑的提升。因此，在大学期间我参加了学生会格物讲堂的工作，在业余时间我也会探索、思考、写文，希望在未来的学习过程中探索更多的可能。但不管如何，我都很感念当时学校提供的机会与平台，让我逐渐走出舒适圈，不断对自我进行探索，构建自我认知，成就了现在的我。"

（二）语文演讲和辩论平台

加德纳把开发学生的多元智能作为学校教育的宗旨，打破了原有学科教学的封闭状态。"思源"辩论拓研课程体现了学校"奉文育贤、主动发展"的独特办学理念和文化历史背景，为学生开拓了更广阔的发展空间。

1. 观赏经典辩论

学生通过对"奇葩说精彩辩论""国际大专辩论赛赏析""中学生名校辩论交流赛"等视频资料的学习、借鉴、模仿，提出质疑，更正想法，获得知识，激发兴趣和热情，促进思辨能力发展。

2. 创设真实情境

在选择辩题时，以有讨论性、贴近学生生活情境的辩题为主，如志愿者的热情和能力哪一个重要，嫉妒对人的成长是否有益，题海战术是否有利于学生成绩的提高……引导学生对社会问题产生深切关心与思考，激发其对真理的深入探索。

3. 激发团队协作

为了台上精彩的几分钟，学生在课余下足了工夫：认真搜集资料，参阅他人的建议,整理和组织思路,撰写辩词发言稿。学生在斟酌推敲中塑造了良好的心理素质,充分展现了自我。

经过理论与实践的不断交融,学生的潜能得到了激发。"思源"辩论拓研课程的开设充分发挥了学生的主体性,让学生在思维与智慧的碰撞中激发内在潜能。正如付同学感悟:"在一次次的针锋相对中,领悟品读生活的意义;在彼此的交流中,结下深厚的友谊。锻炼成长,超越自我,努力成为更好的自己!"思维的碰撞与语言的交锋,使学生的心灵得到升华,思辨能力得以提升。2019年11月,代表奉贤区参加上海市健康教育辩论赛的四名选手,在强手如林的激烈角逐中脱颖而出,获得市二等奖。王同学还获得了"优秀辩手"称号。在这场辩论赛中,辩论双方使出浑身解数,全面深入地分析问题,体现了辩证思维。通过准备和参加辩论赛,学生们讨论各种社会热点话题,在思想的冲突中进行激烈的思考,提高了辨别能力,学会了以理服人。

(三) 国际人道法辩论赛

学校辩论队秉持"求道的精神,唯美的辩风",追求"辩以会友,论以致道",积极致力于将理论与实践相结合,努力营造文明、健康、规范的辩论氛围,培养了一大批辩论爱好者和专业辩手。辩论队曾三次参加"上海市中学生国际人道法辩论赛",并在2019年获上海市第五名的佳绩,也曾蝉联2016、2017年奉贤区中学生国际人道法辩论赛区一等奖。

校辩论队思维严谨、应变迅速、攻势犀利,口号是:"唯贤有材,于斯为盛;慎思明辨,伴我余生。"学生发表评论,但不妄下结论;学生引发争论,但不妄下定论,以清晰的头脑分析利弊,以睿智的双眼寻出漏洞。

学校积极搭建激发学生语言、思辨、辩证等潜能的平台,辩论赛就是最好的平台之一,在辩论赛的整个备赛、参赛、反思等过程中,学生各方面的潜能都得到有效激发。

1. 头脑风暴,多维度看待问题

学生从拿到辩题那刻起,各抒己见,发表对辩题的见解,碰撞出智慧的火花。

教师积极鼓励学生不要怕说错,要勇于表达,也许一个不经意的点子,就能成为辩论的焦灼点。这个过程提高了学生的思维能力,让他们看问题更加深刻,不再停留在肤浅的表面,更深层、多角度地看问题。

在备赛过程中,学生还要做大量的资料查询、收集、提炼,做好正、反双面的材料准备。这个过程提高了学生搜索资料的能力,锻炼了他们快速阅读、快速提炼核心内容的能力。

2. 模拟演练,提升应变能力

在赛前的模拟演练中,学生们要分别担任正、反双方的辩手,这样有助于从自身和对手的立场,全面激发学生的应变能力和语言表达的艺术性等。很多学生在参加了几场辩论赛之后,从一开始在场上的哑口无言,变成了妙语连珠、引经据典,经常使用名人名言和修辞手法。有这样一个学生,他在参加辩论队前有一个不足,那就是激动时讲话容易吃字、漏字。为此,教师一遍遍地帮助他,强化咬字发音的练习,训练整体表达能力。该学生只要一有空闲,就开始练习,一遍一遍地反复纠正,后来在比赛中顺利地出口成章。参加比赛可以一次次地提高学生的胆量以及勇于表达自己的信心。有一位学生,在自由辩论时间,他根本不敢主动站起来同对面选手辩论。老师和队员们一次次地鼓励他,要敢于站起来,他自己也积极自我暗示,后来他胆怯的问题得到了很大改善。他从一开始不敢发言的小白,到后来甚至拿到市级的最佳辩手,辩论赛为这位学生提供了一个理想的平台,激发了他在演讲、思辨、语言方面的潜能。

著名哲学家歌德曾经说过:"没有人事先了解自己到底有多大的力量,直到他试过以后才知道。"辩论赛就是这样一个激发学生的语言、思辨、归纳等潜能的平台。

二、搭建学科竞赛平台,释放学生思维潜能

在生活中,我们会发现有些学生思维敏捷,反应迅速,对课内的学习游刃有余,有种"吃不饱"的感觉。这些学生的潜能很大,需要被激发和挖掘。竞赛辅导

课程作为挖掘手段之一,时刻凸显学生的主体地位,系统训练学生学科思维能力和创新思维能力,提升学生对于问题的分析能力以及解决能力,培养学生勇于钻研的精神,激发学生的思维潜能。而且竞赛的性质也对学生的心理素质提出了很高的要求。通过竞赛辅导,学生积极地深度挖掘知识与进行冲刺学习,而且教师的引导有助于学生养成良好的考试心态和竞争意识,这也为学生考取国内外知名大学创造了条件。

竞赛辅导课程对标全国奥林匹克五大联赛(数学、物理、化学、生物、信息科技)的要求,能够让在这五门学科上有发展潜力的学生得到及早引导和培养,为学生搭建了拓展知识、激发兴趣、培养能力和发展潜能的平台。学校开设的各类竞赛辅导课程满足了新课改背景下学校发展的需要,学生与教师不仅要努力学习竞赛方法、竞赛理念、竞赛技巧等,还要坚持不懈地在探索与发现中不断巩固辅导成效,在竞赛中取得好成绩。

让潜能教育立于新时代,是所有教师的愿景。竞赛辅导课程能够让教师团队合作,发挥集体智慧,为学生参与各级各类竞赛提供必要的指导和帮助,共同探讨适合学生实际情况的教学内容,逐步形成各学科竞赛类校本课程体系。

(一) 生物竞赛

生物学实验是生物学科竞赛重点考查的内容,其不仅要考查学生对知识点的掌握、利用知识解决问题的能力,还要考查学生在生物学实验中的动手能力。因此,让学生接触不同研究方向的实验基础,对于释放学生优势潜能具有重要的推动作用。

学校生物教研组在日常教学中,引导学生利用空闲时间走进实验室,接触各种生物学实验,如动植物解剖实验、分子生物学实验、微生物培养实验、生物组培实验等。教师通过各种实验引导学生在掌握基础实验的基础上发现问题,并利用不同的实验方法解决问题,释放学生观察、探究潜能,从而达到最佳的教学效果。

近几年来,学校为学生主动搭建各级各类生物竞赛平台,使学生学习生物学科的潜能得到了极大释放。如学生利用在生物实验中习得的方法和能力,主动发现生活中的真实问题并进行解决,学生的科学思维能力在学科竞赛中得到了释放与展示。一部分学生也通过生物学科竞赛取得了优异成绩,如张逸伦同学荣获2020年全国中学生生物学竞赛上海赛区一等奖,并获得全国中学生生物学竞赛铜牌;于恒、周捷航同学获全国中学生生物学竞赛上海赛区一等奖,吴承栩等30多名学生获得二等奖,陈璐杰等20多名学生获得三等奖。

张同学在他的体会中写道:"当初参加生物竞赛,可以说是一次巧合,也可说是一场缘分,我误打误撞无意间窥见了生命科学的伟大殿堂之一隅,从此热爱执着于探索它的美好。两年以来,我最喜欢、最乐于做的是在生化分子细胞里探索生命最微观、最本质的模样及其变化,在动植物解剖、分类与生理中观察生命不断进化发展完善的特征,在动物行为与生态里体会动物各种行为之精巧与生态世界之宏大可畏,在遗传变异与进化中感受理性之光辉和变与不变的辩证唯物主义精神,在生物前沿技术的认识过程中感叹生物科学对于生产、对于揭示世界本质的伟大意义……学习的过程,是最最美妙的体验过程。'有趣即正义',兴趣指引我一路向前,不为小挫折而轻言放弃,因为放弃不难,但坚持一定很酷。最终在踏上生物联赛两年的征途后,我收获了这份惊喜,可以说这证明了两年中我的热爱没有付诸东流,也可以说这证明了这两年我的潜能得到不少开发。总之,今天的荣誉应当是属于未来的,是未来的一个新起点。我会让热爱延续到我的未来,让自己进行更全面的修炼,激发更多的潜能。更好的未来不会是想出来的,永远是我们追求来的、拼搏来的,我们要大胆尝试,不辜负自己对自己的期许!"

(二) 劳技竞赛

劳技学科为了培养学生相关意识与能力,特开设社团课,并结合学科特色,选择相关的劳技学科竞赛作为优质平台,让学生通过全市及全国的竞赛平台更好地展示自我,释放学科优势潜能。

例如,电子制作社团选择了由上海市科艺中心主办的"上海市青少年电子制作大赛"及对应的晋级赛"全国青少年电子制作大赛"作为展示自己的舞台。为了筹备劳技竞赛,社团课主要以项目化学习的方式开展教学,以基本电子电路知识为基石,以电路创新和制作为抓手,以电子制作为拓展,将学习到的知识和技能进行吸收、巩固。在项目开展的过程中,学生对电子技术基础知识在生活中的应用有了明确的了解,初步养成了用电子技术进行电路创新和设计、适当动手实践的习惯。在参加比赛的实践过程中,学生在不断超越自我、挑战自我的问题解决中学会了如何更好、更快地使用工具来提高效率和效果,并提高了学科知识的应用能力和动手能力。五年来,我们成功地将这两项比赛作为社团课程的展示和评价环节,这样的展示平台让学生对自己的个人能力有了更清晰的了解,对自己的目标有了更加具体的追求。

通过电子制作社团课程和劳技竞赛,学生在一年中获得了极大的成长和收获。孙学生感叹:"在电子社团的一年,最大的收获是发现了自己的创新天赋。"学生通过竞赛平台让自己不再拘泥于学校这片小天地,突破自我,培养了个人能力,收获了自信心,提升了临场应变能力,创新和动手潜能获得了释放。

近几年来,学生在"上海市青少年电子制作大赛"中四次获得上海市团体第一名,近百人获得个人一、二、三等奖,多次获得代表上海市参加"全国电子制作大赛"的机会,并在2019年"全国青少年电子制作大赛"中斩获模拟机器人项目高中组团体第一名、智能循轨器项目高中组团体第二名的好成绩。

(三) 物理竞赛

学校开设的创新物理实验社团,以课程标准必做实验为基础,以学生自主研究为本位,结合日常生活中的物理应用与最新的科技进展,对课堂实验进行拓展、改进与情景化应用。同时,学校选拔了部分学生参加上海市物理实验竞赛,取得了一等奖3人、三等奖2人等成绩,学生的物理实验技能在区内也有了一定的知名度。社团的课题研究通过让学生经历和熟悉科学探究的一般流程,培养学生的创新意识、信息处理素养和应用所学知识解决实际问题的能力,引导学生自主发展,激发学生的潜能。

1. 自主选题,解决真实问题,激发动力潜能

作为课内实验内容的延伸,创新物理实验社团在确定选题的阶段,通过头

脑风暴的方式,引导学生发现自己周围生活中遇到的物理现象,以真实的情境为导向确立研究课题,充分发挥学生的主观能动性,激发学生的动力潜能。例如,基于教材中"验证机械能守恒定律"实验,社团成员想到用手机拍摄软件、Tracker 软件追踪溜溜球这类生活中常见物体的机械能变化情况。我们也鼓励学生根据自己的兴趣选择想要研究的问题,如高空落石对汽车的危害、双层玻璃隔音效果的影响因素等。学生们有了动力、兴趣,后续的探究能力就得到了激发。

2. 角色互换,挖掘探究潜能

物理实验旨在培养学生形成良好的探究能力、严谨的治学态度和端正的科学精神。创新物理实验社团在课题研究过程中以学生为活动主体,引导学生自主研究、自我评价、展示交流。教师仅是学生学习的指导者,为学生尽可能提供完备的学习环境和学习资源。学生在选题之后需要通过文献研究和自主学习确定自己的课题研究步骤,完成相关实验设备的制作、实验数据的采集、实验数据的分析,最后形成完整的课题研究报告。

3. 展示交流,培养表达潜能

表达和交流能力是学生素养中非常重要的一环。在整个课题研究的过程中,学生的汇报交流贯穿课题确定、文献调研、实验方案确定、数据分析和结论总结等诸多环节,且在交流的同时还可得到其他同学的帮助。在这个过程中,汇报者因自己比较成熟的研究成果变得更加自信,表达能力和逻辑条理性得到提升,聆听者的质疑反思使研究方法更加严谨,学生的合作意识大大增强。

4. 动手实践,激发操作潜能

作为实验社团,学生的实验操作能力自然是培养的重中之重。创新物理实验社团自确立实验方案开始,就把自主权交给学生,由学生自己去寻找相关实验仪器的使用方法和注意事项,并进行训练,教师仅负责技术指导与安全看护。在节假日和寒暑假,学校也充分赋予学生自主进行相关实验的权限,开放实验室以保证课题能够按时完成。通过这些措施,学生的实验操作能力和仪器使用水平有了切实有效的提高,学生操作潜能得到了开发与培养。

针对实际情况，我们设计了班级、学科组、校级等多层次的交流展示活动，使得每位学生都能获得展示自己研究成果的机会，并获得相应的荣誉。这对学生自信心和成就感的提升帮助极大，也有助于学生坚定今后继续进行探究活动的决心，使学生的创新潜能得到切实维护与发展。

通过这些策略的实施和完善，学生的综合潜能均得到了有效的培育和发展，很多学生都养成了善于发现身边物理场景和问题的良好习惯，他们表达的清晰性和逻辑性也都得到了提升，并能够使用这一流程去解决生活中的小问题，实验操作技能及物理学科素养得到了有效提升。

三、搭建科技竞赛平台，释放学生创新潜能

创新能力是21世纪人才必备的关键能力之一，学校通过积极搭建各类科技竞赛平台给广大学生提供了更多释放创新潜能的机会。每年学校都会积极组织开展各级各类科技活动，活动项目涉及创新发明类、创新课题类、工程设计与制作类、电脑设计类、智能控制类、信息编程类、实验设计类、辩论类等不同形式和不同内容，这给不同兴趣、特长和爱好的学生提供了施展才华的机会。在与全市、全国乃至全球的同龄人一起同台竞技的过程中，在参加一个个极具挑战的项目中，展示自我、为校争光、为国争光成为激发学生潜能的动力，学生的创新潜能得到了更大程度地激发和释放。

（一）DI 竞赛

DI 是英文"Destination Imagination"的缩写，原意是"目的地想象"，这是一项国际性的教育项目，关注青少年（包括从幼儿园到大学生）创意思维、团队合作和问题解决等能力的培养。学校的 DI 社团与上海市第一届 DI 科技创新思维大赛都诞生于 2012 年 9 月。近年来，学校 DI 社团先后组织了二十多支队伍参加市级比赛、全国比赛和全球赛，社团成员人数也从 2012 年的 7 人壮大到后来每年的 20 多人，领队老师也由 2012 年的一人发展到由十多位老师组成的团队，团队老师涉及物理、化学、信息、体育、艺术等多个学科。学校给 DI 社团配备了专用教室一间、DI

即时挑战训练教室一间、物品存放仓库一间、道具陈列室一间、制作道具教室3间。

每届新社团成员的招募都是先通过百度贴吧、班级群、校年级大会、社团展示活动、海报等各种形式广泛宣传，然后让报名者临时组队，依次参加即时挑战、个人才艺展示、即兴抽签问答等环节，各个环节由所有老队员担任评委进行打分，最后按照综合排名择优录取。在DI的社团活动中，从面试选拔到参加比赛，每个活动环节中，领队老师更多的是以引导者、督促者、鼓励者、服务者、分享者的角色出现，给予学生尽可能多的展现创新潜能的机会，如队员招募的海报设计、即兴问答的题目设计、团队挑战的选题、故事策划、道具制作、角色分配、服装制作、排演、正式上场比赛，以及开展COSPLAY角色扮演晚会、寒假社会实践活动等。

DI社团连续5年晋级全球赛，四次参加全球赛，三次打破中国区参加全球赛的纪录。在2017年，社团获得DI全球赛结构类高中组冠军，创下该赛事开展以来以最轻的结构11.4克完成满载480千克结构完好的最高承重比纪录，并获得特设的项目卓越管理奖。DI社团的队员们在班级里、学校活动中，已经被贴上了想象力丰富、动手能力强、表演能力强、创造能力强等标签，成为班级、年级首选的主演、道具设计制作者、剧本创作者等。在传统文化节、科艺节创意大巡游、运动会开幕式表演、社团汇报演出、迎新晚会、国学经典剧场等各种活动中，时常可见他们的身影。2015年，DI社团被评为上海市百家优秀科技创新社团之一，学校被评为第一批DI模范学校。

（二）创意竞赛

3D打印可以快速呈现设计者的创意，可以让学生摆脱传统设计技法的束缚，把创意与个性化放到了第一位，这对于释放学生的创新潜能来说，是一个很好的平台。在此背景下，学校开设了以三维设计软件和3D打印机应用为主的课程——创意3D作品设计与制作。"创意设计"，仅仅使用设计软件和3D打印机还远远不行，要想让创意活起来，同时还要加上智能控制。因此，2017年学校开设了"智能3D"社团，让部分学有余力和感兴趣的专项课学生参与其中。学生通过

Arduino平台了解智能控制,使用3D软件和打印机设计、制作作品外形,并使用Arduino来进行功能的实现,将创意物化。学校有机融合三维设计、3D打印、Arduino智能控制,结合课题研究,开发了校本课程,并围绕此内容开设了专项化课程、社团课程、微型课程等系列课程,多方面、多渠道挖掘学生潜能。同时,基于学科标准,教师在课堂中进行大综合的项目化学习,让学生在一定时间内解决一系列相互关联的问题,体验各种学科知识在工程应用中的融合。在学习中,学生感受到了边学边做的工程学,体验到产品设计就是一个不断优化的过程,会经历失败、尝试、再失败、再尝试,直到找到一个相对较优的方案。设计软件和3D打印都不是课程的重点,课程的目的是利用技术通过应用抽象概念解决有趣的问题,让学生体验到真实的工程设计过程。

学校为学生的潜能释放搭建各类平台,培养有三维设计特长的学生,先后有200余人在设计相关比赛中获市级奖项,10余人获得全国奖项。曾经指导的学生三维设计作品得到评委一致认可,收获奉贤区首个"未来工程师称号",突破了奉贤区零的记录。

为了能够让学生充分释放创新潜能,学校着力搭建合作研究平台,在原有科创苑、创新素养实验班相关课程建设的基础上,深入开展自主学习和研究性学习,开发适应学生创新潜能发展和释放的拓展型、研究型课程,开展有针对性的课题研究;开设大范围、高质量的科创通识教育课程,使学生对科学与技术相关知识与技能获得初步而全面的了解,开拓学生科技视野,激发学生创新潜能,为后续技术的深入学习奠定基础。在此基础上,学校通过创新实验室与创新课程平台化发展的形式,合理挖掘学生学习的专业深度,培养学生创新能力。学生在丰富的创新实践课程中,拓展延伸了基础知识,丰富提升了实践经历,体验了完整的科学研究过程,掌握了科学研究的基本方法。这促进学生明确并追寻自己的优势潜能领域,促进志趣与潜能相匹配。

(三)"双导师制"研究平台

为了培养具有创新思维能力与实践能力的优秀学生,造就具有大视野、大格局和国际化水平的创新后备人才,学校搭建"双导师制"研究平台对学生进行课题指导。高校和科研机构的专家负责对学生进行专业指导,校内老师负责开展课题管理工作,课题在双向选择模式下产生(自拟课题对接指导专家,或选择专家提出的课题)。几年来,学校完成了智能控制平台、生化分析平台、地理信息平台、物理综合创新平台、创新设计平台五类创新平台的搭建,开设了丰富多样、设施一流的创新实验室,制订了明确的研究方向和具体内容。同时,与各高校本着"优势互补、资源共享、互惠互利、共同发展"的原则,签订了合作协议,寻求有力的依托资源,如学校与上海市农业科学研究院、上海交通大学、同济大学、华东师范大学、上海海洋大学海洋科学工作站等多所著名高校和科研机构的国家重点实验室合作,开展创新人才培养合作项目并签订创新人才培养项目与协议。

1. 搭建合作研究平台,体验科学研究

学生走进上海市农业科学院(以下简称"农科院")的科学实验室,了解科技创新的前沿领域,并在专家教授指导下参与科研课题,包括设计科学研究的课题方案、学习先进仪器设备的操作和维护、学习科学实验的方法等。学校邀请上海交通大学新材料与艺术设计工作室和学生创新中心的专家来校为学生进行专业指导,涉及的主要学科方向为物理、化学、工程与艺术设计等。学生通过学习了解新材料科学基础与内涵,在教师指导下选择课题、开展实践,将设想变为现实。为进一步满足学生自主规划、自主探究、创新实践体验等需求,学校联合同济大学制订了同济大学—奉贤中学"苗圃计划",建立与同济大学相关学科专业相联系的育苗班,促进大学与高中优质资源整合,为创新人才早期培养创造条件,探索人才培养新途径。华东师范大学为学校开设实验室体验课程,学生走进华师大的物理、化学、生物、航空航天等相关实验室,通过小课题研究体验科学研究的一般方法、研究过程,发展了研究潜能。

构建"双导师制"研究平台能够有力保障学生开展高质量的课题研究,让学生参与课题研究、答辩的全过程,体验科学研究的艰辛与乐趣。目前搭建的"双导师制"研究平台信息如表5-1所示。

表 5-1 "双导师制"研究平台

序号	创新平台	相关创新实验室	研究内容	研究方向	依托资源	校内导师
1	智能控制平台	人工智能实验室、机器人实验室、单片机实验室、电子技术实验室	人工智能的一般应用、机械臂设计与机器人应用、自动控制	编程和仿真、电路设计、电子制作	同济大学	
2	生化分析平台	绿色化学实验室、分析测试中心、阳光温室实验室、植物组培室、显微数码实验室、微生物实验室	水体的环境检测、多元化的植物育种及栽培、微生物培养与检测	水科学、分析化学、植物生长和发育、农林科学、微生物学	华东理工大学、上海市农业科学院	
3	地理信息平台	地理信息技术创新实验室、土壤地理实验室、海洋创新实验室、天象馆	土壤—植物—大气系统的认知与应用、海洋资源探测、天体物理、地球环境与宇宙科学	大气科学、地球科学、天文学	上海师范大学	
4	物理综合创新平台	物理探究实验室、飞行梦工厂、航模室、风洞实验室	物理实验探究、无人机设计与制作、航模设计制作、飞行控制与测试、昆虫飞行仿生	流体力学、飞机设计、生物仿生、航空航天	同济大学、华东师范大学、上海交通大学	
5	创新设计平台	创新设计思维、3D设计与制作室、激光雕刻室、创客工坊、结构设计与制作室	技术创新、应用科学技术解决生活生产实际问题、建筑结构与艺术结构设计、材料应用	工程学、材料工程、机械工程、控制系统	上海交通大学、同济大学	

"双导师制"平台不是为了培养未来的科学家,不是高校的预备班,更不能照抄照搬高校的课程体系。学校根据学生的实际水平,从引导、激发学生的志趣出发,以有利于激发学生的创新潜能为重点,及时与高校及科研机构沟通协调,提前开发以案例、实验为重点的实验课程方案。

2. 与农科学院合作,释放学生农业研究潜能

学校邀请农科院专家(包含作物所、生态所、林果所、信息所、质标所、食用菌所、园艺所、庄行综合试验站)指导并开展课题研究,以双导师制进行课题指导工作。

(1) 逐步引导,激发潜能

在课题研究过程中,部分学生的科学研究基础较为薄弱,对课题的研究过程和方法不了解,还不能独立完成课题。面对这一类型的学生,指导教师要逐步引导,从简单的研究方法入手,举例说明,指导学生对研究方法进行迁移,积累研究内容和研究方法,最终完成课题。逐步指导的过程是挖掘学生潜能的过程,能为学生在大学甚至研究生阶段进行课题研究打下基础。如某学生提出了开展"上海地区养殖克氏原螯虾的微塑料污染研究"的课题研究,选题新颖,是当前研究的热点问题。但在研究过程中,教师发现该生对实验操作和数据处理都没有合适的思路,需要教师的介入。在指导过程中,教师时时关注该生的研究动态,注意对其学习方法的引导。该生从简单的文献搜索和文献调查学起,慢慢学会了利用搜索文献来解决问题,并能将文献内容与所获数据对照分析。经过一段时间的指导,学生逐一解决了问题,最终完成了一份高质量的研究报告。

(2) 适当放手,挖掘潜能

部分学生具有扎实的科学研究基础,对研究过程有大方向的把控能力,基本可以独立进行课题研究。指导教师根据不同学生的情况,进行阶段性进度考察,并适时提出指导意见,鼓励学生进一步释放潜能。如农科院社团某组学生在进行"基于物联网的大田远程灌溉系统"课题研究时,由于该组学生已经参加过信息竞赛,具有丰富的编程经验,且平时学习成绩较为优秀,已经掌握了课题研究的基本

过程和方法,有能力在农科院老师的技术支持下顺利完成课题,因此指导教师为学生提供自主研究的空间,由学生自主安排、自主发展,教师阶段性跟踪考察其进度和阶段成果,并提出适当要求,挖掘其潜能。上述课题对于零基础的学生来说,理解起来有一定难度,因此教师要求该组学生在最后课题答辩时要以最通俗易懂的语言和表现形式将研究成果展现出来。最后该组以游戏"我的世界"为依托,形象、生动地展示了由整个物联网控制大田灌溉的设计思路和操作流程,该课题被评为学校优秀课题。

(3) 迎接挑战,潜能无限

部分学生更愿意选择相对简单的研究思路和方法,因此课题难度并不能反映出学生实际能力。针对这一类学生,教师根据其研究内容,适当地提高要求,增加挑战难度,鼓励学生迎接挑战,释放无限潜能。例如,某组学生选择进行"基于高通量测序技术对黄瓜病毒的提取和分析"的课题研究,高通量测序技术是众多测序技术中的一种,该组学生只是对该技术进行了描述和介绍,没有分析比较该测序技术与其他测序技术之间的优缺点。对于一个专业的科研人员来说,没有对研究对象进行全方位的解读是大忌,且该组的后续分析也是一切从简。面对这样的情况,指导教师提出让该组学生对测序技术的发展历史进行研究,并总结出高通量技术的优势所在,要求他们呈现详细、多角度的数据分析报告。最后,该组学生通过查阅文献、咨询专业人员,在课题展示过程中,讲述了非常完备的测序技术发展史,并对实验数据进行了较为透彻的分析,完成了高质量的研究报告,并进行校内展示。

3. 与上海交通大学合作,释放学生材料研究潜能

学校邀请上海交通大学新材料与艺术设计工作室和学生创新中心等专家进行专业指导,涉及主要学科方向为物理、化学、工程与艺术设计。双校通力合作,力图培养具有创新思维能力与实践能力的优秀学生。

例如,交大材料社团的袁同学对于科学和创造发明有着浓厚的兴趣,他的获奖课题是"基于形状记忆合金丝智能微驱动的蜘蛛机器人设计与研究"。他根据形状记忆合金"易变形、适合用于微驱动"的特性,以及联想到小学时读过的一篇

科幻文章中的一句话:"在不久的将来,也许停在你书房角落里的一个蜘蛛,飞到你眼前的一只苍蝇,停在窗口的一只蜻蜓,其实只是一个机器人",将形状记忆合金运用在蜘蛛机器人的关节处,进行关节驱动,代替传统的舵机关节,使机器人更加简化,同时提升其隐蔽性与伪装性。然而,在研究的过程中,他发现现实与理想总是存在差距,他的想法常常碰壁,这促使了他不断变换思路、改进方案,并借助校外专业的力量,一步步走向成功。本课题获得第35届"上海市青少年科技创新大赛"二等奖,袁同学参加第十八届上海市百万青少年争创"明日科技之星"评选活动并荣获"明日科技之星"称号。在这个过程中,他感受到了科学探究需要不断尝试、改进的严谨性,在体验中释放了材料研究潜能。

4. 与同济大学合作,释放学生科学研究潜能

学校以同济大学创新创业学院为依托,联合海洋与地球科学学院、人文学院、测绘与地理信息学院,合作实施培养计划,开展"苗圃计划",通过"兴趣引导""深入培养""多元评价"三个阶段释放学生科学研究潜能。

"兴趣引导"主要在高一年级进行,邀请同济大学教授、校友专家或其他专家开设专题讲座,针对高一全体学生介绍学科前沿及发展方向,激发学生的学习兴趣。每次安排2课时,每学期安排16次,共32课时。

"深入培养"主要在高二年级进行。通过对高一学年实施情况汇总,对自主报名的学生进行综合评价,选拔符合培养目标和标准的学生正式进入"苗圃计划"。针对正式进入计划的学生(24人),学校结合高中素质教育改革要求,通过大学课程前移、开展创新项目立项、学生进大学参加创新活动、暑期夏令营等方式,培养学生的综合能力和素质。本阶段共安排48课时专业课教学,主要由同济大学相关专业教授开设专业理论课,以微型课形式授课。若遇赛事活动,可根据同济大学相应时段科技活动临时调整课时安排。

"多元评价"主要在高三第一学期结束时进行,构建了"关注过程、强调体验、突出想象、参考结果"的评价体系。对学生课程创新学习与实践活动中的表现,进行日志记录、针对性调查、评定等,同时进行水平考试测试,对实验制作的过程设置实验命题进行考核;对创新学习与实践活动形成的体验文章、调查报告、研究报

告、小论文、PPT、制作的作品、所获荣誉等,进行归档管理,评定成果等第;制作测试问卷,对学生课程学习的创新能力(观察能力、想象能力、创新思维与技能)、创新人格(兴趣动机、问题意识、批判精神、意志等)的发展情况进行统计测评,评定等第。所有等第最后均折算成学分,构成学生参加育苗班课程学习与实践的总学分,并选拔确定"苗圃计划"优秀学员。依据国家当年考试招生改革政策,结合综合评价、多元录取的招生模式,给出相关选拔录取政策。优秀学员通过选拔进入同济大学后,进行中学期间先修大学课程的学分认定和后续培养。

"育苗课程+国家课程+校本课程"构成了学校"苗圃基地"育苗课程体系,该体系加强各类课程的整合,着力挖掘学生创新素养发展的结合点和生长点,拓宽学生的创新事业,培养学生的创新意识和实践能力,充分发挥学科基础型和拓展型课程对于提高全体学生创新素养的主体作用。

5. 与华东师范大学合作,释放学生物理研究潜能

学生走进华东师范大学先进的物理实验室,体验科学研究的一般方法、研究过程,并掌握研究方法,形成研究志趣。主题实验式实践活动,结合了STEAM教学方法,让学生在做中学,形成研究志趣。

我们与华东师范大学结对开展学生的物理主题实验实践活动,具体包括以下两部分。

(1) 科学漫游,走进物理世界

5~6人为一组,在志愿者的讲解下了解各种物理现象、物理实验,涉及的实验有运动学、声波、电学、磁学等。结合趣味展示实验,带领学生走进物理的世界,并且介绍物理实验安全守则。

(2) 专题实验

结合高中物理教学的内容,我们开设了三个物理探究性实验。三个探究性实验既基于高中物理教学内容,又高于高中物理教学要求,分别是:实验1"验证瞬时速度与加速度、位移的关系",实验2"探究自由落体运动规律",实验3"利用'斜面法'研究加速度与力、质量三者的关系"。在专题实验环节中,教师会将实验研究的背景、理论、实验问题的定位介绍给学生。学生自己进行实验方案的策划、实验

系统的构建以及实验步骤的策划，然后开始实验，采集实验数据和进行数据处理，最后进行误差分析。

这种结合 STEAM 教学理念的做中学的学习方式，既激发了学生的学习兴趣，又提高了学生的动手操作能力，让他们在探究学习中，培养自己的科学探索精神和实事求是、严谨的科学态度。学生在活动中感悟："在本次实验中，我们感悟到科学研究首先要有严谨的科学精神、探索求知的理性精神、互助共进的协作精神。科学是我们共同的事业，是探索自然与自身奥秘的历史性进程，它需要我们在时代的课题面前协同努力，在历史的长河中前赴后继。我们要虚心学习他人的研究成果，拓宽自己的视野，提高自身的洞察力和判断力，使自己看到的客观事物更客观、更全面、更真实、更系统、更准确、更接近客观实际。我们要谦虚谨慎，孜孜以求，不断探索，认真、谦逊、严谨地对待每一次实验与研究。"

高校先进实验室体验课程是学生最喜欢的实践课程，学生可以切身体验到大学实验室的研究环境、学习氛围。很多专业的实验仪器、设备是在高中阶段无法提供给学生学习使用的，但学生却可以利用大学实验室完成高中课本中定律、定理的验证。这种实践类小课题体验课程，既激发了学生的创新潜能，也提高了学生的创新能力和实践能力。

第六章 完善支撑和保障，提升师生潜能

　　潜能教育的实施，需要教师、环境、制度、管理等各方面的支撑和保障。在教师队伍建设方面，我们倡导每一位教师都明确潜能教育的目标，助力自主发展；构建教师研修课程体系，搭建潜能教育研修平台，建立教师提升机制，保障教师专业成长，铸造了一支能胜任潜能教育工作的优秀师资团队。在环境建设方面，我们营造良好学习环境，保障潜能教育实施；打造校园信息环境，提供基础保障；建设三大特色中心，创建良好育人环境；建章立制、规范管理，建设安全文明校园，同时为新疆部民族特色教育保驾护航。在教育管理方面，我们整体规划、完善制度，优化潜能教育管理，以卓越绩效管理为模式实现科学高效管理；同时，全面预算、统筹调度，争取各方支持和经费保障，优化教育资源和技术保障，为潜能教育的深化提供支撑和保障。

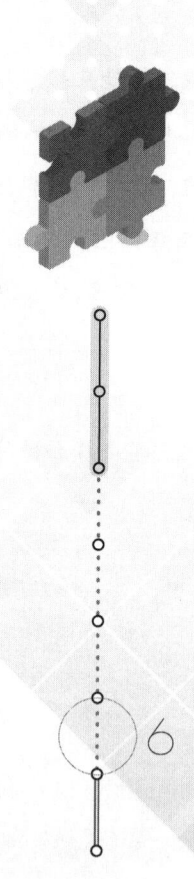

第一节 铸造优质师资队伍,提升潜能教育素养

当前,我们正在开展"深化潜能教育"的活动,其主旨是为了更好地激发学生的发展潜能,培养未来具有创新实践能力的人才。而教师也必须提升激发学生潜能的素养,挖掘自身育人潜能,这样才能更好地培养优秀人才。因此,铸造一支能胜任潜能教育工作的优秀师资团队就显得尤为重要。促进教师专业发展,首先,需要教师提高内驱力,明确个人自主发展的目标;其次,需要学校搭建有利于激发教师潜能的"品德教育、教学研究、课程建设、创新培育"研修平台;最后,需要学校健全促进教师潜能素养提升的保障激励机制。这样,才能激励教师苦练潜能教育的基本功,不断提升激发学生潜能的综合素养,为把学生培养成为适应未来社会的现代化研究型人才奠定扎实基础,真正实现教师个体成长与学校整体发展的"双赢"。

一、倡导教师自主发展,明确潜能教育素养目标

外因须通过内因起作用,教师的专业发展也是如此。倡导教师制订与实施个人自主发展规划,明确职业理想和追求目标,形成专业发展的进取心和内驱力,有目的、有准备、有措施、有行动地努力实施个人规划,找到个人的最近发展区,不断提升研究力和个性化特长,突破专业发展的"瓶颈",从而进一步提升激发学生潜能的素养。根据新形势下学校创建现代化研究型高中的办学目标,我们制订的"2015—2020年教师专业发展规划",提出了促进教师主动发展、提升研究力和个性化特长发展的目标。有了教师专业发展规划的引领与保障,教师的专业发展就更富有目标性和计划性。

（一）制订个人发展规划，促进教师自主发展

在学校制订的"教师自主发展规划实施评价方案"基础上，引导教师开展优势与劣势的自我诊断，撰写个人三年发展规划，着重在挑战性项目研究、课程开发与实施、个性化项目研究、学者型名师发展等方面，制订目标明确、操作可行的实施计划，并在原有基础上规划发展点和突破点，尤其是研究力、潜能教育素养的提升。

1. 分析个人情况，明确个人特长

组织教师开展优势与劣势的个人情况分析，明确自身的优势特长和"软肋"，对自身的师德修养、专业功底、科研能力、创新素养、潜能教育素养等方面有一个清醒、适度的认知。通过对自己个人情况的细致分析，教师对自己各方面有了明确的了解。

2. 制订个人规划，挑战自我成长

组织教师制订个人三年自主发展规划，包括现状分析、发展目标、挑战项目、落实措施四方面内容，其中挑战项目原则上应围绕学校总课题的相关内容展开。教师根据自身的个人情况，制订个人规划，不断成长。

3. 交流反馈改进，突破个人瓶颈

组织学科组开展教师个人发展规划的交流活动，相互启迪，取长补短。学科分管领导、学科组长对教师的个人自主发展规划进行审阅。教师根据自我诊断情况及相关学科组的反馈意见，结合自身的优势特长，进一步修改、完善个人发展规划，使规划更具针对性和有效性，有助于突破个人发展的"瓶颈"。

通过制订个人自主发展规划，广大教师明确了职业理想和追求目标，形成了专业发展的进取心和内驱力，这有助于教师提高研究力，突破专业发展"瓶颈"，提升潜能教育素养。

（二）创建电子档案平台，见证教师专业成长

为保障教师自主发展规划的实施与评价工作，促进教师潜能教育素养的提升，我们创建了教师成长"电子档案袋"平台系统，旨在积累教师教研成果，形成教师个人电子档案，见证教师专业发展的历程。此系统的"成果类别"分为课程建

设、教学研究、育德能力、教育科研、培训指导、学术荣誉、自主特长七大类,每个类别中又分设若干条"成果项目",教师可随时录入成果信息,并上传相关成果佐证附件(文档、证书图像等),为教师的发展性评价做好成果资料的积累准备。为了保障教师能够正确、熟练地使用此平台,我们编制了《电子档案袋平台系统操作使用手册》,并对教师进行了相关使用培训。

此外,该系统的"成果类别"还涵盖了"单项奖申报认定(论文发表、评比获奖,课题评比获奖,编写出版教材或教辅资料,教学评比获奖,竞赛辅导获奖,自主特长)""挑战性项目研究评估""教师自主发展规划目标达成认定""奉贤中学优秀教师任期届满业绩评估""校内低职高聘业绩考核"等方面的考核评估指标,可作为相关项目考核评价的认定依据。

下面以英语组的林舒迪为例,具体阐述一下教师三年个人发展规划的制订和"电子档案袋"平台系统的运行。

表 6-1　教师三年个人发展规划(英语组　林舒迪)

个人自主发展规划
(一) 现状分析 　1. 优势 　　进取心足,执行力强。作为一名 90 后教师,我有着一颗渴求上进的心,并能够有效执行计划。我乐于接受和学习新的教育辅助技术,并愿意在日常教学工作中进行尝试。例如指导学生使用思维导图提高学习效率;鼓励学生在批改网平台上修改作文,提高语言表达能力;鼓励学生用口语软件训练口语,提高口语流利度。 　　关注教学研究发展趋势,积极参与培训和学习活动,例如参加英语教育教学研究基地组织的新课标解读培训、加入吴彩霞特级教师工作室,深入了解理论和政策,开阔视野,丰富自己的教育教学方法。 　　善于积累经验、发现问题、研究对策。课题研究是我所擅长的领域。在常规教学中,我及时做好教学反思,定期对出现的问题进行分析,研究学生学情,分析教材内容,改进教学方法。每学年,我都将遇到的部分问题和探索过程写下来,这不仅记录了自己教学工作的成长历程,也提升了自己的教科研能力,让自己努力完成从新手教师到研究型教师的转变。 　2. 不足 　　课程建设能力薄弱。平时我较多关注英语基础课教学工作,缺乏对于社团课或者微课的关注,缺少相应的课程资料编写经验,没有开展过对学生"研究性学习"课题研究的指导工作。

(续表)

个人自主发展规划
课题研究的关联性还有待提高。虽然每年我在各个级别的期刊上都发表过教学研究论文，但从工作至今，大多数论文都是围绕解决或者反思特定阶段遇到的教育教学问题，论文之间缺少关联性。此外，我对于特定的问题探究得还不够深入。 缺少校级及以上的教育、教学类学术称号及荣誉。
（二）发展目标 　　1. 课程建设 　　开设与英语学科有关的社团课程或者微型课程，旨在丰富英语学习的趣味性、实用性等，发展学生的英语学科核心素养。 　　2. 教学研究 　　努力提高学科教学的成绩，开设有研究主题的、体现新版英语课程标准理念的公开课，并对"信息化教学"积极进行探索实践，收集、整理、积累一定量的教学资源。 　　3. 教育科研 　　完成本轮区级课题，并申报新一轮的区课题。
（三）挑战项目 　　1. 开设以提升学生英语学科核心素养为指向的英语兴趣类课程 　　我将以新版英语课程标准的内容为指导依据，筹备、设计与英语学科相关的社团课程或微型课程，例如英语趣配音社团，或是特殊用途英语的微课；编写符合学生学情的课程资料，为学生提供研究性学习的课题研究指导。 　　2. 开设有研究主题的信息化教学区级公开课 　　我将针对学生在英语学习中遇到的问题，积极尝试符合英语学习规律的教学方法，并开设区级及以上的公开课。我也会认真研究适合我们学生学情的现代信息教育技术，并有选择性地使用它们来丰富英语课程的学习资源。在学生学习过程中，我不仅要注重最后的结果，更要注重学习的方法和过程，提升学生的语言能力、文化意识、思维品质和学习能力。 　　3. 完成区级课题"高中英语写作反馈的实践研究" 　　我将按照计划开展本轮区级研究课题"高中英语写作反馈的实践研究"，并完成结题。力争完成本轮课题结题后，在现有的研究、实践基础上，开展更深入的研究，将课题研究做成系列研究。
（四）落实措施 　　1. 英语兴趣类课程建设 　　我将根据学校的常规课时安排，考虑自己的工作量，在英语趣配音社团课程和特殊用途英语微课中选择开设一门英语兴趣课程。英语配音社团课程的主要教学目标是帮助学生通过观看及模仿英语影视作品中的片段，提高学生的口语表达能力，提升流利度和发音的准确性。特殊用途英语微课的主要教学目标是通过普及科技、旅游、文娱等领域的英语知识，满足学生的个性发展需求，增强学生对英语学科的兴趣，扩充知识面，并且锻炼学生查找英文类信息、整理资料和英语演讲展示的能力。

(续表)

个人自主发展规划

在筹备社团课程或者微型课程的过程中,我会查阅相关课程的信息,梳理英语国家社会思想文化的脉络,以切合学生实际情况的教学方式阐释英语国家社会艺术文化的美学价值,使学生理解和领悟其深邃的内涵和人文情怀。此外,我会借鉴国外的教学材料,编写校本课程教材,申报拓研课程。在教学过程中,我会及时收集、整理、积累教学资料,反思教学问题,不断完善教学讲义资料。

2. 教学研究

在英语教学方面,我会结合吴彩霞特级教师工作室的活动主题安排,积极参与学习和研讨活动,申请开设具有研究主题的、体现当前教育理念和方式的教学公开课,践行新版课程标准提倡的教育理念,努力提升教学实效。

此外,我将探索利用现代信息技术手段的教学模式,丰富英语课程的学习渠道和资源。例如,在英语听说训练中,我需要鼓励学生在周末、寒暑假期间利用教学类APP(如英语流利说、英语魔方秀等)锻炼口语,通过模仿地道的英语视频片段,提高口语流利度、发音准确性,改善语音语调。在写作训练中,我将鼓励学生借助批改网平台提供的实时反馈来修改作文,通过参考英语语料库的地道表达方式,提升英语写作水平。在语法、词汇、阅读学习中,我将指导学生绘制思维导图以改善学习策略和分析、归纳学习内容,提升复习的有效性,增加学习效率。

3. 教育科研

我会按照计划开展本轮区级课题研究"高中英语写作反馈的实践研究",并完成结题。力争完成本轮课题结题后,在现有的研究、实践基础上开展更深入的研究,将近几年来的几个课题研究整合为一个系列。

具体的研究步骤为:准备阶段(确定研究方向和问题,撰写文献综述,确定研究方法)、实施阶段(积累实践资料和经验,调整研究方案,撰写阶段研究报告,收集教案和学案)、总结阶段(撰写课题报告,完成课题结题)。

我计划在完成以上三个目标的基础上,力争获得校级及以上的教育教学类学术称号。

三年期间,林舒迪老师通过个人的努力与拼搏,并在领导的支持、专家的指导和同伴的帮助与鼓励下取得了丰硕成果。参加了市、区、校级教学类比赛共7项,获市三等奖、区一二等奖等成绩;开设区级公开课3节,录制空中课堂13节;在市、区级期刊上发表论文7篇,在校刊《教研新園》上发表文章5篇;主持并完成课题和项目2项,其中1项区级课题成果获区三等奖;论文评比中1篇获区一等奖,1篇获市三等奖;参与吴彩霞特级教师工作室学习,并获区优秀学员称号;任教学生中1人获区三好学生称号。

林舒迪老师在学校智慧网的"电子档案袋"中上传了个人成长的过程性成果。

表6-2 "电子档案袋"中的过程性成果(英语组 林舒迪)

序号	获奖级别	等级	获奖名称	证书日期	获奖科目	获奖项目
1	全国级		基于英语学习活动观的单元整体设计	2020/4/1	教育科研	论文发表
2	全国级		英语学科育人价值背景下的课堂教学——以一节听说课为例	2020/4/1	教育科研	论文发表
3	省市级	二等奖	高三英语写作教学中以读促写的实践	2018/1/1	教育科研	论文评比获奖
4	省市级	三等奖	《高中英语教师写作反馈的调查研究》获2019年"上海市中小学幼儿园运用调查研究方法优秀成果评选"	2019/12/1	教育科研	论文评比获奖
5	省市级	三等奖	2018年上海市中小学优秀作业、试卷案例征集评选	2018/12/1	教学研究	教学评比获奖
6	省市级	三等奖	第三届上海基础教育青年教师爱岗敬业教学竞赛(中学外语类)	2019/11/1	教学研究	教学评比获奖
7	省市级		录制上海市教委"空中课堂"	2020/4/1	教学研究	开设教学公开课
8	省市级		2020年度高中英语教材暨骨干教师培训项目	2020/7/22	教育科研	课题结题
9	省市级		上海市新课程新教材实施高一英语教师培训班讲座	2020/9/8	培训指导	承担研修培训主讲任务
10	省市级		高中英语教学融入学习活动观的实践探索	2018/12/10	教育科研	论文发表

（续表）

序号	获奖级别	等级	获奖名称	证书日期	获奖科目	获奖项目
11	省市级		《普通高中英语课程标准（2017版）》解读培训	2018/6/3	培训指导	参加教育教学业务培训
12	区级	二等奖	奉贤区中青年教师教学评比	2017/12/1	教学研究	教学评比获奖
13	区级	二等奖	2018年奉贤区青年教师爱岗敬业教学技能竞赛	2018/12/1	教学研究	教学评比获奖
14	区级	二等奖	2019年奉贤区基于"云课堂"项目的优秀课例评审中学英语二等奖	2019/12/1	教学研究	教学评比获奖
15	区级	二等奖	学生第二十六届高中学生科普英语竞赛获奖	2018/12/1	教学研究	辅导学生竞赛获奖
16	区级	三等奖	学生第二十六届高中学生科普英语竞赛获奖	2018/12/1	教学研究	辅导学生竞赛获奖
17	区级	三等奖	孙蓓婕获奉贤区第二十五届高中学生科普英语竞赛高三年级组三等奖	2018/3/1	教学研究	辅导学生竞赛获奖
18	区级	三等奖	《思维导图在高中英语写作教学中的实践研究》	2018/11/13	教育科研	课题评比获奖
19	区级		思维导图在高中英语写作教学中的实践研究	2017/2/1	教育科研	课题结题
20	区级		陆卓尔获2017—2018学年奉贤区中等学校三好学生	2018/5/1	育德能力	指导学生
21	区级		高中英语学科中心组	2018/12/1	教学研究	其他
22	区级		学习活动观下的高二英语听说教学实践与探索	2018/12/1	教育科研	论文发表

（续表）

序号	获奖级别	等级	获奖名称	证书日期	获奖科目	获奖项目
23	区级		公开课 Revision of Module 2 Unit 1	2018/12/7	教学研究	开设教学公开课
24	区级		Writing:Expository Paragraph（说明文段落写作）	2019/11/29	教学研究	开设教学公开课
25	区级		高中英语词汇教学中发展学生学习能力的实践研究	2019/12/1	教育科研	论文发表
26	区级		高中英语作文评改课的教学实践与思考	2019/9/28	教育科研	论文发表
27	区级		区级课题《高中英语写作反馈的实践研究》	2020/1/1	教育科研	课题结题
28	校级	一等奖	Writing: Expository Paragraph	2019/11/27	教学研究	教学评比获奖
29	校级		思维导图在英语教学中的应用	2017/12/1	教育科研	论文发表
30	校级		英语教师写"下水作文"的实践研究	2018/11/14	教育科研	论文发表
31	校级		高中英语写作反馈的文献综述	2019/3/1	教育科研	论文发表
32	校级		基于英语学习活动观的项目化学习教学实践	2020/5/1	教育科研	论文发表
33	校级		"英语说明文段落写作"项目化学习教学案例	2020/9/1	教育科研	论文发表

（续表）

序号	获奖级别	等级	获奖名称	证书日期	获奖科目	获奖项目
34	校级		以挑战性项目驱动,解决教学难点问题——如何应用信息化教育技术提高英语教学实效	2017/10/27	教育科研	论坛交流发言
35	校级		信息时代背景下核心素养在英语课程中的实践与思考	2017/8/21	教育科研	论坛交流发言
36	校级		教师论坛交流发言《从难点入手,向短板发力》	2019/12/20	教育科研	论坛交流发言
37	校级		项目化学习中的合作学习	2020/10/16	教育科研	论坛交流发言
38	校级		高中英语写作反馈的实践研究	2018/6/3	教育科研	开展挑战性项目研究
39	校级		高二英语2018学年第二学期暑假作业	2018/7/1	课程建设	参与学习手册编写
40	校级		学习手册(高三英语学程系列一)	2018/7/1	课程建设	参与学习手册编写

基于林舒迪老师三年的成长表现,学科分管领导张育青老师提出了如下综合评价意见:

优势:有非常强的教科研能力,在不同级别期刊上均有论文发表,有多个区级课题立项并获奖;教学能力强,开设过多节区级以上公开课,获市爱岗敬业三等奖,影响力大。

不足：微课尚未有突破，班主任德育工作比较少。

发展建议：继续发挥优势，希望在班主任工作和指导学生获奖方面有重大突破。

二、构建研修课程体系，搭建潜能教育提升平台

根据对我们教师潜能素养现状、教师专业发展研修需求的调查分析结果，结合教师个人自主发展规划目标，我们有针对性地修订了《奉贤中学校本研修课程方案》，形成了若干研修模块和相应的研修课程，为教师搭建了"育德能力、课程建设、教学研究、创新培育"研修平台，使校本研修活动更加系统化、程序化、制度化、有序化，并保障教师激发学生潜能的提升。

学校不断完善"教、研、训"三位一体的教师研修机制，以教育教学实践研究为主线，以教科研为抓手，以专项化培训为载体，并通过集中培训与自主研修相结合、个人反思与团队研讨相结合的形式组织开展研修活动，注重研修的针对性、实效性，让校本研修接"地气"。根据学校及教师个人的专业发展规划目标，结合教师自我诊断情况和个人发展需求，我们有针对性地制订了"奉贤中学校本研修课程计划"，形成了"师德修养、教学技能、育德能力、教科研能力、教育理论、专业培训、交流展示"七个研修模块，共有专题讲座类、理论学习类、课题研究类、实践研训类、评比观摩类、技能培训类、展示交流类、考察学习类等28项培训课程。通过搭建模块化课程的研修平台，校本研修活动的开展变得更加系统化、程序化、制度化。

（一）培训讲座，指导教师个性发展

针对不同层次、不同学科的教师发展需求，我们开设了各级各类培训讲座，以专题培训的形式，有针对性地指导教师个性发展。

1. 各类讲座，激发教师潜能研究能力

要真正有效激发学生潜能，教师需要具备激发学生潜能的综合素养。为此，我们根据教师素养的缺陷，组织开展了一系列有针对性的校本研修专题活动。

（1）邀请市内知名教育专家开展主题讲座培训

每年利用暑期集中培训和平时政治学习的时间，先后邀请上海市教育学会、教科院、高校的教育专家，以及知名特级校长、特级教师等，来校为教师开设有关教育理论、教育科研、课堂教学常规、课程开发与实施等方面的主题讲座，帮助并指导教师更新教育理念，改善教学方式。

（2）聘请市级专家导师团带教指导

作为上海市教育学会指导学校，我们还成立了以张民生会长为团长，由市内知名教育专家组成的"奉贤中学专家导师团"，通过专题讲座、座谈交流、现场指导及教学咨询等形式，对我校骨干教师进行高层次的专业指导，帮助这些教师突破专业发展的"瓶颈"。

（3）邀请专业研究团队开展系列专题讲座培训

随着课程改革的深入，2018年12月，学校申报了区级课题"新课标背景下高中项目化学习的实践研究"，意在通过项目化学习进一步激发学生的潜能。2019年3月，学校为每位教师购买了夏雪梅的《项目化学习设计：学习素养视角下的国际与本土实践》进行理论学习，并通过撰写学习体会、教师论坛分享体会、公开课研讨、备课组项目化教学设计等方式开展项目化学习实践研究，使大家有了一定的感性认识。为了更深入地开展项目化学习，学校特邀请夏雪梅博士及其项目化研究团队，在2019年8月开展了为期三天的项目化学习专题培训。培训以工作坊形式开展，分六个专题进行。夏雪梅博士主讲的"素养视角下的项目化学习"，让每位教师对项目化学习的理念和整体设计有了更深入的认识；华东师范大学课程教学系方超群教授主讲的"俞子夷的'设计教学法'——项目化学习的历史身影与当下启示"，让大家深入了解了项目化学习的历史与当下，更明确了项目化学习的意义和价值；刘潇老师主讲的"借鉴表现性评价促进项目化学习质量"，剖析了项目化学习的评价原则、量规制订及评价方式；上海市教育科学研究院崔春华老师主讲的"项目化学习的关键要素与设计"，从项目化学习的基本流程到每一个环节的关键要素的设计，进行了详细的解读；北京景山学校周群老师主讲的"中学语文学科项目化设计与实施"，让大家有了感性认识；在"项目化学习驱动性问题的设计及实践"专题讲座中,夏雪梅博士针对驱动性问题的概念、设计原则及策略进行了案例分析和解读,然后大家按照学科分组进行了热烈讨论,并将研讨的一个学科驱动性问题和涉及的关键概念撰写在板报上进行分享,接着大家相互评议、修订,最后夏博士进行了点评和总结。三天的专题培训强度高、密度大,既有理论指导,又有案例分享和分组实践,大家都表示受益匪浅,对项目化学习的设计、实施和评价有了更深的认识。后期,每位老师都撰写了培训心得,参与了项目化学习的教学实践并撰写教学案例、总结经验。每个学科将继续研讨、开展一个单元的项目化学习设计案例,项目化学习的研究之路由此开启。

(4) 与高校联合开展"通识"系列讲座培训

2009学年起,我们与复旦大学社会科学高等研究院联合举办了"育贤通识"系列讲座,全体教师与高一学生一起聆听了复旦大学高研院院长邓正来教授等各领域知名专家的系列专题讲座,内容涵盖文学、历史、哲学、政治、经济、法律、外交、军事和社会热点等领域。广大教师开阔了视野,拓展了知识面。

(5) 组织教师外出考察学习和进修

近几年,我们组织行政领导及骨干教师,分批赴全国学校进行学习考察活动。参与教师认真听取各学校课程改革情况介绍,与相关学科的教研组长进行对口交流,浸润式地学习、感悟各校教育改革的成功经验和做法。例如选派部分教师外出观摩"创客"教育博览会、参加STEAM教育培训等活动。

2. 规范培训,指导见习教师成长

作为见习期教师规范化培训基地,自2011学年起,我们承担了对本校和区内高中学段见习期教师的培训任务。学校成立了相关工作管理领导小组,制订了见习培训方案和翔实的培训实施计划;安排了优秀骨干教师承担"一对一"的学科教学和班主任工作带教指导任务;通过系列专题讲座、跟踪听课、教学研讨、课堂教学实践、课例研究与跟踪视导、班级工作管理、主题教育活动等途径,让受训对象积累第一手实践经验,提升专业技能。学校还参与编制了由区教育局组织汇编的《见习教师100问》一书,撰写了其中的"20问"。结合2016年首届市见习期教师培训展示评比活动,学校组织见习期教师参加"课堂教学能力""三笔字""教育智慧呈现""演讲"四大项目的初赛评比选拔活动,马天翼、沈龚妍等老师在市展示评比中分获一等奖。

3. 专项讲座,提高教师综合素养

根据学校教育改革和转型发展的需要,并针对教师的"软肋",我们组织开展了专项化的校本培训活动。

例如,在2016年1月、6月、8月,我们组织全体教师分三批先后参加了"英国NLC中国区'关键教育事件学院'——奉贤中学2016年教师专业发展项目"的校本培训活动。该活动的主题是"基于关键教育事件的案例撰写",由我校与英国剑桥新高度教育研究院心理学研究中心联合主办,长宁区教育学院沈民冈老师主持。在每批三天的培训过程中,主办方围绕案例撰写的问题,给学员们提供了培训课程:第一章"困惑与出路",着重分析了教师的课堂困惑、产生困惑的缘由、解决困惑的出路;第二章"聚集于白描",着重介绍了呈现聚集与白描的五步法、事件白描艺术加工、事件白描质量评价;第三章"分析与对策",着重研究了跟进式行动教研、问题分析、问题解决与对策、教师实践能力升华;第四章"价值启迪",着重介绍了事件认识、案例领悟、表达形式;第五章"案例撰写",着重介绍了案例的框架结构,并就案例撰写进行了现场互动和辅导。培训活动内容安排充实,每天通过讲座学习、讨论交流、思考回顾的方式展开,每个板块均聚焦于解决一个核心问题,均需要完成一个阶段任务,而这种阶段性任务导向的学习模式,既提高了学习效率,又有效促进了教师能力的提升。与此同时,培训活动又给学员们提供了丰富的课程资源和生动的案例,这些鲜活的教育情景使学员们产生了共鸣,激发了大家对于身边关键教育事件挖掘的兴趣。在头脑风暴式的培训现场,学员们积极互动,认真参与小组讨论交流,兴趣高涨,气氛热烈,在语言的交锋、思维的碰撞过程中,大家得到了智慧的增值和情感的升华,促进了互相反思、共同提高。通过本次培训活动,学员们对于教育案例撰写的框架与思路有了更清晰的认识,案例撰写的质量有所提升。同时培训活动也促进了教师教学研究与案例研究的综合能力的提升。2016年4月29日下午,教师发展中心组织举办了主题为"站得更高,看得更远"的关键教育事件案例撰写培训成果交流的教师论坛活动,五位老师分别交流了自己撰写的教育案例、参加培训的体会,给了大家深刻的启迪。校刊《教研新圃》专刊也刊登了一些参加培训的学员撰写的关键教育事件研究案例,旨在让大家共同分享他们的智慧火花,感悟培训过程中同伴互助对于个体思维的完善、智慧的迸发所起的作用。

结合创新实验大楼的建设使用,目前,我们正在开展以理化生学科教师为主体的"基于学科教室创新素养课程设计与实施"的校本培训活动。该活动主要由我们的博士生团队负责,他们邀请市内科研院所的相关专家作专题讲座,并进行具体指导。

(二) 项目研究,促进教师发展

我们注重优化教育科研机制,完善科研管理制度,加强教科研工作的领导力、指导力和组织管理,实施从经验提升到项目驱动的科研战略,形成了引领学校发展的课题群。目前,我们的教师积极参与教育科研活动,每年有多项市、区、校级的课题申报并立项,初步达到了"人人有科研项目"的局面。

1. 以学校龙头课题为引领,提高教师课题研究能力

2014年,我们的课题"大数据背景下激发高中生发展潜能学习环境建设的行动研究"获市教育科学规划项目立项。该课题旨在通过对理念、设备、技术、管理、培训、资源、教学实践、线上线下学习、调研和提炼总结等方面的实践研究,创建有利于激发学生发展潜能的学习环境。该课题的情报综述获"2014年上海市中小幼课题情报综述征文评比"三等奖。

为了实现新一轮发展规划中关于"创建现代化研究型高中"的愿景,我们启动了区级课题"奉贤中学提升教师研究力机制构建的实践研究",旨在通过科学规划、搭建平台、特色提升、评价激励的策略,培养教师具备自我诊断、制订个人研究力发展规划的能力;健全并完善提升教师研究力的评价考核机制;形成提高教师研究素养的校本研修课程体系,搭建提升教师研究力的研修平台;建立学科高地,培养大批研究型的教师,从中产生一批专家型、学者型教师。

2. 以挑战性项目为抓手,提高教师项目研究能力

自2013学年起,我们试行了教师"挑战性评价"方案,以"挑战性项目研究"的

方式展开。项目研究的内容,要求能有针对性地解决工作中的某一重点、难点或瓶颈问题,且有突破、有创新、有特色、有成效、有推广价值。教师根据学校发布的《项目研究指南》,并结合自己教育教学工作的实际情况和设想,确定申报的研究项目。项目申报评估流程分为立项审核、中期评估、终结评估、学校审定四个环节。项目研究的形式简便,既能体现教师的个性化研究特色,又能更有效地促进教师教育研究能力的提高。

3. 以班主任学苑为契机,提高教师育德研究能力

创建了"班主任学苑",成立相关导师团和三个班主任工作室,分别对职初班主任、骨干班主任、民族教育特色班主任的不同群体,开展个性化、规范化的培训与研讨活动。例如,组织全体班主任交流"使用自编校本德育教材《贤润》"的心得体会、实施举措,以便相互启发、借鉴。再如,开展班主任德育技能大赛,以赛促建,促进班主任对相关政策和德育原理的掌握运用,促进班主任开展主题班会设计和实施的能力,提升班主任人际沟通与交往、教育资源整合的能力。

我们通过开展德育工作专题讲座、专题研讨、外出考察学习等活动,促进了班主任的特色发展和共同成长,也进一步提升了班主任的育人水平和开展班级管理工作的潜能教育素养。

班主任以班级建设为主阵地,开展德育研讨活动。组织开展班级常规管理、温馨教室建设、班干部培养、学生自主管理指导、学生思想教育、学生心理疏导、学生生涯发展规划指导、学生社会实践活动策划与指导、学生领导力培养、学校节庆活动策划组织、主题教育课设计、家访指导、教育情景案例辨析、导师制指导活动培训等方面的德育实践研究活动,强化"人人都是德育工作者"的意识,增强德育工作技能,不断提升开展品德教育的潜能教育素养。

潜能教育促进育德能力提升

李 丹

从2013年进入奉贤中学工作至今,已经过去了八个年头。八年的时光,在这片沃土上,我从一个稚嫩懵懂的新手逐渐成长为一名比较成熟的德育工作者。一路走来,离不开家长和学生的支持,更离不开学校的信任和帮助。

1. 在承担中成长

从工作第一年起，我开始担任年级的团支部书记，全面参与到年级部自管会的管理工作和学生活动之中，渐渐对于德育工作有了最初的理解。高中阶段是学生心理发展的关键时期，因此做好德育工作非常重要。从工作第二年起，我开始担任物理班的班主任，秉承着"以言教者讼，以身教者从"的理念，我全身心投入到教育教学中。从物理班到综合班，从平行班到实验班，学生不断变化，但我的热爱与思考从未停止。所带班级先后获得区、市先进集体，多名学生被评选为市、区三好学生。三届高三毕业班高考成绩优异，2020届两名学生零志愿考入清华、北大。自己也多次被评为校优秀班主任、教书育人模范等。2015、2020年两次获得区行政嘉奖。

2. 在研究中精进

蒙着头教育，路将会越走越窄，今天的德育工作者更需要不断地针对真实的教育情境问题进行学习和研究。八年来，我先后参加过区职初班主任工作坊、区骨干班主任工作坊、区青年课题指导培训、上海市家庭教育指导师培训等，在学习理论知识、优秀前辈经验的基础上，不断地拓宽自我视野，优化自我管理智慧。先后获得骨干班主任工作坊优秀学员、家庭教育指导师证，两篇德育论文在区教育学会获二等奖，一篇论文获一等奖，多篇论文发表在《奉贤教育科研》《教研新闻》上，主持区课题"温馨高三系列化主题教育课程研究"并顺利结题。

3. 在比赛中绽放

积极参加各类比赛更是提升自我的最好机会。智慧的火花在碰撞中产生，而参加比赛意味着你会见到更多不同的个体，接触多元化的思维方式和不同的教育智慧，这激发我进一步思考如何处理问题和完善自我。一直以来，我主动参加各类比赛，在比赛中挑战自我，在比赛中自我成长，先后获得区"i奉贤"主题教育教案一等奖、课堂评比一等奖、区"防疫第一课"主题教育课一等奖、市"非常时期·非常课"二等奖、第九届长三角班主任基本功大赛二等奖。

于我而言，德育这条路才刚刚开始，一路行走，一路学习，不断反思，持续进步。

(三) 团队研修,促进教师快速发展

借助团队力量,能更好地提升教师的专业发展。我们尝试通过教研组的团队研修和跨学科的教师互助团队研修等多种形式,开展集体互助的教师研修活动,激发教师潜能。

1. 教研组团队研修,提升课程教学潜能

教研组是校本研修的主要阵地,课堂教育教学实践研究则是校本研修的重要环节。我们注重同伴互助合作的有效教研活动,旨在把教研组建设成为教学信息中心、课程开发中心、学科资源中心、教学研究中心、教育科研中心和专业发展中心,促进教师的专业发展。

组织全体教师在认真学习本市颁布的《课程执行标准》的基础上,参与编制我们的《学科课程校本执行纲要》,进一步规范并细化每课时的教学目标、内容、要求和实施建议。通过亲身参与"校本课标"的编制,教师对"课标"的理解更深刻了,执行力也更到位了。

近几年来,我们以"学案导学"为抓手,开展了以"改善教与学方式"为主题的案例研究活动、项目化学习的研讨活动;制订了学案编制的流程,以备课组为单位,经历个人主备、集体研讨、修改完善环节,形成学案序列;聘请专家作系列讲座指导,规范学案在课前、课中、课后三个阶段的使用。经过多年的磨合、完善,全校已全面推广使用学案,并积极进行课程教学改革,提升教师课程开发和教学能力。

2. 建设教师研究团队,合力共赢释放潜能

2014 学年起,我们初步探索建立了"教师自主互助研究团队"。该团队由志趣相投的教师自发组织成立,旨在进一步促进教师的专业发展,提升教师个人素养。

结合我们教育教学改革推进工作和挑战性项目研究的实际,学校从宏观上确定互助研究团队的类别、研究领域、队员学科属性等原则性指导意见。以个人自荐与学校推荐相结合的原则,确立团队负责人,再由团队负责人组织招募并选定团队成员。每个团队以 7~8 人为宜,以一个学年为周期自主开展相关研究活动。学校成立了"慕课教学研究""启航科技创新研究""课题项目研究""信息技术促

进有效教学研究""数学与其他学科教学整合研究""聚贤堂书友会研究""社会时事研究"共七个团队,成员达40多人。

(1) 以点带面,挖掘教师专业发展潜能

在研究学校整体教师队伍发展的基础上,由学校推荐结合教师自荐,招募互助团队负责人。团队负责人须在教育教学的某一领域有研究专长,有较强的组织管理能力,并对互助研究团队活动的开展有兴趣、有热情、有想法,善于调动团队各成员的积极性和聪明才智。由团队负责人拟定互助团队的招募方案并发布"互助团队成员招募报名"信息,基于自愿报名与团队负责人推荐相结合的原则,由团队负责人自主确定录取对象。建立互助团队,有利于形成核心骨干成员,推广研究成果,形成示范辐射效应,并使教师互助研究活动呈现出"百花齐放、百家争鸣"的局面,进而促进团队负责人和成员向高层次、个性化、跨学科协作的专业发展,促进教师提升研究力,形成个性化教育教学特色,向专家型、学者型教师方向发展。

(2) 保障激励,激发教师的潜能

学校将"教师自主互助研究团队"定位于"非正式组织团体",给予团队及其成员较大的自由度,团队的活动情况优劣不与学校对教师的综合考评挂钩,但对优秀的团队及个人进行表彰奖励。原则上要求团队每月至少举行一次研讨交流活动,且每次活动须围绕一个专题进行。积极鼓励团队定期以"教师沙龙""专题研讨会""微型讲座""外出观摩学习""教师论坛展示交流"等多种方式进行团队自主发展实践活动,并给予时间、经费和物质条件的保障。学校根据互助团队活动的开展状况、研究成果、教师论坛展示效果和研究活动资料提交等情况,评选出"优秀团队"和"优秀个人",并进行表彰奖励。

(3) 有序监督管理,促进团队发展

学校从招募互助团队负责人之初,就公布了《奉贤中学教师自主互助研究团队构建方案》,明确了团队活动的目标、要求和实施流程,并编制了《活动记录手册》,规范研究活动的有序开展。各团队完成招募和组建后,通过集体研究讨论,制订了团队研究活动的计划和主题。团队开展的个人自主研究实践、团队定期集中研讨交流等各项研究活动,需及时填写在《活动记录手册》中,做好相关研究资料积累。每学年结束时,各团队对互助研究活动的各类资料进行整理、汇总,团队负责人撰写活动总结,每位成员撰写一篇个人研究案例或体会,并连同《活动记录手册》提交到学校。每学年学校举办"教师论坛专场展示"活动,展示交流各研究团队的研究过程、具体做法、协作体验、收获体会和研究成果,让其他教师分享成功经验,并进行"优秀团队"和"优秀个人"的专项表彰奖励。同时学校将收缴的所有团队研究材料进行分类整理、装订、存档,以便相关工作的查询、总结、提炼。

(4) 开展互助研究,唤醒学生潜能

教师自主互助研究团队积极开展研究,唤醒学生潜能。例如,"启航科技创新研究"团队致力于科技创新项目的构建、开展途径与方法等方面的研究,通过跨学科教师间的协作交流,促进团队成员逐渐形成多元化的思维模式,在学科交叉点上碰撞出新的思维火花,并以"培养创客精神,开展创客教育"为重点内容,以STEAM主题项目研究的形式,积极开展科技与艺术相融合的教学探索,构建适合学生终身发展、培养学生兴趣与科艺素养、激发学生科技创新潜能的校本课程。在互助研究过程中,团队成员开展了科创项目实施情况交流,并相互提出建设性的改进建议,互帮互助,共同提高。同时,团队成员还外出观摩了STEAM教育论坛活动,前往"蘑菇云""柴火""苔萌制造局"等教育创客空间站参观学习,既开阔了视野,又打开了研究思路,还提高了创新教育的能力。通过互助研究活动,教师的科技创新意识、综合素养有了明显提升,在指导学生科技社团活动、培养学生创新思维能力、激发学生科技创新潜能等方面,取得了显著成效,指导的学生在高级别科技创新大赛中屡获佳绩,更是取得了历史性的突破。

作为教师专业发展的一种重要形式,教师自主互助研究团队真正体现了"自发组织,主动发展""相互帮助,合作共享""切磋交流,集思广益"的宗旨,并成为教师专业发展的有力助推器。在互助团队里,有志同道合的同伴,有愉悦交流的氛围,有智慧碰撞的环境,有自由发挥的空间,有张扬个性的平台,有体验成功的快乐。各团队成员踊跃探讨、充分发表观点、无私提供经验、借鉴他人创意、共同解决问题、共享成果资源,感受到了跨学科教师间的复合型协作乐趣,也取得了实实在在的"双赢"。

潜能教育促进创新素养培育能力提升

华 丽

我们在2015年成立了科艺创新教研组,主要是为了培养学生的创新实践能力。因此,教师自身的创新素养必须不断提升。除了组内围绕科技教育的研讨活动外,我还积极参与校内外的各类培训学习活动,自主钻研、探索,不断激发自身的科技素养和创新潜能。

1. 参加教师互助研究团队,提升创新研究潜能

自2014年起,学校组织了"教师自主互助研究团队",我先后参加了"启航科技创新研究""STEM课程建设研究""课题项目研究"三个团队。我曾前往拜耳材料公司的废水处理部门参观学习,到上海汽车博物馆了解汽车发展历程中的各项创新技术,观摩学习了同济大学、华师大等组织的"STEM教育论坛"等。在教师互助研究团队的各项研讨活动中,我与同伴经常碰撞出智慧的火花,这拓宽了我的教育视野,让我了解到科技教育的各种教学模式与方法,提升了我的创新研究潜能。

2. 参加科技辅导工作培训,唤醒创新教育潜能

为了能够更好地引导学生开展科创活动,我经常参与上海市少科院、科普促进会、青少年活动中心等组织的科技辅导员培训活动。在学习与交流的过程中,一方面,我增长了许多科技教育辅导的理论知识,拓宽了科技创新教育新视野、新思路;另一方面,我了解到了各种科技创新教育辅导的方法,为我的创新教育实践提供了理论与实践的有力支撑,助推我唤醒创新教育的潜能。

3. 辅导学生科技竞赛活动,释放创新教育潜能

科技辅导工作是我入职以来的重点工作之一,在指导学生开展科技类课题研究的过程中,我经常鼓励并推荐学生参与各级各类科创比赛,释放其创新潜能。于学生而言,参与科创比赛意味着能够在更大的平台上展现自己的研究成果,且有机会与更多优秀的研究者交流、探讨,并从中汲取养分、受到启迪。于我而言,指导、带领学生参与一次次的课题研究比赛,能够增长指导经验,不断激发自身的创新教育潜能。多年来,我辅导的学生在各级各类科技创新比赛中屡创佳绩。例

如，近几年，获得第 33、34、35 届上海市青少年科技创新大赛创意、成果板块的一等奖 2 人次、二等奖 11 人次、三等奖 30 人次；获得第 14、15 届中国少年科学院"小院士"课题研究成果全国展示交流活动的一等奖各 1 人次；获第 18 届"明日科技之星"评选活动的"科技希望之星"1 人次。同时，我也被评为第 13、14 届中国少年科学院"小院士"评选活动的"全国优秀科技教师"，以及第 30 届上海市青少年"金钥匙"科技活动的"优秀指导教师"。

在培养学生创新潜能方面，通过自己的默默耕耘与努力钻研，我的科技辅导能力和工作业绩得到了学校的认可，而这份认可的背后离不开学校的培养，离不开学校为教师搭建的研修平台、创造的各种提升机会。也正是在学校深化潜能教育思想的引领下，我在指导学生开展科创研究活动的过程中，不断成长，不断提升潜能教育的能力。

（四）经验展示，共享教师发展

我们积极为教师搭建展示交流的平台，帮助教师总结、提炼、分享教育教学工作的成功经验和体会，使感性认识理性化、隐性经验显性化、零星经验系统化，从而促进全体教师的共同提高。

1. 组织开展"育贤杯"课堂教学评比活动

每年举办"育贤杯"课堂教学评比活动，由高、中、初级教师轮流参加。先在各教研组范围内进行初赛选拔，然后根据选拔结果确定参加决赛的人员。利用周日或"评比周"的时间，要求全体教师分别选择观摩本学科及外学科的若干节决赛课，并填写、提交听课评价表。赛后由评委进行点评，学校对参赛选手进行评奖、表彰。

2. 组织开展"教师论坛"展示交流活动

每学期由各中心轮流策划组织开展"教师论坛"活动，展示各个层面教师在教育教学改革过程中的探索成果、成长历程、收获感悟；同时，树立典型榜样，推广先进经验，相互启发激励。

例如，"家校联动，智慧育人"主题论坛活动，先根据给定的若干教育情景案例,提出需要解决的问题;然后以班主任代表与家长代表对话交流的形式,共同探讨学校与家庭教育的思路和做法;最后,请外聘教育专家作点评,并就教育主题课的设计原则和家庭教育的注意事项等问题作解读。

"站得更高,看得更远"——关键教育事件案例撰写培训成果交流主题论坛活动,五位老师代表分别交流了自己撰写的教育案例、参加培训的体会,带给了大家深刻的启迪。

3. 组织开展《教研新圃》论文展示交流活动

校刊《教研新圃》是我们教师教育教学研究成果交流、辐射、示范的平台,自2007年改版至今,共编辑了86期,包括教育教学研究、课程研究、教育教学案例、课题研究、教师成长等栏目。

广大教师紧密联系学校倡导的热点问题,认真总结教育教学工作的成功经验、课程改革实施的探索感悟、教学范式研究的案例成果、德育生活化工作的心得体会等,踊跃投稿,把自己的经验和收获分享给其他教师。因此,《教研新圃》忠实记录并见证了我们教师在教育教学工作中不断成长的历程。

多年来,在教师专业发展规划的引领与保障下,我们走出了一条具有学校特色的校本研修之路,给广大教师提供了适合专业发展的成长环境,教师的发展潜能被有效激发,综合素养明显提高,一批师德高尚、教育教学业务精湛的骨干教师迅速成长起来了。

三、保障教师专业成长,完善潜能教育提升机制

为了切实保障教师潜能教育素养提升机制的构建,应着眼于长远,着眼于教师的内驱力,聚焦教师个人自主发展规划的制订与实施,通过规划引领,使教师的专业发展更富有目标性和计划性。同时,为了教师的可持续发展,应注重教师梯队建设,通过"分层递进带教链"等培训机制,保障教师的专业成长,使教师激发学生潜能素养的提升真正得到落实。

(一)构建育贤培养工程,分层递进带教培养

为打造高端发展的名师梯队,促进教师研究力的提升,提高教师激发学生潜

能的素养,我们制订了《奉贤中学名师梯队培养建设方案》。通过实施"育贤"培养工程,学校逐步打造一支师德高尚、业务精湛、结构合理、身心健康,且能把握时代脉搏、洞悉教育走向、不断超越自我、具有强大集聚力的名师梯队,为学校的内涵发展、品牌建设、特色创建保驾护航。

根据专任教师的年龄、教龄、职称、师德表现、教育教学工作业绩、教科研能力、学术荣誉、参加培训情况、自主发展愿望等因素,从中选拔部分优秀教师作为重点培养对象,并结合市"双名"培养工程(三个"计划")、区"卓越教师工作室"培训等,安排校内外各层面专家、优秀资深教师,对他们进行培养指导,同时构建三个"计划"的"分层递进带教链":针对见习期教师的规范化培训、二级教师的校内师徒带教培训;开展针对以一级教师为主的区"种子计划"、区名教师、名教师工作室、特级教师工作室的培训,促进教师快速成熟;开展针对以资优高级教师为主的市"攻关计划、高峰计划"名师培养、区卓越教师"名优项目"市专家导师带教培养。

例如,季思韵老师从2020年6月到12月,一共参加了20余场奉贤区2020年新招聘教师的培训,包括9场前置培训、7场规范化培训,以及多场由基地学校组织的培训讲座。这些讲座由资深的教育专家主讲,聚焦立德树人、家校共育、专业发展等角度,启发青年教师规划职业生涯、建立教学魅力。同时,她在见习培训实践历练中激发了教育教学潜能,获得了快速成长。

(二) 落实达标评价制度,评价促进教师发展

在《教师自主发展规划实施评价方案》《规划目标参考指南》框架下,学校组织评估组专家对教师的三年自主发展规划进行评价。针对"教学德育、教育科研、培训指导、学术荣誉、自主特长"五个类别的若干具体指标,通过"制订规划、实施规划、达标申报、达标认定、终结评价"的流程,实施"达标式"评价。

1. 健全基础性评价,促进个人规划达成

"基础性评价"旨在对一些常规性、任务性的工作进行评价考核,体现评价的基础性、规范性和导向性特点。评价项目分为"德育工作Ⅰ(班主任)、德育工作Ⅱ(非班主任)、教学常规、教学成绩、课程建设、学生问卷"六大类。评价结果将作为

教师职称评审、评优奖励、绩效工资、聘用聘任等方面的主要参考依据,这无疑为教师实施个人发展规划创设了良性的激励机制。

2. 实施发展性评价,激励教师个性发展

"发展性评价"旨在对一些较高层次的自主性工作进行评价考核。教师针对《规划目标参考指南》中涉及的"教学德育、教育科研、培训指导、学术荣誉、自主特长"五个类别的若干具体指标,自主制订适合自己的专业发展目标和个人三年自主发展规划。通过"制订规划、规划交流、审查指导、修改调整、实施规划、达标申报、达标认定、终结评价"的流程,实施"达标式评价"。

每轮规划周期结束时,依据个人规划总体达标的数量、档次、难度、成果等综合情况,评定"教师自主发展奖",并对其中"优秀奖"的获得者进行表彰,颁发证书。发展性评价结果将作为绩效单项奖励、评优推荐、专家型名师培养等方面的重要参考依据,这无疑为教师实现自主发展目标、突破专业发展"瓶颈"创设了良好的激励空间。

通过各级专家、优秀资深教师的带教指导培训,并借助他们的学科专业优势,发现、培养学科领军人、骨干、青年骨干教师后备对象,并通过评价激发教师的发展潜能,促进他们朝专家型、学者型方向发展。

第二节　营造良好学习环境,保障潜能教育实施

学习环境是影响学习者学习的外部环境。良好的学习环境应包含:①先进的物理学习空间;②优质丰富的学习资源;③拓展学习时空的技术环境;④良好的情感学习环境。良好的学习环境是促进学习者主动构建知识意义和促进能力生成的外部条件。学校借助信息技术将以上四种学习环境进行整合,建设激发学生潜能的美丽校园环境。

一、打造校园信息环境，提供教育基础保障

潜能教育的信息化校园环境包括硬件基础建设和软件平台建设。学校按照先硬件后软件的建设原则，打造信息化学习环境。通过硬件基础建设，实现了物理学习环境和技术学习环境的改善。通过软件平台的建设，实现了学习资源的转型与优化。

（一）搭建智慧校园平台，实施全面智能管理

2015年开展硬件基础建设，构建了无线网络环境，为师生开展网上教学活动提供了有力保障；2017年学校数据中心建成，为学校的信息化系统运行提供了底层数据支撑；2018年统一身份认证系统建成，它联通学校原有的各系统，实现各系统数据的单点登录，使基础数据实现统一管理与使用；2019年开始加大各类信息化平台的建设。

信息化平台的建设主要包括四个方面：开发、添置支持学生学习的网络化的多媒体学习平台；建设基于大数据分析的作业分析系统平台；建设基于大数据的学生数据综合评价及行为分析系统；建设管理智能化、一体化、全面化的"智慧网"管理平台。其中前三个方面的建设和成效在本书第四章第二节"优化教学方式，唤醒学生学习潜能"中已作详细阐述，此处不再赘述。此处详细介绍第四方面"智慧网"管理平台的建设目标、主要理念、主要功能和主要成效。

1. 建设目标

"智慧网"管理平台致力于对潜能教育进行全面的智能化管理，包括：①用信息技术全面感知物理环境，智能识别师生群体学习、工作情景和个体的特征；②将学校物理空间和数字空间有机衔接起来，为师生建立智能、开放的教育教学环境；③通过信息技术与教育教学实践的深度融合、优化，重构教学、教研、管理和服务等过程，提高教育教学质量和管理水平，促进师生全面发展；④改变师生与学校资源、环境的交互方式，开展以人为本的个性化创新服务；⑤体现一体化大数据设计理念，打造泛在化、信息化生态环境，满足学校师生工作和生活服务类要求。

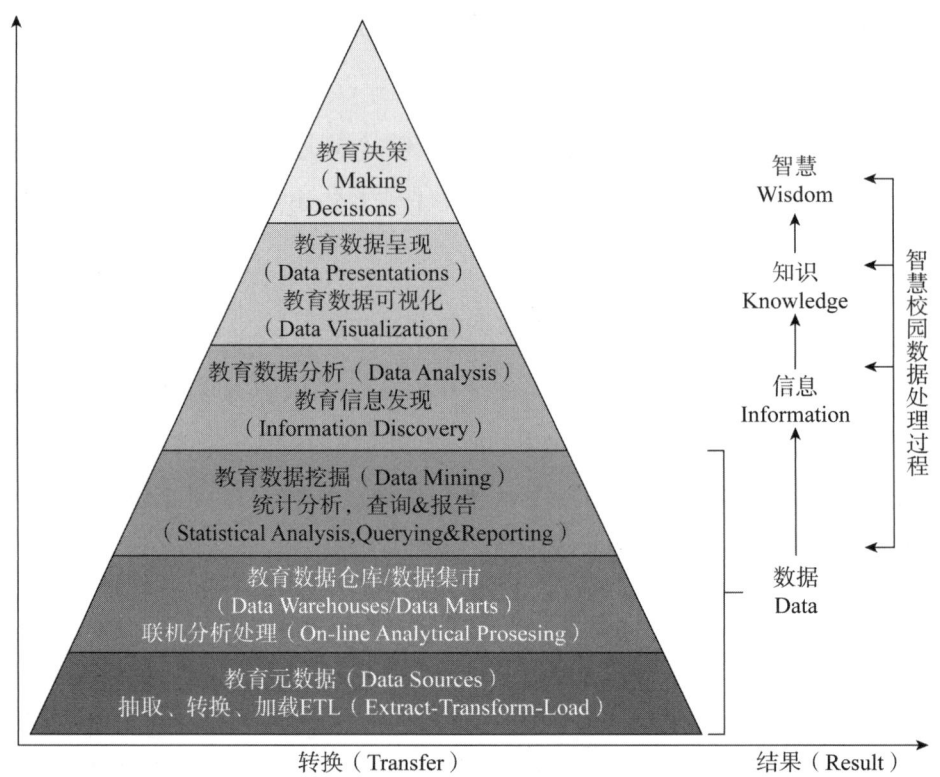

图 6-1 智慧校园的整体概念

2. 建设理念

（1）智慧校园的整体概念：是指以促进信息技术与教育教学融合、提高学与教的效果为目的，以物联网、云计算、大数据分析等新技术为核心技术，提供一种环境全面感知、智慧型、数据化、网络化、协作型一体化的教学、科研、管理和生活服务，并能对教育教学、教育管理进行洞察和预测的智慧学习环境。

（2）一体化设计、高度集成：统一登录、统一界面、用户操作简单，系统深度融合，各系统高度集成在学校统一平台，并支持多用户使用，交互友好、方便。

3. 主要功能

（1）基础平台：是整个建设的关键支撑。各种应用通过集成平台可以非常方便、快速地提供个性化服务，实现单点登录及数据共享，有效地解决信息孤岛问题和标准不统一的问题。平台使教与学信息化、教师能力提高信息化及管理信息化等各类应用集成为一个整体,为各类用户提供教育信息化服务。集成平台包括校园门户网站、基础数据管理、统一认证等应用,支持多用户使用、多环境融合接入及多终端访问。

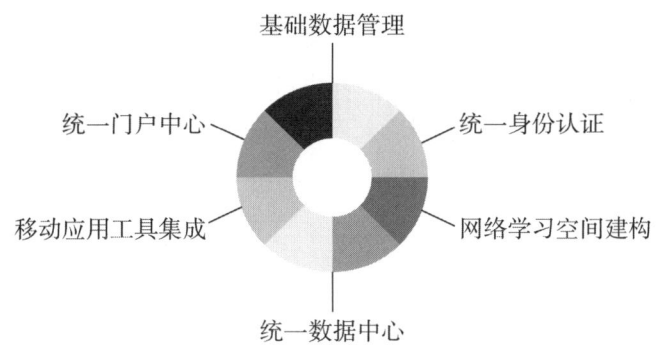

图6-2 基础平台组成图

(2)管理平台与物理学习环境的整合:智慧网提供了与"多媒体教室""专业化实验室"(理化生学科教室、艺术教室、心理健康室、英语口语模考教室、STEAM创客实验室、天象馆、虚拟科技体验实验室等)系统的数据对接接口,用户能从以上系统中无缝获取数据。

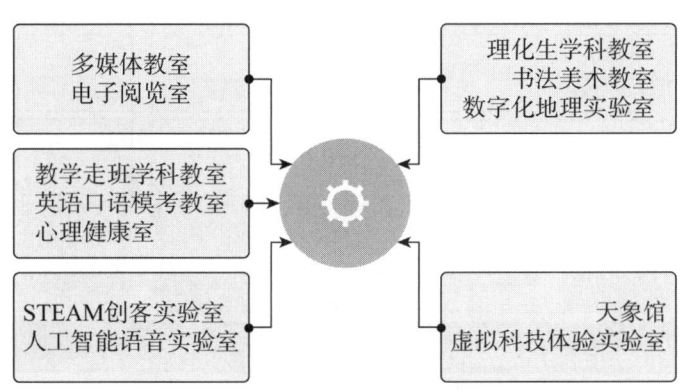

图6-3 智慧网与学习环境整合结构图

(3) 教育教学管理平台:教学管理平台实现过程化管理,从开学前到学期结束,全面覆盖教育、教学管理全过程。

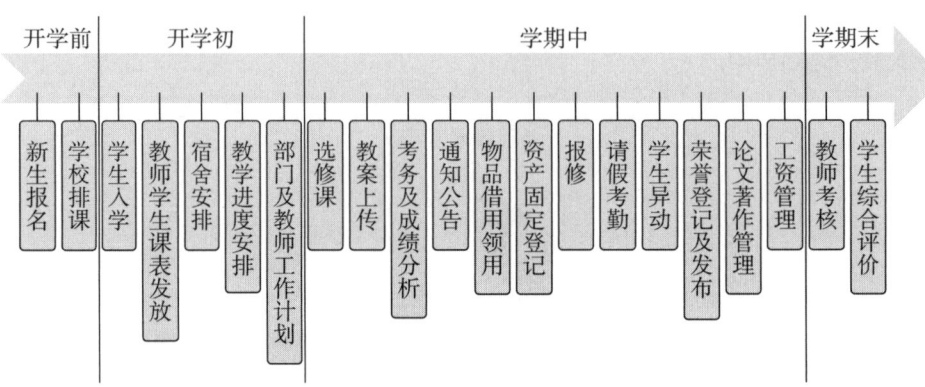

图6-4 从开学到期末"智慧网"管理工作示意图

图6-5 "智慧网"基本功能示意图

（二）立足走定结合，打造信息化学习空间

学生的综合学习活动空间，在校内主要以行政班教室、学科教室、专用教室为主，辅之以图书馆、科技楼、宿舍等；在校外有教育基地、社区乃至家庭学习环境。学校立足于走定结合的上课模式，将这些综合学习环境进行信息化改造，让学生在任意一种环境中都能实现有效、自主的学习。

1. 提供平台基础，建设优质定班学习空间

2014年，学校为3个信息实验班建成了5GHz频段、1240M带宽的无线高速环境，确保全班学生同时在线观看微视频、完成在线测试作业。2015年，学校一次性投资，为全校所有行政班教室安装了无线收发器，实现了无线网络信号全覆盖，为学生开展移动学习提供网络基础保障。2014—2016年，学校采用从产品购买到定制开发的方式，分步完成了自主学习平台的搭建，包括：采购服务器3台、自主学习平台系统1套、微课制作大师1套；完成平台的构建与调试，完成信息班师生的使用培训，依据实践中提出的使用需求不断定制平台的新功能；逐步完成学生综合学习平台的建设及学习资源的开发，如平板离线学习的数据不同步问题，作业辅导录制的屏幕过小问题，网络作业的发布与批改问题，各类学习资源格式兼容性问题，各类学习资源的共享性问题，学习资源APP的安装问题等。

2. 聚焦学科需求，建设一流走班学习空间

走班学习环境以基于学科教学特点的专用教室为主，自2014年以来，学校分批建设了物理、化学、生物、创新技术类学科教室共14间，并根据各学科教室的需求配备了信息化设备。例如，生物学科教室配备了数码显微设备；化学学科教室配备了由物联网控制的通风、给排水系统等；物理学科教室配备了数字化实验设备。同时，理化生各一间学科教室配备了全自动录播系统，便于教师开展课后教学分析与研究。对于实验室、专用教室、图书馆、科技馆的建设，主要体现在场馆管理上。2014年至今，我们依托创新实验楼建设、图书馆改建等机遇，引进"物联网技术"，方便对各类场馆的有效管理。如利用电子门禁、红外报警、监控技术确保专用场馆的安保问题；利用远程灯控、远程给排水系统等对专用教室水电进行

统一管理,避免出现由于管理人员疏忽而导致的水电浪费;利用资产管理系统,分别对专用教室重要资产、图书馆书籍等进行管理,提高管理效率。

3. 便捷自主学习,建设先进移动学习空间

校园移动学习环境是指学习者在校园任意地方、任意时间都能利用"移动网络+移动学习终端"的模式获取有效的学习资源,开展自主化、个性化的学习。覆盖教学区的无线网络、学生自带的移动学习终端设备及无感知认证、丰富的电子学习资源、开放的学习管理,有效地组成了我们的校园移动学习环境。学生能随时随地开展诸如背默单词、观看作业辅导视频、微视频预习、电子图书借阅、虚拟社区交流等学习活动。

我们打造数字化、智慧化的教学环境和安全、高效的网络平台,有助于信息的记录、搜寻、整合、管理,为学校进行网络管理、教师实现教学目标、学生开展学习活动提供了技术支持。优化特色型、自主型的学习空间,设置不同学科的专用教室,提升管理效率,丰富不同需求的学习情境,提供网络支持,紧跟新时代教学潮流,满足师生的共同需求。

二、建设三大特色中心,创建良好育人环境

学校作为一所现代化寄宿制高级中学,是一所现代化校园、人文化乐园、生态化花园。随着社会的发展和时代的进步,为保障潜能教育的顺利实施,我们围绕学生三大中心进行建设,改善办学条件,创建良好的育人环境。

(一) 建设专项科创苑,释放学生创新潜能

2016年,我们开始建造科创中心大楼,总面积2万多平方米,共7层,投资近1个亿,并于2018年2月进行使用。一到三层分别为化学、生物、物理学科专用,共设立了30多间学科教室;四到五层供通用技术专项课程使用,目前设有头脑创新思维室、APP设计与开发、单片机设计与开发、激光雕刻设计与开发、智能3D创意设计室、电子技术、无人机、机器人、结构设计与制作、创客作坊、天象馆等17间科创教室;地下室为艺体教室,有体操房、射击馆、仿真冰场、仿真冰壶馆等。

1. 打造通用技术专项教室,开发学生动手创新潜能

2017 年,科创中心四楼启用 11 间通用技术专用教室,2020 年又新增五楼人工智能专用教室。每一间教室配置了专属的设施设备,让每间特色实验室实现更多的育人价值,逐步形成一定的特色和品牌。

表 6-3 特色实验室设施设备

特色课程	主要设施设备	活动教室
创新设计思维工坊	木工电动工具(钻床、带锯、圆盘锯、磨床、曲线锯、泡沫切割机),笔记本电脑,木工、金工和电工工具箱套件	Y412
电子技术基础	学生电源,信号发生器,焊台,电子实验箱,计算机,数字多用表,电子百拼套件等	Y432
智能 3D 设计与制作	三维打印机,三维扫描仪,计算机,Arduino 套件	Y404、Y434
传统木作工坊	传统木工工具(木工刨、凿子、锯子、锤子、活动角尺、三角尺、洞尺、打磨工具等),现代木工电动工具(方榫机、带锯、圆盘锯、修边机等)	Y433
激光雕刻设计与制作	台式电脑,激光雕刻机,带锯,钻床	Y406、Y434
无人机技术与设计制作	低速直流风洞,无人机飞控测试系统,动力测试系统,微型飞行器设计测试平台,昆虫仿生设计平台	Y424、Y426
单片机基础	笔记本电脑,Arduino 套件(含各类传感器),示波器,信号发生器,数字万用表,焊台	Y408
APP 开发与设计	笔记本电脑,PAD	Y409
机器人智能搬运	DOBOT 件,笔记本电脑	Y429

各专用教室主要面向全体学生开设通识课程、专项课程、微课程、拓研课程和课外竞赛活动辅导等多类课程,并依托与各课程内容紧密相关的各级各类科技、劳技竞赛等能引导、激励和释放学生潜能的平台,实现技术教育、创新潜能教育等普及化和个性化培育。

例如,创新设计思维教室,主要为引导学生学习创新设计思维工具与方法,能

够基于生活实际问题或需求主动寻找问题并解决问题提供实践活动的学习环境。教室内配备了一系列小型电动木工加工机床、手动工具套件(木工、电工、金工)、多种智能控制电路套件,以及各类常用的模型材料、连接材料、连接和固定件等。丰富多样的材料和工具为学生提供了完成创新设计项目任务的物质保障。以开设"创新设计思维"通识课程、专项课程、拓研课程和微型课程为途径,组织学生以2~3人小组为单位进行自主探究,共同完成一个创新发明的方案、一项工程类结构设计与制作的作品、一项功能性公益环保DIY作品设计与制作等,通过一系列项目任务的完成,提升学生的创新设计思维能力、团队合作能力、问题解决能力、批判能力、表达能力等。学生在课外还积极参加DI创新思维大赛、未来工程师大赛、创新新星大赛、创新创业活动、优秀发明选拔赛等各类科技比赛活动,曾先后取得了2017年度DI全球赛冠军、2019年"生命的植入"项目上海市一等奖、2020年"轻量座椅"项目上海市一等奖、2021年上海市青少年科技发明成果奖,同时一大批有特长的优秀学生脱颖而出。

2. 打造物理学科专用教室,开发学生合作辩论潜能

科创楼三楼配置了可动手操作的走廊实验,同时,共建设了七间物理学科专用教室,配置了丰富且使用方便的实验器材。这些教室既可以开展基础型课程教学,也可以进行各类拓展型课程和研究型课程的教学。教室内的座位可以灵活变换,能够适应不同的活动组织方式。物理学科专用教室的运行,已经为中学生物理学术辩论赛、上海市青少年物理实验竞赛、学生课题研究等培养了一大批优秀学生,更重要的是在他们心中埋下了为科学事业奋斗终生的种子。

(1) 互动教学区:通过引入云终端、触屏电脑电视一体机、互动电子白板、实物视频投影和普通白板的组合,结合移动课桌、无线网络和移动终端,构建一个能充分展示、互动交流的学习空间,适合开展教师讲解、学生展示、师生交流、小组讨论的互动开放课堂。

(2) 实验探究区:专门设置探究实验室,并配置大量探究类实验器材,如高速摄像机等。通过灵活的管理方式,学生可以在课余自主研究,和老师讨论交流,提出个性化的实验需求。建立学术辩论社,提供相应课程,结合校内外联动,为学生

构建了良好的学术研究和辩论环境。从这里走出的一支支学生辩论队在学术辩论赛中意气风发、屡获嘉奖,充分展现科学探究的潜能和魅力。

（3）文化展示区:为营造学科文化氛围,满足拓展型和研究型课程学习的需要,学科教室设置了科学图书角,主要涉及科学杂志、科学家传记、科普图书、国内外高中物理教材、物理竞赛图书等。课余时间,学科教室对学生开放,允许学生借阅。与此同时,学科教室开展有关学生科普阅读的交流和推荐活动,采购相应图书,满足学生的个性化阅读需求。

（4）作品展示区:教室内还设置学生作品展示区,包括展示柜、展示墙。学生在学习过程中创作的作品、获得的奖状都可以在这里展示交流,让作品主人产生成就感,让空间不断留下记忆和故事。

（5）教师研讨区:教室内还设置了办公区,能满足任课教师的日常办公和教学准备需要,配备办公桌椅、必要的橱柜等设施。此外还专门设置了教学研讨室,开展教研活动。

3. 打造环境分析研究教室,开发学生拓展研究潜能

科创中心一楼除了化学学科教室外,还建设了一间环境与分析研究室,旨在通过开展"环境与分析"拓研课程,带领学生进行环境、食品、日用品等领域相关问题的探究,学习不同的分析方法,检测与分析物质成分与含量,如水环境中的常见污染物、食品中的各类添加剂、日用品中有效成分与有害物质等,并积极思考问题解决的方案。

目前研究室配备的实验设备有:实验通风橱、实验操作台、旋转蒸发仪、马弗炉、恒温水浴锅、电子天平、各类规格玻璃反应器、干燥器、超声清洗仪等。分析仪器有:酸度计、电导率仪、溶解氧分析仪、总氮分析仪、多参数重金属检测仪、生化需氧量检测分析仪、化学需氧量检测分析仪、余氯检测器、紫外分光光度计、气相色谱仪、液相色谱仪等。环境与分析研究室仅对拓研课学生开放,让他们进行相关课题研究。学生初步拟定的研究课题有"校园景观水的检测与分析——以 F 中学觉浅湖为例""人工沙滩的水质检测与分析——以碧海金沙为例""给伴随我成长的家乡小河做一次'体检'——小流域水质检测与分析"。

4. 打造校园特色体育场馆，开发学生专项运动潜能

位于地下室的体育特色场馆为学生释放运动潜能提供了有利环境。体操房、射击馆、仿真冰场、仿真冰壶馆等专用教室不仅为学生强健体魄提供了有力的基础保障，还激发学生对不同运动种类的探索，让学生在个人训练和团队合作中寻找运动的乐趣。

射击馆占地790平方米左右，设有10米靶和25米靶两种。10米靶有7个靶位的机械靶和7个靶位的电子靶。25米靶有1付机械靶机，1付电子靶机。陆地冰壶馆有两个，一个是10米赛道的冰壶馆，有两条赛道，另一个是24米赛道的冰壶馆。冰壶动静结合，注重技巧，对体能没有过多要求，但能锻炼参与者身体的柔韧性和对力量的控制能力、大脑的应变能力、判断能力、对时机的把握能力。这些场馆和设施为激发学生运动潜能提供了物质保障。

5. 打造数字媒体天象场馆，开发学生空间探索潜能

科创中心六楼打造了天象馆，配备有最新型金都S-10C双球式高精度光学智能天象仪、高清天象仪专用球幕数字多媒体通道等设备。通过这些先进的设备，学生可以身临其境地感受宇宙星空的浩瀚、天文现象的奇特、星系星座的繁多，激发对天文知识的兴趣和热情。运用天象仪南恒星球、天象仪北恒星球、天象仪五大行星运动组、天象仪坐标运动组、天象仪极高、周日运动组、天象仪周年运动组，可实时演示星空的运行状况、任意时刻的星空状况、北半球任意地区的星空观测状况。

除此以外，运用天象仪月亮运动组可以演示一个农历月中月相的变化，探究月相的成因。运用太阳系放映器可演示在地球上用肉眼观察到的五大行星（水星、金星、火星、木星、土星）在天空中的运行轨迹，从而解释行星的"顺行""逆行"和"留"现象。运用日月食放映器可以演示日食、月食的形成过程，从而分析日食、月食形成的原因，还可观察在平时看不到的太阳层次，如色球和日冕。运用星座图形放映器可演示具体化的星座图像，从而能够在真实的夜空下快速地辨认星座。运用日出放映器、彗星放映器、人造卫星放映器、朝晚霞放映器、流星雨放映器可演示一系列相关的现象。运用放映录制功能可播放提前录制的星空运行视频和动画，体验身临其境般邀游星空的感觉。运用高清天象仪专用球幕数字多媒

体播放科技类的球幕影片时,裸眼3D技术会让观看者感受到巨大的视觉冲击。

(二) 建设文创苑,提升学生审美潜能

为丰富学生校园生活,提升学生综合素质,2017年起学校逐步对图书科技楼进行改造,建设文创中心。建成的湖畔书馆、湖畔美术馆、教师沙龙、海苑传媒中心等,成为师生喜爱的文化场所。

1. 新建校园湖畔书馆,营造温馨书香氛围

学校湖畔书馆坚持立德树人的根本任务,把师生的生存和发展作为最高的价值目标追求。在积极响应国家"倡导全民阅读"和"上海市'促进义务教育城乡一体化'重点工程——学校图书馆建设的指导意见"的形势下,坚持倡导激发潜能与培养志趣相结合的校园文化,坚持倡导学生广泛阅读与人生规划相结合的书香校园。为学生打造"互联网+"时代下的现代化、智能化、多样化阅读生态环境,培养学生良好阅读习惯,因地制宜地开掘开发校园湖畔文化理念,积极打造书香校园环境,培养学生终身学习理念。

2018年4月底起,历时近10个月,学校完成首批市级现代化智能型校园图书馆综合功能改建工程,并于2019年2月投入试运转。目前,馆内主要开辟了"新书发布站""学科阅览室""家校水立方""艺术天地廊""国学经典堂""个性批注居""大学畅想园""校本资源库""经典藏书阁""教师研修苑"等主题阅读区。此外,在原有"教师沙龙"的基础上,结合改建、提升工程项目,营造了一个供教师自主研学、工余休憩的宽松环境,体现了治学之需时的严谨、休闲娱乐时的便捷等特点;设立教研期刊柜、理论研修书墙,以及自助咖啡机、饮水一体机等设备,在有线、无线网络全覆盖的基础上,逐步形成教职工寓学于乐的"聚贤堂"基地。

2. 打造海苑传媒中心,唤醒学生创新潜能

2008年,学校投资220万为海苑社团打造校园电视台硬件设备,为学生社团活动开展提供了良好的环境场所。2017年,将原来的设施改造为数字化演播厅,更名为"海苑传媒中心",由学生编辑室、导控室、演播室、录音室四部分组成。学生编辑室有专业编辑机15台,专门供海苑社团上课、学生日常编辑视频使用。导控室和演

播室是学生日常制作校园电视节目、转播新闻、进行节目直播的活动场所,其中演播室共分为三个区域:坐播区、站播区、虚拟抠像区,以满足不同的节目制作需求。录音室里有专业的录音话筒、耳麦、录音调试台等设备,同时墙体采用专业吸音棉,为录制高质量音频提供了良好的环境。先进的设施设备为海苑社团活动开展提供了有力的保障,丰富了师生的校园生活。目前,海苑社团是校园品牌社团、区十佳社团,海苑传媒中心为视频编辑创作、唤醒学生创新潜能提供了有力的环境支撑。

(三)建设多彩艺术苑,释放学生艺术潜能

2018至2019年,为建设艺术中心,学校对原实验楼进行整体改造,建成了400平方米的学生自主发展指导中心。另投资150万元建设了书法室、国画专用室、微电脑工作室、西洋画专用室、戏剧活动室、舞蹈活动室、摄影工作室、合唱训练室、雕塑教室等艺术教室。

1. 打造国风书画教室,浸润传统文化美学

为了营造传统文化类潜能教育环境,书法教室采用了有中国传统风格的整体设计基调,前后墙采用中国传统木格装饰,学生和教师用的书写桌、圆面凳子以仿红木色为底色,并设置雕花板和支架。在教室布置方面,教室前后悬挂了学生的书法作品,让整个教室充满浓郁的中国传统文化氛围。美术教室主要用于美术通识课程和美术专项课程教学,后橱柜可以移拉,面上可以插画,还放置了画架,让学生随心创作绘画。

图6-6 美术教室

2. 打造戏剧活动教室,融汇西方艺术精华

戏剧活动室融合了镜子、把杆、钢琴等设施,创设了移动台阶,提供了各种教具、舞蹈服装、戏剧服装。打造的教室空间可供戏剧社、艺术专项课共同使用,戏剧社使用时打开电动台梯,舞蹈社使用时收回台梯。

图6-7 戏剧及舞蹈教室

3. 打造湖畔美术展馆,引领校园审美追求

湖畔美术馆于2020年10月28日正式开馆,整体风格雅致清新,面积180多平方米,可以充分满足不同类型展品的布展,及时呼应新时代美育需求,提升师生的审美品位,已成为学校的新地标。同时,美术馆也定期对外开放,开馆以来举办了多次展览,有奉贤美术家协会主席李钟的抗疫绘画作品展、"笔墨千秋,天下一家"第七届上海奉贤"言子杯"国际学生书法大赛作品展、学校第二届教职工书画展、"城市坐标"水墨艺术全国巡展,对奉贤教育的美育工程推进起到示范引领作用,夯实文化自信,在区域内体现学校的责任与担当。

图6-8 湖畔美术展馆

校园三大中心的建设为学科教学和师生活动提供了相应场所,是我们潜能教

育的基础保障。学科专用教室已经成为学生探究科学知识、提升综合素质的乐园,也成为教师展现学科魅力、引导学生发展的空间。和谐美丽的校园环境是帮助学生领悟美学艺术、接受文化熏陶、激发创新意识的殿堂,更是师生互动、教学相长的良好环境。

三、建章立制规范管理,建设安全文明校园

学校健全安全制度,加强组织领导,注重学生思想安全,优化宿舍生活管理,引导学生快乐成长。

(一)健全学校安全制度,打造安全文明校园

为打造安全文明的校园,学校制订了财务管理、资产管理、基建工程、物资采购、食堂管理、设施设备维护管理、后勤人员培训、考核等各方面的规章制度,并明确各类教职员工的岗位职责,规范学校后勤管理工作,做到有章可循、有据可依。

1. 加强组织领导,落实职责分工

学校建立了"学校—中心—年级—班级"的多级签约制度,层层落实责任。定期召开安全工作领导小组会议,提高安全意识,强化安全措施,及时商讨对策,解决各种安全隐患。同时,修改和完善各项管理程序和操作流程,使后勤管理工作进一步制度化、规范化、精细化。

2. 健全安全制度,制订应急预案

学校健全并完善了校园安全管理制度、学生管理制度、重要信息上报制度、危险物品管理制度等相关制度,制订了校园突发事件应急预案、防火工作应急预案、防踩踏事件应急预案等各类预案。我们多次被评为"奉贤区企事业单位治安保卫先进集体"和"上海市安全文明校园"。

3. 增强防范意识,落实安全措施

学校加强门卫值班管理,严格执行进出登记制度、师生外出集体活动请示汇报制度,把好出入校门第一关。对来访人员,做到联系、确认、挂牌进校。寒暑假、节假日,领导亲自和值班教师一起护校。加强大型活动安全管理,组织学生参加

各级各类大型活动时,均制订详细周密的活动方案;外出活动时,做到上报教育局办公室批准,利用有效的宣传手段对学生进行活动中的安全教育,并要求外出带队教师细心护导、组织有序;所有活动都配备一名以上行政人员,确保活动安全。加强师生进出校门的安全管理,在学生放学和返校期间,南门和西门均安排党、团员教师志愿者进行护校执勤,与保安一起维持校门内外的秩序,让每位学生进出校门有安全感。加强宿舍安全检查,要求宿管老师每日例行宿舍内的违规用品和防火检查,确保宿舍内无各种隐患。加强消防督查、演练工作,成立微型消防站,定期进行培训。每年向新生开展灭火演练、火灾逃生演习等活动。

(二) 加强学生思想教育,注重思想认知安全

为加强学生的思想教育,学校开设专题教育课程,举办系列活动,开展集中教育,进行访谈工作,建立联动机制。这一系列举措有利于提升学生自觉抵御不良思想渗透的意识,维护校园安全;确保学生树立正确的认知观念,保障个体成长。

1. 坚持正面教育,树立正确宗教观念

学校开设"三史"教育课程,提高学生正确认识宗教文化起源及其与现代文明的关系。如新疆部专门邀请新疆司法局专家开设"明辨是非 坚定立场 不辱使命"专题讲座,帮助学生正确认识极端宗教思想的真实面目;邀请市宗教科研室主任邱文平教授开设宗教知识系列通识讲座;开展民族团结教育周系列活动,举行"我为新疆代言"主题征文演讲活动、"我从新疆来"读书征文演讲活动,帮助学生树立正确宗教观。新疆部还在假期中要求班主任及内派老师通过电话等途径与家长、学生沟通,了解学生生活学习状况,择机进行针对性教育;返校后,面对全体学生开展有关极端宗教思想渗透的访谈活动,对重点地区的重点学生开展集中教育。除此之外,新疆部还邀请区公安反恐支队工作人员来校协助进行个别学生访谈教育工作。

2. 建立联动机制,加强信息安全管理

学校建立了与反恐支队、江海派出所的信息通报及工作联动机制,邀请相关部门参与学校针对性教育,并协助学校做好对重点学生的监控,及时通报来校探望人员信息以便及时甄别。严格管理学生电子通信设备的使用,禁止学生携带与使用通信及上网设备。新疆部针对周末学生上网的情况,设立中控监视,指定教师和内派老师全程监督,并依托内派老师组建学生信息员队伍,定期反馈学生遇到的不良信息,建立新疆部学生信息安全网络管理机制。

(三)优化宿舍生活管理,引导学生快乐成长

在日常寄宿制管理中,学校优化宿舍生活区管理,建设多方位管理机制、精细化评价体制,帮助学生幸福快乐、健康安全地成长。此外,学校加强周末、节假日生活区管理,做好检查巡视、记录上报工作,每时每刻保障校园的安全和谐。

1. 全员参与管理,整合多方资源

年级部顶层设计,完善管理机制。制订《落实宿舍管理职能提升管理水平的责任要求》《优化宿舍管理评价制度和标准》,激励和引导班主任、学生自主管理委员会等不断调整管理策略,增强管理能力,逐步实现优化管理、自主管理。加强巡视,及时把握、了解信息。管理人员定点与定时相结合,重点与随机相结合,做好教学区、生活区的巡视工作,及时发现问题、处理问题。试行例会制,齐抓共管出成效。每月召开一次由班主任、生辅老师、内派老师、学生代表等参加的联席会议,交流条块工作,寻找薄弱环节,提出改进措施,不断提高管理效能。

2. 教师多方介入,加强综合管理

将宿舍生活区管理纳入班级管理范畴,学生住宿表现纳入学生多元评价体系。班主任整合班团干部及室长队伍,设立班级宿舍生活区管理干部,配合新疆部学生自主管理委员会工作。利用主题班团课教育契机,加强班级内宿舍常规纪律卫生等专题教育,通过正面引导,积极营造和谐、温馨的宿舍氛围。每周汇总班级宿舍存在问题,及时改进。鼓励、指导、督导学生积极参与节假日级部组织的各项活动,活动结束做好总结和评价。

生活辅导老师坚守主阵地,服务、管理兼顾。按照《奉贤中学生活辅导老师工作职责》做好宿舍卫生纪律的常规管理,认真审核学习时段学生返宿单,若没有班主任或相关值班教师的准假单,原则上不得放行,如遇特殊情况应第一时间与班

主任联系。学生进入宿舍之后,必须予以关心,定时进相关宿舍看望、照顾,并及时上报。认真做好日常、熄灯后及节假日宿舍巡视,引导学生自觉养成良好的就寝习惯。主动加强与班主任的沟通协调,主动反馈各班宿舍卫生纪律等情况,配合班主任做好表彰先进、鞭策后进的工作。新疆部内派老师积极配合生活辅导老师做好宿舍卫生纪律等常规管理工作,注重抽查巡视,做好双休日晚上熄灯后的宿舍巡视工作,及时杜绝违禁物品的使用或违纪现象的蔓延。

3. 学生自主管理,共建文明校园

组建以纪检部、生活部领衔,楼层、层长、室长及各班宿舍管理干部为主体的自主管理团队,负责本层本室的宿舍管理。制定宿舍周末、节假日学生活动自主管理制度,安排专人参与巡视管理,做好工作记录,及时上报团委。

安全问题在校园生活中有不可忽视的地位,我校占地面积广阔、师生群体庞大,做好师生的人身安全保障和思想安全教育需要多方努力。校内外细致耐心、认真负责的工作人员和各层面完备周密、科学合理的规章制度为我们的安全建设打下了坚实的基础。

第三节　运用卓越绩效理念,优化潜能教育管理

学校通过引入卓越绩效管理模式,促进了潜能教育品牌的创建。"超越自我,追求卓越"的学校精神与卓越绩效管理理念非常契合,并且,学校在几十年发展过程中创新的"扁平化"组织管理模式、"PDCA"过程管理模式、"分布式领导"、数字化学校管理平台等,都是卓越绩效管理模式中的重要元素。这些要素使得学校组织管理更加精细化、民主化、科学化和信息化,成为打造潜能教育品牌的重要保障。

卓越绩效管理模式(Performance Excellence Model)是当前国际上广泛认同的

一种组织综合绩效管理的有效方法。它包括领导、战略、顾客和市场、测量分析改进、人力资源、过程管理、结果七个方面。卓越绩效模式不是目标,而是一种评价方法,其本质是全面质量管理的标准化、规范化和具体化。

学校积极探索卓越绩效管理模式和学校发展结合的品牌建设,使学生潜能得到"唤醒—激发—释放",推动学校潜能教育实施,为实现"上海一流、国内领先、国际知名"的研究型高中的愿景奠定基础。学校以参加区长质量奖评审为契机,将专家团作为第三方评价组织,邀请他们对学校的组织管理、课程与教学、德育活动、教育科研、信息知识与资源等方面做出全方位诊断。学校根据诊断结果,有针对性地进行改正。

经过专家培训指导和自主研究学习,学校领导和教师们逐步理解和内化了卓越绩效管理模式的理论知识,明确了学校的顾客是学生、产品是课程、服务是教学、技术是科研、资源是教师和环境。我们注重方案设计,实施过程管理和监控,形成卓越文化,在推动学校各项工作中不断激发学生潜能。

一、确立关键绩效指标,引领整体布局发展

战略制定是学校对未来发展的谋划、决策过程,是实现学校卓越管理的可靠保证。学校每五年在校长室的统一领导下,总结反思上一轮学校发展经验,广泛征求校内外意见,进行系统的 PEST 分析、SWOT 战略分析,凝练学校的发展理念,确定学校的发展愿景。学校秉承"激发每一位学生潜能,促进每一位学生成长"的发展精神,根据发展实况和未来发展方向,把握和设计关键绩效指标。2015 年,学校确定了创建现代化研究型特色高中的五年发展目标。为了实现五年发展目标,学校沿着"现代化研究型高中"的办学方向,坚定"受人尊敬品牌学校"的办学追求,以"全面、系统、协调、创新、开放"的思路推进学校卓越发展。同时,学校均衡考虑学生、家长和社会的需求、资源与过程管理,制订了与规划期内发展目标对应的时间表和关键量化指标,并以文件形式将指标具体分解、落实到各职能部门。

二、加强过程管理保障，提高绩效管理质效

学校通过扁平化管理、分布式领导、制订工作程序、PDCA 反思整改、技术支持和物质保障，实施扎实的过程管理，提高管理质效。

（一）优化扁平化模式，提升效率管理

学校进一步优化扁平化管理制度，完善扁平化组织的管理架构，加强"中心"间、年级部间纵向沟通和横向协作。完善中层干部定期竞聘上岗、轮岗制度，提升"五大中心""四大级部"的执行、组织、协调、管理等功能，形成年级部纵向衔接的最优化运作机制。各项工作追求"精细化、精致化、精品化"，努力形成稳定、合理的常规工作运作机制。进一步完善扁平化组织管理机制，形成"重心下移、结构开放、过程互动、动力内化、价值提升"的民主化、智慧型领导格局。

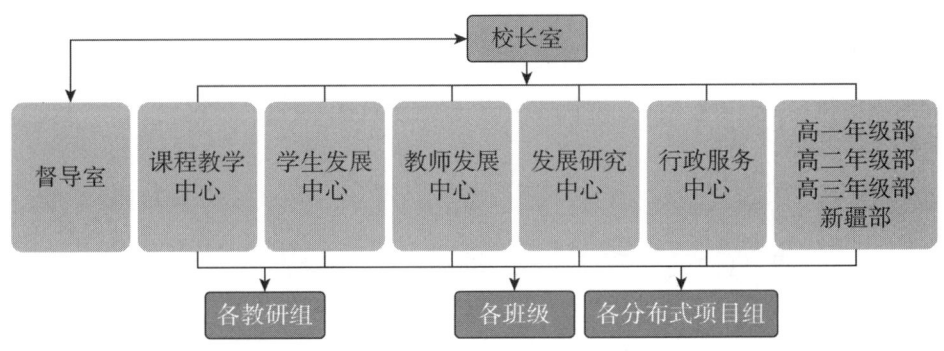

图 6-9　学校组织结构图

（二）实施分布式领导，完善民主管理

为了使领导力资源得到进一步优化，做到管理民主、高效，学校健全以"参与、效能、共享"为特征的领导、专家和群众相结合的机制，有效探索分布式领导的理论与实践，取得"1+1>2"的效应。学校加强对全体教师有关分布式领导理论与方法的培训，优化学校领导力资源，发挥教师在分布式领导项目中的聪明才智和工作积极性，完善分布式领导中角色分工与协作的过程，持续扩展组织创造未来的能力，形成具有校本特色的方法和途径，使学校、学校各个部门以及学校的每个

成员都成为主动学习的团队或个体，形成民主、高效的合力。

（三）完善工作程序，推进制度管理

学校进一步健全程序文件、执行标准和测评标准，制订了74个程序文件。通过PDCA(Plan-Do-Check-Action)多次循环，到2020年5月，学校将原来的74个程序文件修改扩充至264个程序文件，建立行为规范、运转协调、公正透明、廉洁高效的管理体制，强化了对高、中层领导及广大教师的绩效评价，形成了统领全校上下前进的动力。不断提升管理质效，优化学校潜能教育的建设，是实现学校发展战略目标的制度保障。

（四）利用PDCA循环诊断，强化监控管理

学校利用PDCA循环，强化过程管理，优化管理体系，提高管理质量。建立汇报测评制度，干部向服务对象述职，测评不到80%支持率下岗；在绩效工资改革和人事制度改革的背景下，争取更大的办学自主权，加强学校自主管理；改进激励功能的评价机制，建设优质研究型管理队伍，促进学校优质特色管理。

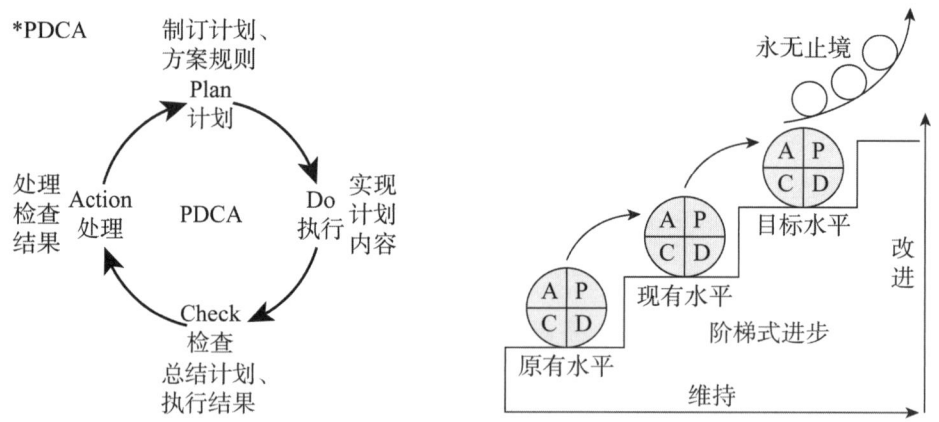

图6-10　PDCA管理模式

（五）利用技术支撑，完善智慧管理

学校在十年的智慧校园的基础上，不断完善教育教学平台和资源管理。通过

信息化教学平台,实施课务管理,优化教研活动和教学过程,收集分析学生考试和考核数据,评价教师教学情况,管理学生和家长信息。绩效管理模式强调优化一切资源,包括人力资源、财务资源、信息和知识资源、技术资源、基础设施和相关方关系,形成强大的资源系统,共同为达成单位卓越绩效指标服务。打造学校信息化学习环境,通过建设物联化、智能化的教室,数字化的自适应学习平台,为学生提供"全时空"的技术学习环境。设计课题"新课标背景下高中项目化学习的实践研究"推进学校充分利用创新大楼和湖畔书馆的资源,激发学生动力潜能、学习潜能和创新潜能。

学校通过数据测试学生个性特征,采用网络平台健全大数据德育管理体系,建立学生电子档案袋,对学生实施差别教育。为此,我们建立导师制引导学生拓宽德育途径,密切联系生活和职业理想,优化评价机制反映学生品德。

学校通过加强信息化资源、平台、数据档案管理,健全学校信息平台硬件软件管理制度,加强学校信息技术设施管理。

(六) 全面统筹预算,实现物质保障

学校从人、财、物三个方面,通过职能战略规划、每学期重点推进工作计划和全面预算,统筹调度各项资源的配置,实现战略目标与资源的匹配。学校通过人力资源规划进行人才结构调整、人员素质提升、管理理念提升、办学水平提升等工作,以满足学校战略目标的需要。学校根据不同岗位需求对管理人员、一线教师、教辅人员以及后勤保障人员进行有针对性的培训,全面提高人员素质;实行外部引进与内部培养相结合的方式,培养一批有创造性的优秀教师;建立健全能上能下、竞争上岗、薪酬与贡献挂钩的人员聘任和激励机制。学校通过每学期重点推进工作计划、设施设备维修计划、物资供应计划等具体计划,从基础设施建设、设备管理、物资供应三个层面对学校实物资源进行科学安排与调度。学校每年都会对关键设备进行检测和维修。为保证物资供应,学校制订了详细的物资供应计划。学校严格执行财务预算,以支持组织行动计划的完成。

三、形成卓越组织文化，打造潜能教育品牌

追求卓越的组织文化是实施卓越绩效管理的灵魂。学校文化直接影响着全体教职工智慧的发挥。追求卓越的文化给学校带来的是生生不息的动力和希望，卓越绩效管理模式的核心价值观全面落实到学校每一次管理活动中，从而达到"内化于心、外化于行和固化于制"的理想境界。学校作为奉贤基础教育领域的领头雁，将逐步把"卓越绩效评价标准"作为提高学校办学水平、提升学校核心竞争力的长效工具，加强学校战略管理体系建设，优化管理流程，健全组织结构，提高组织运行效率。运用卓越绩效准则推动学校稳定、可持续发展，为学生、家长和其他相关方创造价值，同时积极履行学校社会责任，打造"潜能教育"品牌，实现"现代化研究型高中"这一战略目标。

第七章 潜能教育的成效及反思

实施潜能教育，是新时代教育要求的必然选择，也是促进学校内涵发展、特色发展、质量发展的重要办学思想。近几年来，学校继承并深化拓展"敦本重学、奉文育贤、主动发展"的发展理念，追求并推进潜能教育，以理念为引领、课程为支撑、教学为主导、研训为动力、管理为保障、环境为依托、活动为平台，从上到下、从点到面、从校内到校外，发现、唤醒、释放每一位学生的潜能，促进学生全面成长、个性发展；同时也激活了教师超越自我、追求卓越的教育情怀，使教师的专业发展得到了长足进步。实施潜能教育有效提升了学校的教育质量和办学品位，促进了学校可持续整体发展，逐步把学校建设为上海领先、国内一流、国际知名的现代化研究型高中，成为"受人尊敬、令人向往的品牌学校"。

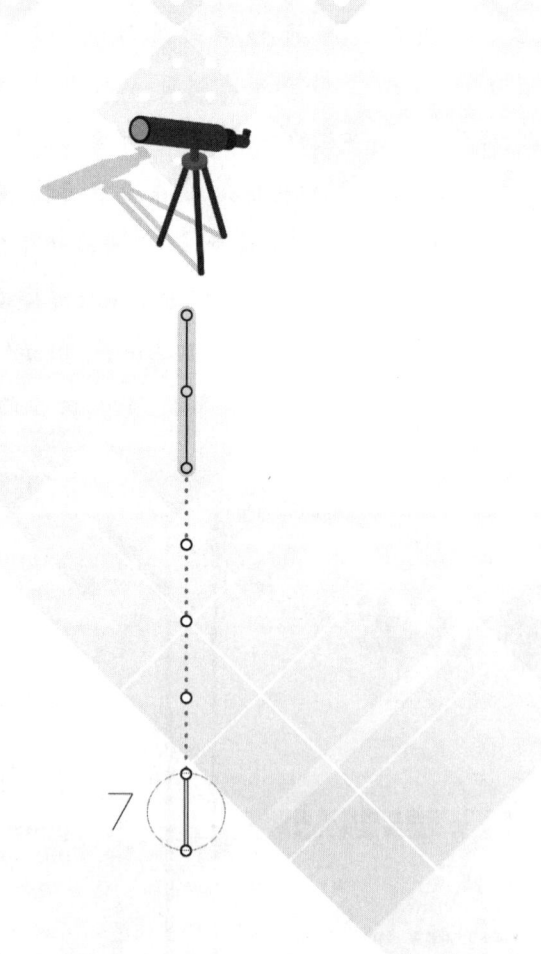

第一节 潜能教育全面提升,促进学校整体发展

在实施潜能教育的背景下,学校特色教育不断彰显,形成富有人文关怀、道德修养、社会担当的校园风气,展现了优良的办学品质;学生潜能得到最大限度地发挥,在探索实践中巩固基础学科知识,开拓创新研究思维,提升核心素养;教师的研修水平、课程领导力得到提升,为潜能教育提供师资的专业保障。

一、树立育人育贤标杆,打造学校特色品牌

回顾潜能教育的探索历程,我们建构了一种人才培养模式,取得了众多的荣誉和成绩。学校在实践中形成了"奉贤至诚,明朗力行"的校训、"博学严谨,务实创新"的教风、"自主勤奋,合作进取"的学风。潜能教育促进了学校的高质量飞跃发展,打造了富有特色的品牌学校。

(一)深化专题教育活动,引领师生思想建设

学校开展主题教育活动,建立师德评价机制,形成了一支富有职业信仰、德艺双馨的教师队伍,他们成为激活学生潜能发展、健康成长的人生导师。

1. 政治学习效果好,师德建设境界高

学校重视师德师风建设,建立了主题教育规范化、"四史"学习主题化、教职工学习多样化、党团沙龙特色化、学生党校课程化的师德学习机制,以国家文件精神为导向,以优秀教师事迹为榜样,以弘扬教师精神为主旋律,开展中心组学习、教职工政治学习、师德教育等活动,形成了形式多样、内容丰富的校本化有效学习样式,极大提升了教师的思想素质和师德修养。同时,建立师德多元评价机制,践行师德"一票否决制";执行"五不准",规范职业底线;举行教师节、"三八节"、"七

一"等庆祝表彰会,弘扬师德先进,激发教师自觉为人师表;开展"我为奉贤奉献什么"等主题论坛活动,提升教师责任担当意识。系列的师德建设活动,赢得了学生、家长对教师的赞誉。教师测评满意率高,学校也荣获区十佳师德先进集体和"五表率"先进班组。

2. 主题教育有序列,文明素养落实好

为落实立德树人的根本要求,践行社会主义核心价值观,学校开展专项主题教育活动,以及"做有责任心的人""树文明新风,扬城市精神""践行新时尚,青春更闪亮""仁义礼智信系列"等主题教育升旗仪式和班会主题教育课;通过红色之旅、学生党校、模拟政协等活动,让社会主义核心价值观内化于心,外显于行;利用线上、线下相结合的方式宣传学习"新七不规范";组织"文明创建我先行,美好家园共守护"视频制作比赛和社区服务劳动等。这些活动极大提高了师生的文明素养,显著提高了群众对学校教师和学生的认可度。

3. 德育课程显特色,文化育人有成效

学校构建了"明贤—立贤—践贤"系列德育课程,融思想品德和爱国主义教育于学科教学、主题教育和社会实践等活动中;将综合活动课纳入课表,确保实施的时间和空间,如创客、艺术、体育、育贤家教指导等中心为体艺劳专项化课程实施提供了学习和活动的空间;制订《育贤优+家长学校课程实施方案》,多渠道推进家校和谐共育;将德育课程学习纳入公民素养评价体系;相继出版了《贤润》《i 奉贤贤文化》《梦想,从这里起飞》等德育活动校本课程教材。学校文化育人效果显著,获全国中小学劳动技术教育先进单位、全国学校艺术教育优秀单位、全国百佳创新美术教育单位、上海市青少年摄影创作实践活动优秀组织奖。

(二) 浸润学校育人精神,丰富校园文化生活

我们通过营造校园环境、建设校园组织、开展校园活动,形成了富有活力的校园文化氛围。学生的成长需求得到满足,核心能力得到培养,校园特色文化建设初显成效。

1. 开展校园节庆活动,学生需求得到满足

我们的校园活动丰富多彩,满足了学生实现多方面发展的精神追求。主题教

育升旗仪式凸显育人目标,培育和践行社会主义核心价值观;"四大"节庆活动落实育人精神;爱心义卖义拍、国学经典小剧场等传统节庆项目,让学生在演绎经典中体悟家国情怀,为学生个性潜能开发提供有效载体。此外,学校提供丰富多彩的课程、活动平台,支持学生举办个人演唱会、出版画册等,使来自不同年级、不同家庭的87个学生梦想得以实现,满足了学生个体学习需求。

2. 建设丰富课程体系,教学成果收获颇丰

除了多彩的育人活动外,学校立足育人目标的达成,建设了全面且丰富的课程体系。"育贤通识"历久弥新,"美育通识"课程形成体系,石瑟国学社和篆刻社团传承中华文化。其中,不少课程收获颇丰:"高中生领导力课程建设的实践研究"被列为团中央课题;师生多年连续参加全国中学生模拟政协大赛、全国中学生领导力大赛、人道法辩论赛,并获市级以上荣誉20多个奖项;学生党校、石瑟国学社、篆刻社获市优秀社团荣誉称号;篆刻印记——纪念反法西斯战争胜利师生篆刻作品广受好评。

3. 打造育贤文化阵地,校园组织富有特色

潜能教育的实施与深化,推动了校园文化的建设,彰显了学校文化特色。校园环境促进了潜在育人目标的实现。石文化群落、校史馆、华夏文化长廊、湖畔美术馆等营造德润人贤的文化校园;主题板报、橱窗展示、海报版面陶冶学生情操。校园特色项目彰显了学校风采,《贤韵》校刊以"贤由仁聚,韵因心生"为办刊宗旨,在与区内外学校、企事业单位交流中不断壮大;"海苑传媒公司"校本课程特色鲜明,获市青少年校园影视创作实践活动EFP项目团体一等奖,被评为市中小学优秀校园电视台、市青少年科普教育活动阵地;学校微信公众号和官方网站两年上传500多篇宣传稿,校园文明创建经验被多家自媒体报道,多篇报道在市、区级以上刊物发布,学校也因此被评为区教育系统信息宣传示范校。

(三) 规划教育改革蓝图,提高学校办学质量

学校发展规划明确提出了"潜能教育"品牌发展战略,以培养"民族担当、领袖品质、自主发展"的研究型人才为育人目标,推进"核心素养下'奉文育贤'德育综

合实践活动课程"和"上海市奉贤中学学生劳动课程建设和评价"。学校以课程引领,以活动育人,以上海市教委课程领导力项目为抓手,推进"项目化学习",落实新课标、新教材的实践创新。例如每年组织市级展示活动,"卓越学生培养"项目有效培养了拔尖创新型人才,"三院课程"全面提升了学生创新实践能力,疫情背景下的线上教学管理成效显著。在师生共同努力下,学校被评为上海市教育系统"孺子牛"先进集体、上海市平安示范校、上海市无烟学校、上海市绿化合格单位、2020年"水天一色"奉贤区最美校园。

(四) 明确社会责任担当,展现学校良好形象

学校以志愿服务课程明确社会责任担当,助力实践育人。学校绿橄榄志愿者服务队弘扬雷锋精神,在节假日、寒暑假走进敬老院、福利院、社区孤寡老人家庭慰问探望、做家务、陪聊天等;为星光小学建立爱心书屋,为惠敏学校孩子捐献图书;与区中心医院、刑侦支队、庙泾新村等结对共建,开展文化交流,宣讲"四史"党课;寻访、慰问抗美援朝老兵,以专题形式宣传抗美援朝精神;组织摄影、书画、征文等活动弘扬抗疫精神。师生义卖义拍5万余元帮助务川、余庆学校困难学生,学校连续八年援助阿西巴克小学,共捐款24万元,全员参与"蓝天下的至爱"一日捐活动。党员缴纳特殊党费7万余元,购买图书圆了金阳幼儿园农民工子女的读书梦。师生积极参与节庆活动,在吟诵国学诗词、演绎经典人物、讲述四史故事中濡染经典文化,建设文明高地。此外,学校开放学校场馆资源,为区消防局、刑侦支队提供体育场地用以训练、测试;承担全国电子制作大赛、市中学生运动会、上海市课程领导力展示等活动;开展教育集团、联盟学校教育教学活动,接待贵州、安徽、甘肃等学校领导老师来校培训,开展多层次交流互动。

志愿者在文明城区创建、交通护绿、网络文明志愿者等服务中履行社会责任,师生员工志愿服务参与率在40%以上,党员志愿服务参与率达95%以上。新疆部"浦江之爱"项目获市教卫系统十佳好人好事提名奖;在新冠肺炎疫情期间,12名教师主动义务献血,秦维老师更是第八次献"熊猫血"帮助生命垂危者;高三学生

踊跃报名加入中华骨髓库,校友许晓涵成功捐献骨髓。社会对学校师生履行社区责任的满意度达到95%以上。

富有张力和活力的校园文化活动不断吸引人、凝聚人、鼓舞人、成就人,在潜能教育的引领下,师生个体素养得以提升,学校办学质量逐步提高。近几年来,学校先后获得全国文明单位、上海市文明校园、上海市未成年人思想道德建设先进学校、上海市依法治校示范单位、上海市行为规范示范校、上海市心理健康示范校、上海市戏剧特色学校、上海市共青团工作示范校等20多项市级以上荣誉。

二、建设潜能培养模式,促进学生个性发展

在潜能教育的驱动下,各学科以点带面,从个别试水到全面铺开,以特色培养模式实现育人目标。学生认真投入,表现积极,自主、合作和探究的能力显著提高,核心知识的运用与迁移能力得到很大提升,逐步实现全面、个性发展。

(一) 提升学科人文素养,促进学生主动发展

在不断激发学生潜能的教育背景下,我们的学科建设情况良好。近几年来,各学科取得了优异的教学成绩和竞赛成果,学生的综合素质不断提升,展现出了贤中学子的精神风貌。

1. 提升综合素养,彰显青春风采

近几年,在人文、艺术、德育活动中,学生成绩显著,综合素养明显提升。2020年8月,在第七届全国青少年模拟政协活动中"关于推动地摊经济健康法的调研报告"获"最佳报告奖"和"最佳提案奖",学生获最佳团队、最佳风采等10项个人奖。2020年9月,在第十一届全国中学生领导力展示活动中,展示项目"烟火人间"获特等奖。

2. 深入学科学习,力争竞赛潮头

我们在基础学科、体育科技创新等领域屡获大奖,形成良好的发展态势。2016—2019年,贤中学子保持每年在各类竞赛活动中获市级及以上奖项500多人

次;在 2020 年全国生物联赛上海赛区的比赛中,3 人获一等奖,7 人获二等奖,5 人获三等奖,其中张逸伦学生以全市第二名的成绩代表上海队参加国赛,并斩获铜牌;在 2020 年全国数学联赛上海赛区的比赛中,5 人获二等奖,13 人获三等奖,奖牌总数位居全市第九名;在全国青少年信息学奥林匹克联赛中,1 人获上海市一等奖,3 人获二等奖;在 WRCT2020 世界机器人大赛华东赛区中,两个队分获亚军和季军,共 7 位学生获一等奖。2020 年度,贤中学子在各类学科竞赛活动中有 233 人次获市级及以上奖项,其中 44 人次获一等奖;在各类科创竞赛活动中有 79 人次获奖,其中 15 人次一等奖。

3. 培养学习习惯,再创高考佳绩

近年来,学校高考成绩也保持高位稳定。2020 年高考,我们在资优生方面取得新突破。本部陈璐杰和程家豪同学分别被北京大学、清华大学零志愿录取;新疆部任佳昕、常征同学分别被北京大学、清华大学录取;38 位同学被复旦大学和交通大学录取。奉贤学子秉持潜能发掘之路,在更高的平台上展示更优秀的自我。

(二) 提升学科研究能力,促进学生创新发展

激发学生潜能,让学生主动发展、深入发展。在各项活动、比赛、考试中,学生展现出基础的扎实性、思维的灵活性、视野的开阔性,频频喜获佳绩。

"DI" 小队荣获 "2016—2017 年 DI 全球赛" 高中组结构类项目团体第一名,并获得全球唯一的 "项目管理优秀奖";2 个学生团队分获 "第 38 届世界头脑奥林匹克中国区决赛" 的第一名和第二名;学生社团在 "2017 年全国青少年电子制作锦标赛" 中获 "智能寻轨器" 项目的一、二、三等奖;"模拟机器人" 项目获上海市二、三等奖;2 个学生智能机器人代表队在俄罗斯举行的 "2019 第十四届国际师生节暨 DOBOT 智造大挑战" 比赛中,分获高中组的冠军、一等奖;1 位学生获 "2018 年全国信息学奥林匹克联赛" 二等奖;3 人次获 "2018 年上海市创客新星比赛" 一等奖。还有一批学生获中国少年科学院 "小院士"、上海市青少年 "科技希望之星" 称号,学校也被评为 "上海市科技教育特色学校" "上海市知识产权示范学校" 和 "全国知识产权试点学校"。

三、加强教师队伍建设,提升教师专业品质

学校每年开展全市展示课、实践课,在不断探索、研究、实践、反思、总结、改进、完善的过程中,我们教师激发学生潜能的素养明显提升,在"育德能力、课程建设、教学研究、创新培育"等方面的教育潜能日趋增强,教师的专业发展势头强劲,一批优秀教师脱颖而出,并在各方面取得了显著成果。

(一) 加强班主任队伍建设,提升教师育德能力

班主任是班集体的组织者、领导者和教育者,是学校实施各种教育教学活动的主要承担者,肩负着班级管理及各项活动开展的主要职责。加强班主任队伍建设是师资队伍建设的重要组成部分,为此,我们建立了"班主任学苑"培训机制,采取"常态培训"与"比赛展示"相结合、"校本培训"与"校外培训"相结合的方式,通过学习、研讨、讲座、论坛、观摩等各项德育工作交流活动,丰富培训形式,加强培训的针对性和实效性,提高班主任队伍整体水平。其间,我们组织开展了面向全体班主任的"普识"培训,侧重提高教师激发学生潜能的素养;开展了针对不同班主任群体的"分层培训",成立三个"班主任工作室",分别加强了职初班主任、合格青年班主任、新疆部班主任的专项培训。上述举措,进一步提高了班主任队伍的整体德育素养,提升了班主任潜能教育的能力,并取得了显著成效,不少班主任老师在各级各类德育工作评优、评比活动中取得佳绩。例如,近几年来涌现了一批"优秀星级班主任""区十佳班主任""市优秀班主任""市育德之星""市先进班集体"等;凤蓓老师获上海市"嘉定杯"班主任基本功评比一等奖;李丹老师获"第九届长三角地区班主任基本功大赛"高中组综合二等奖,又分获奉贤区"防疫第一课""i奉贤 贤文化"主题班会教案评比一等奖。

(二) 发挥团队合作优势,提升教师课程建设能力

为了贯彻国家对普通高中学生培养的要求,学校严格实施新课程、新课标,优化课程结构,完善课程管理、实施、评价等保障机制,构建潜能教育、指向培育学生核心素养的学校课程体系,形成指向学生个性发展的、丰富的分层分类课

程群,以满足学生基础全面性和个性发展多样化的需求,让课程成为引领并实现学生培养目标的引擎,同时也成为提升教师课程建设潜能的助推器。为此,学校组织广大教师基于新课程、新课标,以及学生核心素养培育的要求,重新编制、优化学程化的基础型课程学习指导手册,以及体艺劳专项等课程的学生读本,并开展理化生学科实验课程、文科大单元阅读课程、基于兴趣类与特长类发展的选修课程、基于中国传统文化和党史研究的选修课程、基于"强基计划"背景下资优生培育的课程、基于通用技术劳动实践的精品劳动教育课程的开发探索实践活动。

在实践研究过程中,教师课程开发与建设的潜能得到激发,并取得了相应成果。广大教师参与编制并实施了我们各学科、各年级段学程化教学的学生读本《学习指导手册》;劳技学科教师编写出版了《走进STEAM》等2本校本课程教材;多名艺术教师开发的社团类课程被评为区优秀课程;部分教师参与了《i奉贤 贤文化》区课程教育读本的编写工作。

(三) 搭建教学研究平台,提升教师教学研究能力

在新的课改形势下,为了进一步落实学生核心素养培育,激发学生发展潜能,尤其是学习潜能,我们要求教师提升激发学生潜能的专业素养。学校引导教师以课堂教学为主渠道,借助学校创设的教学研究平台,扎实苦练教学基本功,智慧地自主钻研,智慧地实践探索,智慧地总结提高,不断提升课堂教学研究的潜能。学校组织广大教师开展了深化"二点·二度·三动·四导"教学范式的实践研究活动,着重以学生的"动嘴、动脑、动手"和教师的"导学、导思、导研、导行"方面为突破口,加强教学实践和经验提炼;推进了基于"单元教学设计"的实践研究活动,组织对新课标的学习与研讨,深入理解学科知识与核心素养的关系,加强知识和素养转化的教学研究,有效唤醒和释放学生潜能,并将其不断内化为核心素养;组织了"基于新课标的项目化学习"教学研究实践活动,探索创新学科项目化学习的教学方式,逐渐形成项目化学习的教学常态,初步构建学科项目化学习的具体路径和教学策略。

在此实践探索过程中,广大教师的教学研究潜能得到激发,课堂教学能力不断增强,并取得了显著成效。近几年来,一批中青年教师开设了许多有关"项目化学习"的市级研究展示课,获得同行与专家的好评;2016—2020年,共有10门学科的12位教师在"上海市中青年教师教学评比"中分获一等奖2项、二等奖8项、三等奖2项;2015—2019年,共有5门学科的5位教师在"上海市'爱岗敬业'中青年教师教学技能大赛"中分获一等奖1项、三等奖3项、优秀奖1项。

蔡悦老师为了进一步提升自己的教学素养,积极把握各种锻炼机会,如外出交流、观摩、学习,博采众长,不断更新教育教学理念,提升综合素养。在参与市空中课堂录制的过程中,蔡悦老师通过与教材编写老师的交流,进一步加深自己对于教材的理解与把握;通过学科专家的指导与磨课,提升自己课堂的严谨性以及对教学设计的深度思考。他还积极参加学校安排的市专家导师团带教指导活动,以及区中小学青年教师高级研修班、区骨干教师研修班、特级教师工作室的培训等活动,不断开阔教育视野、提升研究能力。在课堂教学研究方面,他乐于推敲每一个课堂细节,斟酌每一个提问,预设学生每一个可能的思考方向,做到孜孜以求、精益求精;他乐于钻研,在实践中细致摸索,学会了设计课堂的师生沟通,学会了游刃有余地把控课堂节奏,学会了在实践中总结提升自己。在不断的磨炼过程中,他逐渐形成了特色鲜明的课堂教学风格。通过自己的钻研与努力,他的课堂教学能力不断提升,获市高中青年数学教师优秀课展示一等奖、市青年教师教学评选二等奖。同时,为了充分挖掘实验班学生的学习潜力,蔡悦老师承担了资优生的数学竞赛辅导任务,又一次挑战了自己的潜能。在这个过程中,蔡悦老师一方面,自己跳进题海,购买数学竞赛相关书籍,埋头演算大量数学竞赛试题,从中不断总结、感悟数学竞赛辅导的基本方法和解题技巧;另一方面,积极参加校外有关数学竞赛辅导的教练员培训活动,并与各校的数学教练员老师进行交流、探讨,向他们学习取经。在此基础上,他逐步摸索,不断优化辅导策略,并组建教师团队,编写校本竞赛辅导学材,以期进一步提升辅导质效。在师生共同努力下,学生的数学解题潜力得到明显释放,多位学生在市级及以上数学竞赛中取得佳绩。蔡悦老师先后被评为全国高中数学联赛优秀教练员、"希望杯"全国数学邀请赛优秀辅导员等。

(四) 团队互助共同研修,提升教师创新培育能力

习近平总书记指出:"中国要在科技创新方面走在世界前列,必须在创新实践中发现人才、在创新活动中培育人才、在创新事业中凝聚人才,必须大力培养造就规模宏大、结构合理、素质优良的创新型科技人才。"为了培养学生的创新实践能力,激发学生的创新潜能,我们为教师搭建了提升创新素养潜能的平台。一方面,我们鼓励教师开发、建设"创新素养培育课程"体系,并探索实践"实验班资优生竞赛辅导类""艺劳专项特长类""育贤通识讲座类""特色社团活动类"等创新课程,提升教师的创新课程建设与实施的能力;另一方面,我们通过与上海市农科院、上海交通大学、华东师范大学等多所著名高校和科研机构合作,探索创新人才培养的途径和方法,让相关教师深入高端领域观摩学习,与相关专家进行深度交流、探讨,从中体验、感悟创新素养培育的策略。在此过程中,教师的创新培育能力得到了提升,指导的学生在创新比赛中频获硕果。

(五) 分层分类个性培养,激发不同层次教师潜能

教书育人从来都是一条需要专业智慧的漫漫长路,从见习期教师、一级教师到高级教师,不同年龄段教师的潜能在潜能教育中不断得到提升。为了保障教师的专业发展,促进教师教育潜能的提升,在学校"育贤"培养工程的框架下,结合市"攻关计划与高峰计划"名师培养、市"双名"工程培养、区"卓越教师工作室"培训、区"见习期教师规范化培训"和校内"市专家导师团带教""师徒带教"培训的活动,开展"贤秀—贤慧—贤达"三个"计划"的"分层递进带教"培养的教育教学研究实践工作,旨在提升"初—中—高"不同职称段、"见习—成熟—资深"不同层次段等各个层面教师的专业成长,激发教师潜能。

学习反思不懈挑战,催化教师成就自我

张 莉

2006年6月,华东师范大学分析化学专业硕士研究生毕业后,我入职奉贤中学任教。我在2008年7月被评为中学一级教师,2014年12月被评为高级教师,

2020年12月被评为正高级教师。回顾十五年的成长历程,我积极投身教改,在学习钻研、课改创新中不断挑战自我,激发潜能,成就自我。

1. 注重反思研究积累,激发教学研究潜能

在教学中注重反思,对教育教学实践进行再认识、再思考,总结经验教训,反观教学得失,是提高教育教学水平的有效途径。从教之初,带教导师金继波老师从每一节课的备课、上课、听课等环节一一进行耐心指导,引导我对每一节课进行反思,反思对教材和学情的分析,反思课堂教学环节的安排、教学方法和策略的实施、学生的课堂表现和生成性问题等。在师父的悉心指导下,我坚持日反思、周总结,经常写教学随笔、教学案例、教学论文,逐步走入中学化学课堂教学研究的大门。后来,紧跟学校课程教学改革、"求生存—求发展—创品牌"的发展步伐,我不断挑战自我,用课题研究的方法解决教学中的难点问题。我通过学案导学的优化升级、分层导学来改善学生的学习方式;通过生活化导学、信息技术导学提高学生的学习兴趣,激发学生自主学习潜能;通过项目化学习、小课题研究提高学生的合作学习和研究能力;通过数字化实验的教学变革激发学生创新探究能力……一系列的教学改革研究,让我登上了更广阔的教学舞台,与时俱进。我将先进教学理念应用于教学实践中,秉持"以生为本,因材施教"的教育理念,注重学科育人,倡导让学生在"最近发展区"自主探究,有效开发学生的内在潜力,逐步形成了"多维导学,激发潜能"的教学特色,并获得市中青年教师教学评比二等奖,多次获全国创新课堂教学评比一、二等奖。

2. 以研促教勇于创新,激发科研创新潜能

在教学中研究,在研究中教学,我不断以研促教,在不断创新研究中挑战自我,激发科研创新潜能。

随着教学经验的积累,我开始关注如何提高学生的化学学习兴趣、如何提高教学质效等问题。2008年,我牵头组建了三人研究小组,申请了市青年教师课题"中学化学生活化教学的实践研究"并立项。我将以前初中支教经历和高一、高二教学实践经验加以整理,将积累的生活化教学素材和经验进行加工、重整,提炼出"课前—课中—课后"等教学环节中的生活化教学策略,并在自己任

教的高三年级教学中实践、反思、完善。经过一年多的实践研究,课题成果获市青年教师课题成果评比二等奖。2010年,我牵头申请了区课题"在化学学案导学中激发学生学习潜能的实践与研究"并立项。如何提升科研的品质,激发学生的潜能呢?我们尝试通过多个角度、多个层次去研究学生,激发学生的志、趣、能等潜能。我们一边研究,一边实践,一边反思,一边总结,自身潜能也在研究中获得激发……最终,我们的课题成果获全国"首届基础教育科研成果网络博览会"二等奖、市第十一届教育科学研究成果三等奖、区一等奖,得到大家的认可和好评。从教15年,我一共主持了2项市青年教师课题、4项区课题,5项课题成果在全国、市、区级获奖;同时,还参与了多项学校的市级课题研究和其他课题组的化学教学研究,贡献自己的研究智慧。一边教学,一边研究,教科研促进了我快速成长,激发了科研创新潜能。

3. 抓住机会学习提升,激发潜能成就自我

被评为高级教师,是我迈出了职业生涯的重要一步。面对职业瓶颈,我又开始了新的思考:如何进一步提升自己呢?我启动了自己的教师成长规划,不断学习、与时俱进,抓住学校、区、市提供的各种学习培训机会,如参加徐雪峰特级教师工作室培训、骨干教师培训、项目化学习专题培训、实验专项培训、卓越教师培养、种子计划等,去更广阔的空间打磨自己的教学韧性,重塑自己的教育教学思想体系和学科自信。这些高质量的专业培训和学习,为我打开了一扇新的窗户,我孜孜以求地吸取养分,在先进教育理论的指引下,不断学习系统坚实的学科理论基础,洞悉化学学科及化学工业发展的前沿动态,更全面且深入地把握化学学科的知识体系,尝试数字化实验的创新改进和应用,在指导带教他人、团队共同研究中提升自己的专业知识与素养,不断激发潜能、战胜自我。

抓住每一次机遇和挑战,多参加培训和学习,激发自主学习潜能,打破瓶颈,重塑自信,努力提升自我素养,让我一步步走向成功。被评为正高级教师,是对我教师职业素养的一种肯定,也是一个新的起点,我将继续自我修养,努力前行,与学校共同成长!

张莉老师的成长是我们教师成长的一个鲜活案例。目前,我们拥有正高级教

师10名,高级教师88名;博士研究生5名,硕士研究生38名;拥有特级教师8名,区名教师28名,区优秀骨干教师9名,区优秀青年教师6名,市"双名"培养工程的"高峰""攻关""种子"计划对象各1名、3名、14名。英语正高级、特级教师张育青,于2018年荣获"第四批国家'万人计划'教学名师"称号。

近几年来,共有6位教师出版了8本专著,2位教师主编了4本图书;多名教师参与了上海市教委等部门组织的物理、历史、艺术、心理等学科的《新课程·新教学·新高考——物理学习指南》《核心素养——中学历史学科育人机制研究》《普通高中课程标准教科书——艺术与生活》《学生生涯发展指导丛书》等图书的编写;2016—2020年,教师获市级及以上教科研成果(课题评比获奖、论文发表或评比获奖)409项、教学评比奖63项,指导学生参加各类竞赛获奖1645项。由广大教师参与研究的课题"城郊高中激发学生发展潜能的实践研究"获上海市教学成果一等奖;课题"提高高中教师激发学生发展潜能素养的实践研究"获中国教师发展基金会"十二五"规划重点课题二等奖,在此基础上形成的《提升教师激发学生潜能的素养》一书,于2019年8月由上海教育出版社出版。

第二节　区域联盟共享开放,发挥示范辐射作用

多年来,学校通过明确的战略目标、科学的战略规划和有效的战略部署,快速稳健发展,并取得了令人瞩目的辉煌成就。学校不仅成为奉贤基础教育发展的领头雁,也成为助推全国基础教育改革的示范校和领头羊。学校先后通过组建教育教学共同联盟体、"奉贤中学教育集团"和"十三校联合体"等,加强区域学校合作,引领同类高中联动;通过承担对外展示交流培训,举办各级现场展示研讨活动,接待各类教育考察观摩团体等,实现办学经验开放,成果辐射。此外,学校在发展的同时不忘履行社会责任,通过输送优秀教师和培育优势学科,持续帮扶办学相对

困难、发展有差异的学校;通过安排师大学生实习,积极支持师范生教育实习工作;通过承担区见习教师规范化培训任务,促进新教师尽早适应教育教学工作。

一、打造"1+2+4"教育联盟,辐射联动区域发展

自2017年至今,奉贤中学高中教育联盟体集团化办学已走过4个年头。依据奉教〔2017〕66号文件《奉贤区教育局关于推进教育集团化办学的实施意见》要求,围绕奉贤区教育集团化办学绩效评估指标,学校带领曙光中学、致远高中2所成员学校,联合区域其他4所高中,以"1+2+4"七校联动模式,积极组织和开展教育、教学、管理、科研等方面的研讨和交流,促进校际联动,激发我区高中教育的办学活力,扩大优质教育资源的示范辐射效应。

作为市实验性示范性高中,学校追求卓越、再创辉煌,不负奉贤百姓的期望。在自身发展的同时,学校不忘社会责任,多渠道、多领域主动发挥引领、示范作用,为推进教育集团化办学,促进区域教育品质整体提升,建成"自然、活力、和润"的南上海品质高中教育区作出了不懈努力;学校自身也通过集团化办学平台,在总结、示范和展示中得到了进一步的提高,促进了教师专业的发展、教育教学质量的不断提升,学校在市、全国的影响力、知名度进一步扩大。

近几年来,学校重点落实五动,即管理者互动、课程实施走动、教学科研联动、教师岗位流动、评价考核促动。学校聚焦于这五个方面,力图不断提升联盟体办学的时效性。

(一)管理者互动

在管理层方面,学校主要着力开展管理干部对口交流,建立管理干部带教机制,组织管理干部沙龙研讨,试图通过这些措施加强学校管理干部之间的互动。

1. 开展管理干部对口交流

盟主学校校长多次到成员单位指导、交流工作,就学校课程建设、新冠肺炎疫情期间线上教学实施方案、特色创建和师资队伍建设等方面进行交流和指导。曙光学校校长和致远高中校长不定期来校交流、协商工作。两校其他领导也不定期

来我校交流、协商工作,我校其他领导也多人次前往两校做工作指导,就教学质量提升、班主任队伍建设、劳动教育价值和实施方式、资优生培养等教育教学话题作广泛的交流。

2. 建立管理干部带教机制

由盟主学校根据成员学校需求,对成员学校管理干部实施带教指导。双方签订带教协议,明确职责义务,这有利于校际间的进一步沟通,有利于年轻干部成长。

除了校际人员来往,还有日常微信联络和电话联系等。三校间对口部门领导经常就疑难问题作交流,对活动组织进行问询,共享教育教学资料等。盟主学校分管领导或中心主任对成员单位对口部门进行指导、交流,提升了成员学校中层管理人员的工作能力。

3. 组织管理干部沙龙研讨

一学年内每所学校都要主办一次主题研讨活动,主办学校负责具体主题的拟定、活动过程的组织等,盟主学校管理者作点评和指导、主题发言,其他学校相关领导和管理者参与。

活动以区域七所高中联动的方式,围绕所定主题进行研讨,在研讨中相互学习、共同提高。主题涉及教育、教学、管理、科研、教师专业发展等相关内容,参加对象包括学校各个部门领导,因此每位中层以上领导均有交流和学习的机会。

活动强化研讨的互动、形式的创新,以问题为导向,聚焦教育教学管理"疑难重"问题,共商解决的方法和策略,努力提高研讨的实效。

(二) 课程实施走动

在课程实施方面,学校着力指导成员学校的课程建设与实施,彼此进行沟通交流,建设创新素养课程,以实现各类课程的资源共享。

1. 指导成员学校课程实施,加强沟通交流

奉贤中学、曙光中学和致远高中经常就课程计划实施方案、教学管理等问题进行沟通和交流。分管领导之间、对口部门之间的交流已形成常态。

2020年,新冠肺炎疫情给学校课程实施和教学安排带来了新问题、新挑战。奉贤中学及时分享了《奉贤中学网上教学工作实施方案》、疫情期间学校课程教学的相关制度资料和各类安排、措施,为成员学校的线上教学方案提供指导和范例。

2. 鼓励基础学科教研走动,促进资源共享

学校之间开展学科教学计划交流研讨活动,共享各学校的教研教学工作计划。通过教研联动,研究和实践新课程改革的教法和学法;发现和推广各校新课程实施过程中的问题与经验;对教学中出现的难点和热点问题,进行指导和总结,寻找解决对策。各学科经常开展改善教学方式、学习方式、学习环境建构等经验交流与讨论会,形成校际间良好的学术研讨氛围。

(1) 学科资源实现五大共享

聚焦导课、备课、资源、试题、专家等五个方面,实现学科资源的共享。(a)学科组导案导课活动互动共享:结合各学校学科教学计划,组织联盟体学校开展导案导课课堂教学活动研讨,共同提升各学科课堂教学质效。(b)备课组活动互动共享:每学期组织联盟体学校的高三备课组活动,交流高三各阶段复习计划,分享复习资料;交流解决问题方法,提高复习效率。(c)学习手册资源共享:奉贤中学有涵盖基础学科各学段的各类学习手册近100本,对于联盟校做到无偿提供和共享。(d)各类试题共享。(e)专家资源共享:学校依托高校资源,各类专家讲座丰富,资源均开放共享。

(2) 生涯导航课程示范辐射

作为市心理示范校,学校心理教育和生涯导航课程积累了丰富经验,校本课程"梦想,从这里起航"生涯规划学生自主学习手册、教师教学指导手册,对兄弟学校的课程开发与实施起到良好借鉴作用。心理高级教师黄桂华作为区心理学科中心组成员和心理健康咨询中心成员,为区内多所学校作专题讲座,在区域范围内发挥引领指导作用;吴明霞老师多次开设区市生涯导航公开课,起到教学的示范辐射作用。

(3) 体艺劳专项课率先实施

作为全市第一批探索和实施专项课教学的高中学校,奉贤中学在课程的设

计、管理和评价,师资队伍的构建,资源的开发等方面积累了一定的经验和做法,并通过示范教学、研讨、教师间交流等方式对成员学校起指导作用。在奉贤中学引领下,目前全区高中全面实施体育专项课,艺劳专项课影响力也不断扩大。

3. 建设创新素养课程,扩大辐射成效

学校创新素养课程优势显著,成效突出,形成特色。通过课程实施,全员参与各类课题项目,涉及人文、科技、艺术等各领域,促进学生课题研究能力不断提升。近几年来,创新素养学生课题市级获奖众多,有20多位学生被评为"中国少年科学院小院士""中国少年科学院预备小院士""中国少年科学院小研究员",这对各校起到了引领和激励作用。

创新大楼的建成和投入使用为更好发挥优势辐射作用提供了有力的物质保障。除了邀请集团内学校老师来校参观创新实验室外,创新大楼也为成员学校师生提供了创新的机会。科创学科组取得的成果和经验得到市区领导高度赞扬,在区内乃至省外作介绍和分享。

(三) 教学科研联动

学校主要着力建立教学联盟体和多校科研联盟,通过加强教师示范辐射来实现教学科研联动。

1. 建立教学联盟体

组织课堂教学展示活动是联盟体内教学研究的重要载体。奉贤中学发挥名师骨干教师团队优势,积极通过课堂展示发挥学科引领和示范作用。在区第二十四届教学节活动中,奉贤中学举办"基于项目化学习,改善学习方式,提升学科素养"教学展示周活动。组织学科研讨活动是推动学科教研的抓手,学校以区教师进修学院教研活动为依托,发挥优势学科和学科骨干教师示范引领作用,开展各类研讨活动,促进了联盟体其他学校教师教学能力的提升。

2. 建立多校科研联盟

奉贤中学自2015起与致远高中、上师大四附中和帕丁顿学校建立了高中部科研教育联盟,开展区级课题立项、中期论证和课题结题论证等联动活动。2020

学年开始,教院附中和光明学校加入科研联盟,参与科研联盟活动。多校科研联动,一起探讨教育科研工作,并在立项、中期和结题活动中为各项区级课题负责人提供建设性的指导意见,帮助他们科学、有效地推进课题研究,提高学校的教育教学和管理的有效性,促进了联盟学校的科研水平提升。

3. 加强教师示范辐射

本着"示范辐射、合作交流、资源共享、优势互补、共同发展"的原则,学校特级教师、区名师和区优秀骨干教师,通过开设各类公开展示课、开设讲座、指导课堂教学、带教青年教师等多种方式在区域范围内发挥示范引领作用。

（四）教师岗位流动

在教师岗位方面,学校加强对管理干部的流动和输送、见习教师的规范化培训,完善校本培训和考核机制,以实现教师岗位的合理流动。

1. 管理干部流动和输送

奉贤中学是学科骨干教师的培养高地,是教育管理人才的培养摇篮。多年来,奉贤中学为教育管理机构和区内高中学校及初中学校输送众多人才。站在奉贤教育高度,近几年,学校相继为曙光中学输送了两位校长、一位副校长,为致远高中输送了两位副校长,为两所九年一贯制学校各输送了一位校长,这有力地带动了曙光中学、致远高中等学校的改革和发展。

2. 见习教师规范化培训

奉贤中学是区见习期教师规范化培训基地和市教师专业发展示范校。在总结以往工作的基础上,学校不断探索实践规范化培训工作的模式,进一步优化培训环境,拓宽培训渠道,利用好校内外的优质教育资源,逐步构建起"六化"培训网络,即专题讲座系列化、课例研究跟踪化、育德实践有序化、教育科研实践化、培训活动规范化、基地活动特色化。这给见习教师提供了更多的实践锻炼机会,使他们的综合素养和实践能力得到快速提高。

3. 系列化校本培训课程

学校高度重视教师校本培训和考核工作,积极进行校本培训课程化的尝试与探索。制订的"校本培训课程计划"包括七个培训模块,有助于培训系统化、程序化地发展,使得培训活动开展得有声有色。学校立足教师专业发展的培训目标,采用系列讲座、专项培训、教学评比、教师论坛等形式,多角度、全方位地开展校本培训。

(五) 评价考核促动

在考核评价方面,学校加强校际交流,推进学科质量评价,形成考核指标、建立评价考核机制,力图通过评价考核促动教师的不断发展。

1. 加强校际交流,推进学科质量评价

联盟体教研组长或学科组长依据课程中心要求,综合平时教研活动、课堂教学等情况,对联盟体内三校各学科教学质量进行评估,分析学科教师师资队伍、学科优势和存在的困难问题,并对后续发展提出思考和建议。

2. 形成考核指标,建立评价考核机制

建立健全"一三五"青年教师考核机制。根据见习教师规范化培训内容,对一年期教师作教学、教育、教师基本功等全面考核;在见习教师规范化培训基础上,依托区域三年期、五年期教师考核要求,结合集团内学校特点,形成考核指标,对"一三五"青年教师进行联动考核,促进青年教师专业发展。考核指标清晰、合理,考核规范、公正,考核结果作为学校学年评价和考核的依据,促进教师快速发展。

3. 协同办学提高成效,彰显区域高中教育整体

近几年来,学校重点推进多校联动组团发展,形成稳定办学合作机制,促进资源共享,推动校际互补互促发展,不断建设特色展示品牌,由此提高协同办学的成效,彰显区域高中教育的整体性。

(1) 多校联动组团发展,形成稳定办学合作机制

在奉贤中学联盟体内,奉贤中学和曙光中学、致远高中三校在教育、教学、科研、师训和管理等各个领域开展了广泛且深入的交流和互动,形成良好、稳定的办学合作机制。

奉贤中学以高中"1+2+4"联动模式开展各类活动,充分兼顾和支持其他高中学校的发展。无论是在"办学管理",还是在以"五动"为抓手的重点工作实施,奉贤中学对区域其他高中学校予以充分考虑,在活动内容中予以可行的安排,在管理者互动、课程教研走动、科研联动等多个方面加强高中七校间协同合作。加强辐射、七校联动,彰显了区域高中教育整体性,更好地发挥了优质资源在区域层面的辐射作用。

（2）理念辐射资源共享,推动校际互补互促发展

奉贤中学先进的办学理念和学校优秀文化得到辐射,课程资源、教师资源、教学资料、专家资源等各类教育资源在联盟体内充分共享,在校际之间起到互补互促作用,给成员学校发展起到支持、支撑和帮助作用。成员学校办学特色也对联盟体学校和其他高中学校带来启迪和借鉴。如奉贤中学的"潜能教育"特色、曙光中学的"红色精神特色学校"教育经验和致远高中"生成性教育"理念,给了兄弟学校很好的借鉴。通过资源共享、校际互补互促,高中各学校在教育教学成效、教学研究和学校管理等方面稳步提高,进步明显。

（3）特色展示品牌凝聚,加强辐射引领作用

学校每学年举行市、区级展示活动,加强品牌和特色的辐射。如2019年11月26—28日,学校举办"基于项目化学习,改善学习方式,提升学科素养"实验性示范性学校市级教学展示暨奉贤区第二十四届教学节教学展示周活动。学校在激发学生潜能、促进学生主动发展,在课程建设、教学改革、教学评价等方面做了大量探索,特别是围绕基于单元的教学设计、基于学生的学习手册编制、基于学科和科学素养的各类创新实验室的建设、基于学生综合素养培育的综合素质评价体系和平台的建设等方面取得了明显的成效。各类展示周活动为兄弟学校提供了参考和指导。

近几年,校长先后到山东、江苏、安徽、贵州等地,介绍学校在高考新政背景下有关课程设置、走班运行、潜能教育等改革和创新的经验。学校在教育、教学和管理等方面的成效和经验在奉贤区域、上海市内,乃至兄弟省市范围内起均起到引领、辐射作用。

二、承担全国交流培训，扩大潜能教育辐射

随着潜能教育的发展，我们在全国的影响力不断扩大，多次承担全国性的交流、培训、考察工作，并借此将潜能教育的成果进行推广辐射。

（一）接待各类教育考察团，互动交流分享经验

近几年来，我们经常接待市内外的教育考察观摩团，毫无保留地向他们介绍办学经验及成果。如多次接待华东师范大学主办的教育部全国重点高中骨干校长高级研修班的学员来学校考察观摩学习。此外，我们还接待了重庆市涪陵区校长班、合肥庐江二中、福州高级中学、河南省教育团队、吉林延边校长班、安徽肥东一中、黑龙江省"双百工程"中学校长班、台湾教育访问团、新疆教育团队、安徽铜陵市"王屹宁"校长工作室成员等教育同行70多批次、2000多人次的参观考察学习，并进行了互动交流，分享学校的教育经验和成果。

（二）承担外省市跟岗培训，结对帮扶示范引领

近几年来，学校在发展的同时不忘履行社会责任，持续帮扶办学相对困难、发展有差异的学校，多次承担了对外省市高中校长、骨干教师的培训活动。如承担了贵州遵义"金种子"校长跟岗培训（第8、12、13期），共12人；贵州遵义第四教育集团的中层干部、骨干教师和贵州凤冈地区骨干教师的跟岗培训任务（共8所高中），共39人；广西钦州校长培训班学员的跟岗学习任务，共7人；新疆少数民族双语骨干教师的实习培训任务，共4人。

没有最好，只有更好！作为区内唯一一所市实验性示范性高中，学校明确在区域教育中应有的担当和应尽的责任，在教育集团化办学工作中尽了自己最大努力。学校将一如既往多渠道、多方式加强集团化办学的合作交流和互动共进，在发展中主动引领，在引领中不断提升，为迎来奉贤高中教育优质发展的新春天而继续努力，更好地让学生在新时代得到新发展！

第三节　反思提炼不断推进，促进潜能教育发展

站在"十四五"开局之年的新起点上，遵循新时代教育改革的新理念、新目标、新要求，学校将更加坚定地推进"潜能教育"的步伐，促进学生全面而有个性地发展。在新高考、新课标、新教材的多重背景下，我们将把准当前普通高中教育的改革发展脉搏，紧扣学生发展核心素养和学科核心素养的育人目标，立足培养担当民族复兴大任的时代新人，深化高中课程改革。同时，构建"高中—初中—小学—幼儿园"一体化联动发展的集团化办学新格局，推广潜能教育研究成果，发现、唤醒学生潜能，促进学生全面而有个性地发展。

一、修炼内功不断提升，潜能教育再思考

学校首先要有修炼内功、提升自我的生命自觉，以激发师生的潜能为己任，以体现时代素质教育的规律与价值为追求，全力营造学生全面发展、个性发展和主动发展的良好氛围，让学校真正成为师生潜能发展的高地和平台。

（一）优化潜能教育课程模块设置

在实践研究基础上，进一步总结反思，结合学校潜能教育育人目标，完善和健全学校的课程图谱，为学生的优势潜能发展提供一个共同发展的基础和激发个性发展的课程体系。学校教育是一个有机整体，办学思想"落地"的过程需要我们从学校德育、课程建设、教学改进与评价保障等方面进行系统思考，需要我们明确学校发展过程中哪些是重要且急迫的问题，抓住主要矛盾和矛盾的主要方面，重点突破"新时代推进普通高中育人方式"改革与发展的难点、关键点，系统思考，顶层设计，分步扎实推进，让课程成为促进学生全面发展、个性发展的重要基石。

（二）改进潜能教育的教与学方式

高中阶段是学生个性形成和自主发展的关键期，学校教育的价值追求、学生守则与道德要求为学生全面发展奠定了共同的坚实基础。然而，我们必须承认人的发展是有差异的，每位学生都是独立而有个性的，我们要尊重差异、尊重个性，探索和提炼适合学生的潜能教育的教与学方式，让每位教师与学生的优势潜能得以最大限度地发展，培养创新人才。

新高考背景下，我们要从转变教与学的方式入手，改进和优化学生潜能教育实现的路径，积极推进选课走班制与分层分类教学，充分尊重学生的选择权，最大限度地满足学生的意愿，达成全体学生的个性选择，使学习的潜能得以持续地发展。同时，积极探索互动式、启发式、探究式、体验式的教学方式，加强实验教学，推进信息技术与教育教学的深度融合，提升学生的信息素养。

（三）完善潜能教育资源条件保障

学校坚持"以人为本、因地制宜、立足长远、统筹安排、分步实施"的原则，科学、合理制订十四五期间学校建设规划，进一步加强科创、文创、艺术三大中心的空间环境建设，增设钢琴室、学生艺术展演排练室，加强实验室、心理室、图书馆、体育馆、健身房、创客中心等基础设施设备的维护和更新，优化校舍功能，服务学生发展；扩大教育资源，打通潜能教育的信息化教育平台，促进潜能教育的信息化建设；治理校园环境，以创建"上海市花园单位"为抓手，通过对校园设施环境建设、绿化卫生环境建设、人文环境建设等方面的重新规划与整治，创造现代化学园、花园的文化氛围，营造美好、和谐的环境氛围，开发学生创造潜能。

（四）优化积分制综合素质评价法

完善积分制综合素质评价内容和实施办法，着力推进"课程—教材—教学—评价"一体化改革，建立五育融合的综合评价小组，强化对学生爱国情怀、遵纪守法、创新思维、体质达标、审美能力、劳动实践等方面的全面评价，完善评价体系，探索评价方式，优化评价指标，以评价促进五育融合的育人目标落实，形成有利于学生德、智、体、美、劳全面而自由发展的机制。

二、全面育人纵深发展，潜能教育后续研究

十四五期间,学校要全面落实立德树人这一根本任务,牢记"为党育人,为国育才"之使命,继续深化潜能教育,力争建设一所"上海领先、全国一流、国际知名"的现代化研究型高中。

（一）全面落实育人目标，促进潜能教育全面发展

从立德树人的根本任务出发,以培养和发展学生的核心素养为目标,完善潜能教育的德育课程体系,突出德育时代性,加强"五育融合"的实践路径设计,创新德育活动,提升学生爱国荣校和胸怀天下的格局；聚焦新课程、新教材的实施,科学开发多类可选择的课程,提升学生核心素养；聚焦教育教学改革,探索项目化学习,深化潜能教育,形成教学特色；持续推进研究型教师梯队建设,依托多样主题学术节,使学校成为课程开发高地、有效教学高地、行动研究高地、名师成长高地；推进教育集团运行机制,拓展品牌发展新思路,促进区域协同,共享教育未来,拓宽国际视野；深化党组织队伍建设,强化学校发展的政治保障；完善扁平化管理模式,提升人文化管理品质,引入卓越绩效管理理念,实现管理的高效化和人文化；完善信息化特色的现代技术系统,建设便捷、人文的校园环境；加强校园基础设施建设、环境建设,建设现代化、生态、和谐校园。

（二）推进教育集团建设，促进潜能教育纵深发展

"潜能教育"的办学实践,唯有在帮助与引领其他学校发展的过程中,才能得到其丰富的研究成果和应用价值,并为学校实现可持续辐射发展赋能。学校必须在区域、市区、国家层面上承担更多的责任与担当,做好品牌引领和优质资源的辐射作用。首先,以奉贤中学教育集团建设为契机,树立"愿景共生、资源共享、管理共治、结果共赢"的理念,潜心推进高品质内涵建设,让潜能教育在初中、小学、幼儿园得到延伸和贯通,从而达到价值的认同、品质的提升、社会的认可。其次,拓

宽发展思路,寻找高校优质资源的支持,与区外、市内外名校联建联动,乃至开展潜能教育国际交流,努力实现全面而有个性的人才培养目标,让学生在发现世界、认识世界的过程中发现自己的优势和潜能。

1. 品牌辐射,促进区域创新

坚持教育集团发展模式,完善教育集团管理机制,通过构建"高中—初中—小学—幼儿园"四个学段一体化的新奉贤中学教育集团,充分发挥奉贤中学优质教育资源的品牌引领和辐射作用,带动奉贤区教育水平的整体提升,形成教育集团特色品牌,打造集团特色发展声誉。同时,以集团办学发展为抓手,带动促进区域教育创新发展、品质发展、优质发展、协同发展。

2. 对口互通,共享教育未来

依据教育综合改革总方针,加强与贵州遵义等地的教育对口互通,更新教育思想、教学理念,强化教师队伍建设,通过课程开设、基地建设、人员交流、师资培训等具体措施,共建共享教育资源,推动遵义地区教育质量稳步提升。同时,充分发挥遵义地区红色教育的优势,充实红色教育实践活动,加强我校、我区师生的爱国主义教育。

3. 对外交流,拓宽国际视野

为进一步拓宽学生的国际化视野,培养具有全球发展眼光的国际化人才,增强人才的国际竞争力,奉贤中学教育集团将联合多所国外学校,建立交流合作平台,共同打造系列国际课程,促进海外学习计划发展。集团将通过互派交流生、实地体验生活,增加学生对不同文化的理解,对人类文明理念的认同,提升学生的全球化眼光和胸怀。

上述的规划与愿景将指导与引领集团成员学校明确发展目标,制订详细的联动方案,融合各校教育教学实际,优化和提升学校治理能力,全面推进奉贤中学附属三官堂学校、南桥中学、奉中附中、奉中附小四校一体化办学,提升集团内中小学办学品质。同时,借助中招新政策,促进初中及小学均衡发展,优化奉贤中学附属三官堂学校和南桥中学的生源结构。抓住全市积极推进基础教育教师校际有序流动的契机,实现四校间教师的有序流动和一体化配置,真正实现教育集团学校间学校文化和管理、课程教学、教师队伍建设、办学质量评价考核的一体化,努力把奉贤中学教育集团建成上海市第一批示范性教育集团。

"伟大梦想不是等得来、喊得来的,而是拼出来、干出来的。"让我们迅速行动起来,勇挑重担、勇担重责,真抓实干、埋头苦干,在行动中奋力推动新发展理念的贯彻落实,真正让潜能教育成为开发和释放学生潜能的发动机!

参 考 文 献

[1] 王志峰.启发潜能教育理论的实践探索——以长春吉大附中力旺实验中学为例[J].现代教育科学,2017(11):6.

[2] 孟娟,彭运石.人本主义心理学实践:启发潜能教育理论[J].教育研究与实验,2008(1):4.

[3] 霍华德·加德纳.多元智能[M].沈致隆,译.北京:新华出版社,1999.

[4] 郑晓凤.多元智能对应用技术型独立学院教学改革的启示[J].中国成人教育,2015(12):3.

[5] 杨列瑞.建构主义学习理论在高中英语阅读教学中的应用[D].武汉:华中师范大学,2018.

[6] 维果茨基.维果茨基教育论著选[M].余震球,选译.北京:人民教育出版社,2005.

[7] 马克思,恩格斯.马克思恩格斯全集:第3卷[M].中共中央马克思恩格斯列宁斯大林著作编译局,译.北京:人民出版社,2002.

[8] 崔益虎.马克思个性发展理论视角下的一流大学创新人才个性化培养[J].河海大学学报(哲学社会科学版),2016,18(6):5.

[9] 陈佑清.浅议人的潜能开发与教育——兼论当前教育的现实任务[J].湖北大学学报(哲学社会科学版),1988(4).

[10] 奥图 H A.人的潜能[M].刘君业,译.台北:世界图书出版公司,1988.

[11] 杨鑫辉.人脑的结构·潜能·开发[J].河北师范大学学报(教育科学版),2001,3(1):6.

[12] AGAMBEN G. Potentialities:Collected Essays in Philosophy[M].Daniel Heller-Roazen, trans. California: Stanford University Press, 2000.

[13] AGAMBEN G. The Coming Community[M].Michael Hardt,trans. Minneapolis:University of Minnesota Press,1993.

[14] 文晗.潜能存在论——论阿甘本政治哲学的存在论根源[J].马克思主义与现实,2018(2):7.

[15] 崔景贵.开发你的心理潜能[J].心理世界,2000(2):1.

[16] 易莎.学生潜能开发与基础教育改革[D].武汉:华中师范大学,2011.

[17] 朱永新,约翰·库奇.技术如何释放终身学习者的潜能?——朱永新与约翰·库奇关于未来教育与学习升级的对话[J].华东师范大学学报(教育科学版),2020,38(3):15.

[18] 天津市第七中学.发展潜能教育 建设悦慧校园[J].天津教育,2019(5):封2.

[19] 天津市第七中学.新高考的主动出击——发展潜能,做更好的自己[J].天津教育,2019(6):封4.

[20] 林春辉.潜能教育,让生命蓬勃发展[J].教育家,2020(30):3.

[21] 安东尼·罗宾.唤醒心中的巨人[M].王平,译.北京:光明日报出版社,2015.

[22] 伊斯雷尔·谢弗勒.人类的潜能——一项教育哲学的研究[M].石中英,涂元玲,译.上海:华东师范大学出版社,2006.

[23] 段美玲.浅谈大学公共英语分级教学的利弊和改进措施[J].才智,2012(32):1.

[24] 联合国教科文组织国际教育发展委员会.学会生存:教育世界的今天和明天[M].北京:教育科学出版社,1996.

[25] 钟启泉.个性发展与教学改革[J].教育理论与实践,1996(2):23-26.

[26] 崔益虎.马克思个性发展理论视角下的一流大学创新人才个性化培养[J].河海大学学报(哲学社会科学版),2016(6):22-26.

[27] 冯刚,陈飞.新时代高校立德树人的治理架构与实施路径[J].思想教育研究,2020(7):99-104.

[28] 中共中央宣传部.习近平新时代中国特色社会主义思想学习纲要[M].北京:学习出版社,2019.

后　　记

上海市奉贤中学是一所地处南上海的百年老校,是奉贤老百姓心目中的"高等学府",大家亲切地称之为"县中"。1987年至1990年,我在此度过三年高中生涯,"奉贤、至诚、明朗、力行"的文化基因早已根植于我心中。1994年大学毕业后,我重回母校怀抱,成为一名物理老师,之后担任教研组长、课程教学中心主任、副校长、校长。一路走来,在一个又一个的自我超越中,我见证着学校的持续发展。

2005年,学校通过上海市实验性示范性高中评审,学校的发展进入快车道。时任校长季洪旭先生高瞻远瞩地提出"求生存—谋发展—创品牌"的"三步走"发展战略。经过十年砥砺前行,学校顺利走完"求生存""谋发展"两个阶段,有效突破了制约学校优质特色发展的瓶颈,初步探索了激发学生潜能发展的方向,学校的教育质量得到显著提升,学生、教师和学校的发展正在从优质走向卓越。2016年9月起,我接任奉贤中学校长,学校正处在创品牌的关键窗口期。学校的经验如何梳理,品牌如何创立？师生在期盼,社会在瞩目,而我唯有在传承中持续奋进,在发展中不断创新,才能成就学生、教师与学校的共同发展。

确定"潜能教育"作为学校品牌发展方向,出于三点考虑。第一,是顺应学校办学特色在继承中发展的需要,多年来学校探索激发学生潜能之道,颇有成效,需要凝练与提升。第二,是顺应当今教育改革发展趋势,国家进一步明确了立德树人的育人定位,为了每一位学生的终身发展,为了培养基础全面、有个性特长、具有创新潜质、符合时代发展特征的人才,需要通过"潜能教育"来发展学生的关键能力和必备品格。第三,是顺应新一代学生发展的需求,身处人工智能不断发展的时代,学生知识的获取越来越方便,学生更应该是在持续地自我发现问题和自主解决问题中探索世界、认识自我、自主发展。当然,"潜能教育"在实践推进过程中，还是遇到了许多理论与操作的瓶颈，幸运的是，2018—2021年，我正参加第11期全国优秀校长研修班。在此期间，教育部中学校长培训中心的代蕊华、田爱丽、沈玉顺、刘莉莉等老师给予了我很多指导。特别是我的导师代蕊华主任，专程来校指导，他强调："潜能教育要关注'四个性'：全面性，面向全体学生，注重学生的全面发展；多样性，正视个体差异，满足学生多样化需求；主体性，尊重主体地位，引导学生主动发展；系统性，整体化设计，体现教育系统性。"这给了我莫大的启发与帮助。

在导师指导和自我实践摸索中，奉贤中学逐渐凝练了"潜能教育"的办学思想。我们提倡的"潜能教育"是指教育者基于对潜能的理解和认识，运用恰当教育方法和途径，使学生自身蕴藏的潜能经历"发现—唤醒—释放"的过程，最终发展为学生现实能力或品格的一种教育方式。近几年，奉贤中学在潜能教育实施途径上作了有益探索，特别对发现、唤醒、释放学生潜能作了系统梳理。运用"人生导航"项目，引导学生自我发现潜能；实施全员"导师制"项目，激励教师发现学生潜能；运用学生综合素养评价，促进学生认识潜能。建设正确价值引领的多样性课程体系，运用走班制、长短课时制等配置时空，提供基于深度体验的课程选择，构建"三动、四导"课堂生态，推进项目化学习落地，让课堂真正成为唤醒学生潜能的主渠道。精心组织节庆活动、社会实践活动，搭建各类竞赛平台，释放学生潜能。同时，学校优化教师研训评价，引入卓越绩效管理，保障了"潜能教育"有效实施。

2020年10月21日，教育部中学校长培训中心在贵阳二中举办了"林春辉教育思想研讨会"，我在会上全面阐述了"潜能教育"办学思想，代蕊华主任、季洪旭校长作了精彩点评，同时也受到与会代表的一致好评。也正是这次大会中受到的鼓励与肯定，我开始策划本书的撰写。本书是奉贤中学近几年"潜能教育"实践经验的提炼，由王美霞、张莉、张育青老师负责统稿，曹阿娟、李丹、胡雯峰、凤蓓、金继波、蔡悦、吴明霞、范丹华、王晓芸、沈艳、周世平、翁燕燕、林舒迪、谢永强、罗清华、许骏等老师参与编写工作，近六十位教师提供了大量鲜活的实践案例。同时，本书也得到了缪仁贤、朱权华等专家的悉心指导，在这里一并向他们表示诚挚的谢意！

"潜能教育"并不是一种全新的教育方式,我们更多的是继承和发展。有许多问题还需要我们不断去探索和思考。第一,"潜能教育"的理论基础还要不断深化,心理学、教育学、脑科学等理论发展将推进"潜能教育"的发展;第二,"潜能教育"的育德和育能如何有机结合,立德树人的优先策略如何有效实施;第三,"潜能教育"的家校合作机制还需有效构建;第四,激发学生潜能的途径和方法的科学性研究还需深化,特别是在匹配性和有效性方面;第五,"潜能教育"阶段聚焦点还要不断挖掘,高中学生潜能激发点还需通过大量数据积累和分析,形成潜能激发序列。

面向新时代,未来的学校领导者应该是什么样的?我想,应该是一名思者,更是一名行者,只有能前瞻性地把握方向,敏锐地洞察问题,准确地认识发展态势,积极地寻找新思路,学校才有新的出路。我们也将不断地学习与积淀,反思与实践,做好"潜能教育",让学生遇见更好的自己。

林春辉

2022 年 3 月

图书在版编目（CIP）数据

潜能教育在行动 / 林春辉编著. — 上海：上海教育出版社，2022.6
ISBN 978-7-5720-1467-3

Ⅰ. ①潜⋯ Ⅱ. ①林⋯ Ⅲ. ①中学教育－教育研究 Ⅳ. ①G632.0

中国版本图书馆CIP数据核字(2022)第108681号

责任编辑　徐青莲　李　祥
美术编辑　周　吉

潜能教育在行动
林春辉　编著

出版发行	上海教育出版社有限公司	
官　　网	www.seph.com.cn	
地　　址	上海市闵行区号景路159弄C座	
邮　　编	201101	
印　　刷	上海昌鑫龙印务有限公司	
开　　本	700×1000　1/16　印张 17	
字　　数	249 千字	
版　　次	2022年9月第1版	
印　　次	2022年9月第1次印刷	
书　　号	ISBN 978-7-5720-1467-3/G·1169	
定　　价	60.00 元	

如发现质量问题，读者可向本社调换　　电话：021-64373213